"十三五"江苏省高等学校重点教材：2019-2-230

高等职业教育
商务数据分析与应用专业
新形态一体化教材

供应链数据分析

孙　君　主编

钟茂林　杨叶勇　董道军　副主编

清华大学出版社
北京

内 容 简 介

本书是商务数据分析与应用国家专业教学资源库子项目"供应链数据分析"课程的配套教材，2019年获"十三五"江苏省高等学校重点教材立项。本书是应时代发展对供应链数据分析人才的骤增需求而开发，以培养学习者数据分析思维和技能为主线，充分考虑新商科"课、岗、赛、训"新形态，创设Excel工具可解决的"任务引入＋方法示例＋演练巩固"实训内容，以及课程思政、行业观察等教学点，考虑翻转课堂、O2O等泛在"技术跟随度"教学方式而设计。本书内容覆盖全供应链活动和功能，包括物流需求数据分析与物流预测、采购数据分析与采购管理、生产数据分析与生产管理、库存数据分析与库存管理、配送数据分析与资源调配、运输路网分析与运作优化、供应链节点定位分析与决策七个单元。

本书可作为高职高专院校工商管理类专业的学生教材，也可作为供应链管理领域广大从业人员的学习参考书。

本书封面贴有清华大学出版社防伪标签，无标签者不得销售。
版权所有，侵权必究。举报：010-62782989，beiqinquan@tup.tsinghua.edu.cn。

图书在版编目(CIP)数据

供应链数据分析/孙君主编. —北京：清华大学出版社，2021.3(2025.2重印)
高等职业教育商务数据分析与应用专业新形态一体化教材
ISBN 978-7-302-57167-4

Ⅰ.①供… Ⅱ.①孙… Ⅲ.①供应链管理－数据处理－高等职业教育－教材 Ⅳ.①F252.1

中国版本图书馆CIP数据核字(2020)第259411号

责任编辑：左卫霞
封面设计：傅瑞学
责任校对：袁　芳
责任印制：宋　林

出版发行：清华大学出版社
网　　址：https://www.tup.com.cn，https://www.wqxuetang.com
地　　址：北京清华大学学研大厦A座　　　　　邮　编：100084
社 总 机：010-83470000　　　　　　　　　　邮　购：010-62786544
投稿与读者服务：010-62776969，c-service@tup.tsinghua.edu.cn
质量反馈：010-62772015，zhiliang@tup.tsinghua.edu.cn
课件下载：https://www.tup.com.cn，010-83470410

印 装 者：三河市龙大印装有限公司
经　　销：全国新华书店
开　　本：185mm×260mm　　　印　张：14　　　字　数：340千字
版　　次：2021年3月第1版　　　　　　　　　　印　次：2025年2月第10次印刷
定　　价：48.00元

产品编号：090568-01

丛书序

随着"互联网+"大数据产业发展,大数据对传统产业的改造与推进创新,时刻产生无所不在的海量商务数据,各类企事业单位主体对商务数据分析的需求越发迫切。工业和信息化部印发《大数据产业发展规划(2016—2020年)》,明确加快建设大数据产业,大数据产业已成为国家重点发展产业,为实现制造强国和网络强国提供强大的产业支撑。电子商务、大数据、信息网络等领域有着无限发展前景和潜力。生意参谋、数据银行、策略中心等平台数据产品以及全域数据中台解决方案都在加速落地和实践,企业越来越拥抱数字化,商务数据分析与应用必将成为大数据领域中的一个典型发展方向。随着以消费者为中心的数字化进程继续深入,懂商业高效运营、商家数据产品的数据复合型人才供不应求。加速孵化商业数据分析人才,已成为数字化生态必不可少的内容。

高职教育作为培养专业技术技能人才的摇篮,理应支持国家战略、支持大数据产业发展、支持商务大数据领域的人才供给。2017年教育部增设高职商务数据分析与应用专业,2020年年底全国已有79家高职院校开设该专业。随着产业对商务数据分析与应用人才的大量需求,未来开设商务数据分析与应用专业的院校还会增加。而由于开设院校地域分布范围广,办学水平不均衡,专业建设水平参差不齐,专业教学资源建设存在低水平重复建设现象,难以满足高职教育对优质教学资源的需求和要求。遵循通用性、普适性和共享性原则,建设商务数据分析与应用专业新形态一体化教材,有助于优质教学资源广泛共享,满足教师、学生、企业、社会从业人员等的教学与培训需求,满足高职院校商务数据分析与应用专业建设的需求,共同服务大数据行业快速高质量发展。

由无锡商业职业技术学院作为第一主持单位、联合32家行企校申报的商务数据分析与应用专业教学资源库于2019年入选国家级专业教学库,建设23门在线开放课程,同步建设新形态一体化教材,推动人才培养模式形成、教学模式更新、教学方法改革,助推教学信息化建设和课堂革命。商务数据分析与应用专业系列教材是教学资源库的配套教材,首批包括《应用统计实务》《商务数据分析理论》《商务数据分析基础》《市场数据分析》《供应链数据分析》《运营数据分析》《商务数据分析与应用综合实训》《商务数据分析案例》《微信数据分析》《快速消费品数据分析》《跨境电商数据分析与运营》《营销数据分析实战》12本教材。系列教材编写呈现以下特点。

(1)开发团队组建跨界开放。无锡商业职业技术学院联合金华职业技术学院、常州信息职业技术学院、浙江商业职业技术学院、山西省财政税务专科学校、扬州工业职业技术学院、北京北测数字技术有限公司6所兄弟院校、企业,共同引流汇聚含大数据、商务、国贸等专业行业领域的校企专家学者,组建商务数据分析与应用专业新形态一体化教材开发团队,并不断引入更多校企单位参与教材推广和更新。

(2) 教材内容设计创新现代。商务数据分析与应用作为新兴专业,教材内容"从无到有",体现高职教材改革方向和要求,吸纳前沿研究成果、企业案例、新技术新方法、课程思政、专创融合等教学素材,融合行业、企业的先进技术,突出和切实发挥产教融合、科教融合的育人效果,呈现新商科知识体系和价值体系的建立,体现了教材编写的探索性、试验性和创新性。

(3) 教材表现形式立体新颖。系列教材是校企合作共同开发的活页式、工作手册式教材,与商务数据分析与应用专业国家教学资源库在线开放课程浑然一体。教材内容图、文、声、影并茂,反映新商科"课、岗、赛、训"新形态一体化。每个单元建有配套微课、动画、视频、PPT等颗粒化资源,以及包括单选题、多选题、判断题、实训题等习题资源。教材与在线开放课程形成线上线下立体、互动资源,能够满足混合式教学需要,便于学生自学与预习,同时助力"金课"打造。

本系列教材内容科学现代,充分反映产业发展最新进展,突出理论和实践相统一,形式新颖,能够服务于高职院校商务数据分析与应用专业人才培养,助力提升商务数据领域企业员工和社会自学者的专业素养和技能。

高等职业教育商务数据分析与应用专业新形态一体化教材
编写委员会

前 言

传统供应链管理是一项极其复杂的系统工程,同时也耗费大量的人力、物力、财力。随着信息技术发展、5G时代来临,大数据、数据分析技术的出现,供应链管理也更加智能和高效。企业运用数据采集与清洗技术能够获取采购、库存、生产、销售、配送等供应链中最有价值的客户数据、供应商数据、产品数据、物流数据;运用数据分析技术准确及时地进行数据分析,找出数据背后隐藏的规律,以精准预测和决策;运用数据共享技术,实现协同采购、协同制造、协同配送等供应链活动,真正实现终端客户的精准供应链服务。

可以预见,精通数据分析的供应链管理专业人才将成为企业最重要的业务角色。供应链管理人员薪酬持续增长,供应链数据分析人才缺口巨大。而最吸引人注意的是一些企业动辄打出的年薪几十万元甚至上百万元的相关供应链、数据分析职位信息。更有华为、宝洁等知名企业举行专场招聘会来招揽供应链管理、供应链数据分析人才。

本教材正是应时代经济发展对供应链数据分析人才的骤增需求而开发的。全书遵循顶层设计的建设思路,基于产品生命周期的供应链相关活动,设计典型工作任务,形成系统化教材内容,包括物流需求数据分析与物流预测、采购数据分析与采购管理、生产数据分析与生产管理、库存数据分析与库存管理、配送数据分析与资源调配、运输路网分析与运作优化、供应链节点定位分析与决策七个单元。掌握教材典型任务,可以让学习者储备从事采购数据、供应商数据、产品数据、生产数据、库存数据、配送数据、运输数据、市场数据、客户数据等的采集、处理、分析、可视化等技术技能,未来有能力参与物流需求预测、物流业务规划与实施,甚至全球供应链解决方案的制订、全球甄选优秀资源等工作。

本教材主要特色与创新如下。

(1) 教材内涵设计体现时代性。教材实现"从无到有",体现了教材编写的探索性、试验性和创新性。以供应链为主线设计了有着系统逻辑的系列项目,吸纳课程思政、前沿研究成果、企业案例、新技术和新方法等教学素材,体现高职教材改革方向和要求,体现新商科知识体系和价值体系的建立健全。

(2) 教材内容呈现立体化。教材内容图、文、声、影并茂,反映新商科"课、岗、赛、训"新形态一体化,能够满足混合式教学需要,便于学生自学与预习,同时助力"金课"打造。

(3) 教材内容表现形式新颖化。本教材是校企合作共同开发的工作手册式教材,与智慧职教上已开课两年的"供应链数据分析"在线开放课程相辅相成。每个单元任务建有配套微课、动画、视频、PPT等颗粒化资源,单选题、多选题、判断题、简答题、实训题等习题资源。教材与在线开放课程形成线上线下立体、互动资源。

我们组建了一支具有深厚理论背景和丰富实战经验的来自行业企业的专业人士、院校教师的"双师"编写团队。全国职业院校物流教学名师孙君担任主编,负责全书的框架设计、文稿修改组织和最后文稿审定;钟茂林、杨叶勇、董道军担任副主编,负责资料收集整理、编撰全程组织和管理。教材编写分工如下:孙君编写单元1、单元3、单元4、单元5的部分内容及单元6;钟茂林编写单元2;杨叶勇编写单元1、单元4、单元5的部分内容;张中华编写单元7;张洪营编写单元1的部分内容;姚建凤编写单元3的部分内容;无锡制造业采购协会会长董道军编写单元1的部分内容,以及全书案例编写指导。

在本教材的编写中,我们博采众长,参阅、借鉴了国内外专家、学者的诸多相关教材、网站咨讯、期刊论文,未能一一列举,在此一并表示诚挚的谢意。

限于编者水平、时间约束等主客观原因,本教材难免有不足之处,殷切希望各位同行、专家和读者批评指正,并将意见反馈给编者,以便进一步修改完善。

编 者

2020年10月于无锡

供应链数据分析课程介绍

目录

单元 1　物流需求数据分析与物流预测 ·· 1

　　任务 1.1　移动平均预测模型 ·· 6
　　任务 1.2　指数平滑预测模型 ·· 14
　　任务 1.3　回归分析预测模型 ·· 20

单元 2　采购数据分析与采购管理 ·· 29

　　任务 2.1　评价指标法选择供应商 ·· 41
　　任务 2.2　采购成本分析与供应商选择 ·· 48

单元 3　生产数据分析与生产管理 ·· 58

　　任务 3.1　主生产计划制订 ·· 68
　　任务 3.2　甘特图法生产过程控制 ·· 75

单元 4　库存数据分析与库存管理 ·· 89

　　任务 4.1　ABC 库存管理分类法 ·· 97
　　任务 4.2　经济订货批量 ·· 105
　　任务 4.3　订货方法 ·· 114

单元 5　配送数据分析与资源调配 ·· 124

　　任务 5.1　运输资源调配问题 ·· 130
　　任务 5.2　配送人员/任务指派问题 ·· 145
　　任务 5.3　配送人员排班问题 ·· 149

单元 6　运输路网分析与运作优化 ·· 158

　　任务 6.1　运输网络最大流问题分析 ·· 166
　　任务 6.2　运输最短路问题分析 ·· 175
　　任务 6.3　运输路网数据分析 ·· 181

单元7　供应链节点定位分析与决策 …………………………………………………… 191

　　任务 7.1　重心法选址问题 ………………………………………………………… 198

　　任务 7.2　0-1 规划选址问题 ……………………………………………………… 205

参考文献 ………………………………………………………………………………………… 216

单元 1

物流需求数据分析与物流预测

◆ 学习目标

◆ 单元结构

◆ 学习内容

　　基础知识

　　任务 1.1　移动平均预测模型

　　任务 1.2　指数平滑预测模型

　　任务 1.3　回归分析预测模型

◆ 单元习题

◆ 单元案例

学习目标

通过本单元学习,你应该达到以下目标。

知识目标：

1. 理解物流需求数据分析与预测的内涵。

2. 知晓常见的物流需求预测的定性、定量预测法。

3. 熟悉移动平均、指数平滑、回归分析等简单预测模型的原理和应用条件。

技能目标：

1. 运用本单元理论与实训知识研究相关任务。

2. 能根据客户需要进行企业物流需求数据分析与物流预测。

思政目标：

1. 知晓数据分析、可视化对物流绿色化决策管理的参考作用。

2. 能够运用预测方法对绿色物流需求进行预测。

单元结构

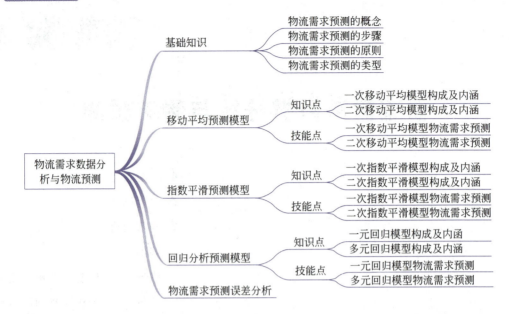

学习内容

导入案例

物流需求数据分析
与物流预测

应急物资运输需求分析

直面武汉肺炎疫情。2020年1月25日农历新年初一，习近平总书记主持召开中央政治局常委会会议并发表重要讲话，对加强疫情防控做出全面部署，强调要把人民群众生命安全和身体健康放在第一位，把疫情防控工作作为当前最重要的工作来抓。

中央储备库存物资紧急调运医用防护服运往武汉。春节期间，各地医疗用品企业加班加点，开足马力生产。1月26日开始，武汉陆续收到来自全国各地的防疫应急物资。截至1月29日，全国共有31个省（自治区、直辖市）启动重大突发公共卫生事件Ⅰ级响应。不舍昼夜，赶工之后火神山将为感染新型冠状病毒的肺炎患者提供1 000张床位。截至1月30日，共有53支医疗队，6 129名医疗人员支援湖北抗击疫情。

问题：查看疫情防控期间相关信息与报道，谈谈面对突如其来骤增的物流需求，物流企业如何抓住机会并支持防疫工作？

头脑风暴1-1

你了解哪些物流需求数据分析与物流预测方法？

物流需求预测
常见方法

 **基础知识**

一、物流需求预测的概念

预测是指在掌握现有信息的基础上，依照一定的方法和规律对未来事件进行测算，以预先了解事件发展的过程与结果。

需求预测是指根据事物以往发展的客观规律性和当前出现的各种可能性，运用科学的知识、方法和手段，对事物未来的发展趋势和状态做出科学的估计和评价。

物流需求预测是根据物流市场过去和现在的需求状况以及影响物流市场需求变化的因素之间的关系，利用一定的经验判断、技术方法和预测模型，应用合适的科学方法对有关反映市场需求指标的变化以及发展的趋势进行预测。

二、物流需求预测的步骤

（一）确定需求性质

预测需求可以分为独立需求和从属需求。独立需求预测是两个项目的需求毫无关系，如对洗衣机的需求有可能对洗衣粉的需求无关，洗衣粉的预测对改善洗衣机预测将不起任何作用。这类项目主要包括大多数最终消费品和工业物资，必须单独预测。从属需求具有垂直顺序特征，如采购和制造情况，零部件的采购是为了装配成制成品，此时零部件的需求取决于制成品的装配计划。

（二）确定预测目标

明确预测的目标是进行有效预测的前提。有了明确具体的预测目标，才能有的放矢地收集资料，否则就无法确定调查什么，向谁调查，更谈不上怎样进行预测，并且预测目标的确定应尽量明细化、数量化，以利于预测工作的顺利开展。

（三）确定预测内容，收集资料进行初步分析

预测内容是指影响物流需求预测的因素，一般包括某时期的基本需求水平、季节因素、趋势值、周期因素、促销因素以及不规则因素六个方面。预测者必须认识到不同因素对物流需求所具有的潜在影响，并能适当地予以处理，对于特定项目具有重大意义的成分必须予以识别、分析，并与适当的预测技术相结合。

（四）选择预测方法

需求预测中有两种方法，即定性分析法和定量分析法。定性分析是指通过逻辑推理、哲学思辨、历史求证、法规判断等思维方式，着重从质的方面分析和研究某一事物的属性；定量分析是对社会现象的数量特征、数量关系与数量变化进行分析的方法。

（五）计算并做出预测

以预测目标为导向，根据选定的预测方法，利用掌握的资料，就可以具体研究，进行定性或定量分析，预测物流的需求状况。

（六）分析预测误差

根据现实的资料对未来进行预测，其中产生误差是难免的。误差的大小反映预测的准

确程度,如果预测误差过大,其预测结果就会偏离实际太远,从而失去参考价值。因此对预测可能出现的误差进行分析是十分必要的,一方面要分析误差产生的原因,另一方面要检查预测方法的合理性。总之要使预测误差降到最小。

三、物流需求预测的原则

(一) 惯性原则

任何事物发展都具有一定惯性,即在一定时间、一定条件下保持原来的趋势和状态。惯性原则是时间序列分析法的主要依据。

(二) 类推原则

许多事物在发展变化规律上常有类似之处,利用预测对象与其他已知事物的发展变化在时间上有前后不同,在表现形式上相似的特点,将已知事物发展过程类推到预测对象上,对预测对象的前景进行预测。

(三) 相关原则

建立在"分类"的思维高度,关注事物(类别)之间的关联性,当了解(或假设)到已知的某个事物发生变化,再推知另一个事物的变化趋势。最典型的相关有正相关和负相关,正相关是事物之间的促进,负相关是指事物之间相互制约。

(四) 概率推断原则

通过研究各种不确定性因素发生不同变动幅度的概率分布及其对项目经济效益指标的影响,对项目可行性和风险性以及方案优劣做出判断的一种不确定性分析法。

(五) 定性和定量分析相结合原则

定量研究与定性研究的方法各有优势与缺点。在研究过程中需要把两者恰当地结合进行研究,才有可能达到最优的效果,方能让研究更加富有效率。

四、物流需求预测的类型

(一) 按预测时间长短分类

按预测时间长短的不同,物流需求预测可分为短期预测、中期预测和长期预测。

(1) 短期预测。短期预测是指以日、周、旬、月为单位,对一个季度以下的需求前景的预测。它是调整生产能力、安排生产作业进度等具体生产活动的基础。短期预测可以利用图表、趋势外推、指数平滑等方法与判断的有机结合来进行。它一般都要落实到具体的产品,要给出详细的数字。

(2) 中期预测。中期预测是指对一个季度以上两年左右的需求前景的预测。它是制订年度、季度生产计划、销售计划、生产与库存计划、资金预算等的基础。中期预测可以通过时间序列法、回归法、相关指标法等结合判断而做出。它往往不落实到每一种具体的产品。

(3) 长期预测。长期预测是指对5年或5年以上的需求前景的预测。它是企业长期发展规划、产品开发研究计划、资金筹措计划等的基础。长期预测一般通过对市场的调研,利用各种技术的经济的手段,加上综合判断来完成,其结果大多是定性的描述。

(二) 按预测范围分类

按预测的范围不同,物流需求预测可分为宏观预测和微观预测。

（1）宏观预测。宏观预测是指对整个国家或一个地区、一个部门技术经济发展前景的预测。它是以整个社会经济发展作为考察对象的，研究社会经济发展中各项有关指标的发展水平、发展速度、增长速度以及相互间结构、比例和影响的关系。

（2）微观预测。微观预测是指对个别经济单位未来一定时期的产量、成本、工资、利润等度量指标的发展趋势或变化程度进行数量上的测算和估计。

（三）按预测方法分类

按预测的方法分类，物流需求预测的方法可分为定性预测法和定量预测法。

（1）定性预测法。定性预测法也称经验判断法，主要是利用市场调查得到的各种信息，根据预测者个人的知识、经验和主观判断，对市场的未来发展趋势做出估计和判断。这种方法的优点是时间短，费用省，简单易行，能综合多种因素。缺点是主观随意性较大，预测结果不够准确。常用的定性预测法有专家会议法和德尔菲法等。

① 专家会议法。专家会议法也称头脑风暴法，主要是通过组织专家会议，激励全体与会专家参加积极的创造性思维。

② 德尔菲法。德尔菲法是专家会议预测法的一种发展。它以匿名方式通过几轮函询，征求专家们的意见。预测领导小组对每一轮的意见都进行汇总整理，作为参考资料再发给每个专家，供他们分析判断，提出新的论点。如此多次反复，专家的意见渐趋一致，结论的可靠性也越来越大。

（2）定量预测法。定量预测是使用历史数据或因素变量来预测需求的数学模型。定量预测法根据已掌握的比较完备的历史统计数据，运用一定的数学方法进行科学的加工整理，借以揭示有关变量之间的规律性联系，用于预测和推测未来发展变化情况的一类预测方法。定量预测法基本上可分为两类。

① 时序预测法。它是以一个指标本身的历史数据的变化趋势，去寻找市场的演变规律，作为预测的依据，即把未来作为过去历史的延伸。时序预测法包括算术平均法、移动平均法、指数平滑法等。

② 因果分析法。它包括一元回归法、多元回归法等。回归预测法是因果分析法中很重要的一种，它从一个指标与其他指标的历史和现实变化的相互关系中，探索它们之间的规律性联系，作为预测未来的依据。

物流需求预测是根据物流市场过去、现在的需求状况，以及影响物流市场需求变化的因素之间的关系，利用一定的经验判断、技术方法和预测模型，应用合适的科学方法对有关反映市场需求指标的变化以及发展的趋势进行预测。精确的需求预测可以促进物流信息系统和生产设施能力的计划和协调，并且通过物流需求预测可以确定产品是如何向配送中心和仓库或者零售商进行分配的。为明确责任，衡量需求预测的效果，开展物流需求预测需要建立一套包括组织、程序、动机以及人事等方面完善的预测行政管理体制，以支持预测活动的顺利开展，在此基础上选择预测技术，实施预测过程并对其过程实行有效监控。

教学互动1-1

"凡事预则立，不预则废。"物流需求预测的价值体现在哪些地方？请举例说明。

> **课程思政**

绿色天猫"双11"来了！7.5万个快递站点将回收你的纸箱

2019年的天猫"双11"是一个色彩斑斓的盛会，除了人们熟悉的"天猫红"，可能还有"菜鸟绿"：全国7.5万个快递站点将全面加入"回箱计划"，对快递纸箱进行分类回收、循环利用。

10月21日，2019年天猫"双11"全球狂欢节启动发布会上，天猫总裁表示：2019年天猫"双11"将是一个绿色的"双11"，绿色消费、绿色物流成为趋势。11月20日，菜鸟将联合快递公司发起"全国纸箱回收日"，号召全社会一起回收纸箱、包装物，加入绿色收货行动。

近年来，随着中国人的环保意识不断加强，以节能家电、环保商品、闲置交易为代表的绿色消费走红。11月1日开始，天猫"双11"将推出"以旧换新"专场置换活动，4万种数码、家电可换新，以减少各个家庭闲置资源的浪费。

除绿色消费外，消费者还可以参与全国最大规模的快递纸箱回收行动。全国4万个菜鸟驿站、3.5万个快递网点将全面加入"回箱计划"，变成一个个绿色的快递站点，对快递包装进行分类回收、循环利用。

11月20日，菜鸟还将联合圆通、中通、申通、韵达、百世等快递公司，共同发起"全国纸箱回收日"，在北上广深杭等城市的部分社区设立快递包装集中回收点。预计2019年"双11"期间，线上线下将至少有5 000万人次参与和支持物流绿色行动。

从上游到下游，从仓库到最后"上游到米"，菜鸟通过创新技术和创新模式，让天猫"双11"的每一个快递包裹更加高效、环保送达。

所以，每一个备战"双11"的你，拿到快递以后箱子别着急扔，顺手参与纸箱回收活动，大家一起过一个绿色"双11"。

（资料来源：菜鸟网络.绿色天猫"双11"来了！7.5万个快递站点将回收你的纸箱. http://www.cea. org.cn/content/details_24_19319.html）

问题：你觉得菜鸟的4万个菜鸟驿站、3.5万个快递网点全面加入"回箱计划"，会激发消费者参与和支持绿色物流行动吗？你会参加吗？

任务1.1 移动平均预测模型

1.1.1 移动平均模型

移动平均模型也称移动平均法，是一种简单平滑的预测技术，它的基本思想是根据时间序列资料、逐项推移，依次计算包含一定项数的序时平均值，以反映长期趋势的方法。因此，当时间序列的数值由于受周期变动和随机波动的影响，起伏较大，不易显示出事件的发展趋势时，使用移动平均法可以消除这些因素的影响，显示出事件的发展方向与趋势（即趋势线），然后依趋势线分析预测序列的长期趋势。移动平均模型适用于即期预测。当产品需求既不快速增长也不快速下降,且不存在季节性因素时,移动平均模型能有效地消除预测中的随机波动。移动平均模型根据预测时使用的各元素的权重不同,可以分为简单移动平均和加权移动平均。

1. 一次移动平均模型

将观察期的数据由远而近按一定跨越期进行一次移动平均,以最后一个移动平均值为确定预测值的依据的一种预测方法。一般公式见式(1-1)。

移动平均
预测法

$$\hat{y}_{t+1} = M_t^{(1)} = \frac{y_t + y_{t-1} + \cdots + y_{t-N+1}}{N} \tag{1-1}$$

式中 t——时期序号;

$M_t^{(1)}$——第 t 时期一次移动平均值;

y_t——第 t 时期的实际值;

$\hat{y}_{t+1}$——第 $t+1$ 时期的预测值;

N——计算移动平均数所选定的数据个数。

2. 二次移动平均模型

一次移动平均模
型物流需求预测

将对一次移动平均数进行第二次移动平均,再以一次移动平均值和二次移动平均值为基础建立预测模型,计算预测值的公式见式(1-2)。

$$\hat{y}_{t+T} = a_t + b_t T \tag{1-2}$$
$$a_t = 2M_t^{(1)} - M_t^{(2)}$$
$$b_t = \frac{2}{N-1}(M_t^{(1)} - M_t^{(2)})$$
$$M_t^{(2)} = \frac{M_t^{(1)} + M_{t-1}^{(1)} + \cdots + M_{t-N+1}^{(1)}}{N}$$

式中 $\hat{y}_{t+T}$——$t+T$ 时期的预测值;

t——时期序号;

T——由目前时期 t 到预测 $t+T$ 时期的时间间隔;

$M_t^{(1)}$——第 t 时期一次移动平均数;

$M_t^{(2)}$——第 t 时期二次移动平均数;

二次移动平均模型
物流需求预测

N——计算移动平均数所选定的数据个数;

a_t——线性模型的截距;

b_t——线性模型的斜率。

1.1.2 预测误差分析

确定预测误差,是为了检验预测的准确度,为决策提供可靠的依据。预测误差产生的原因是多方面的,有随机性误差与系统性误差之分。随机性误差是指由于预测变量本身的随机性,因而产生的观测值(实际值)与期望值(预测值)之间的偏差。

1. 预测误差分类

(1) 模型误差。在建立数学模型过程中,要将复杂的现象抽象归结为数学模型,往往要忽略一些次要因素的影响,对问题作一些简化。因此数学模型和实际问题有一定的误差,这种误差称为模型误差。

(2) 测量误差。在建模和具体运算过程中所用的数据往往是通过观察和测量得到的,由于精度的限制,这些数据一般是近似的既有误差,这种误差称为测量误差。

(3) 截断误差。由于实际运算只能完成有限项或有限步运算,因此要将某些需用极限或无穷过程进行的运算有限化,对无穷过程进行截断,这样产生的误差成为截断误差。

(4) 舍入误差。在数值计算过程中,由于计算工具的限制,往往对一些数进行四舍五入,只保留前几位数作为该数的近似值,这种由舍入产生的误差称为舍入误差。

2. 求解误差的方法

(1) 绝对误差。绝对误差是预测值(期望值)与实际值(观测值)的绝对差距(偏差)。平均绝对误差又叫平均绝对离差,是所有单个绝对误差的绝对值的平均。平均绝对误差可以避免误差相互抵消的问题,因而可以准确反映实际预测误差的大小。绝对误差既指明误差的大小,又指明其正负方向,准确表示偏离的实际大小。

$$绝对误差 = 预测值 - 实际值$$

用式(1-3)表示为

$$\Delta = \hat{y} - y \tag{1-3}$$

平均绝对误差 = 单个绝对误差的绝对值的平均值

用式(1-4)表示为

$$\overline{\Delta} = \frac{|\Delta_1| + |\Delta_2| + \cdots + |\Delta_n|}{n} \tag{1-4}$$

$$\Delta_i = \hat{y}_i - y_i$$

式中 Δ_i——第 i 次或第 i 个预测值 $\hat{y}_i$ 与实际值 y_i 的绝对偏差。

(2) 相对误差。相对误差是绝对差距相对于观测值(实际值)的百分比。平均相对误差是所有单个相对误差的平均。一般来说,相对误差更能反映测量的可信程度。

$$相对误差 = \frac{预测值 - 实际值}{实际值} \times 100\%$$

用式(1-5)表示为

$$\Delta' = \frac{\hat{y} - y}{y} \times 100\% \tag{1-5}$$

平均相对误差 = 单个相对误差的平均值

用式(1-6)表示为

$$\overline{\Delta'} = \frac{|\Delta'_1| + |\Delta'_2| + \cdots + |\Delta'_n|}{n} \tag{1-6}$$

$$\Delta'_i = \frac{\hat{y}_i - y_i}{y_i} \times 100\%$$

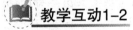 教学互动1-2

一次移动平均预测模型公式中 y_t、$M_t^{(1)}$、$\hat{y}_{t+1}$ 的含义各是什么?它们之间有什么关系?

一次、二次移动平均有什么区别?为什么要进行二次移动平均?

物流需求预测误差分析

技能点

1. 能用一次移动平均预测模型预测物流需求。
2. 能用二次移动平均预测模型预测物流需求。
3. 会用求和函数"＝SUM()"、求平均值函数"＝AVERAGE()"、求绝对值函数"＝ABS()"。
4. 会用相对地址、绝对地址辅助工具求解。

实训示例1-1

红豆商院生产实训中心移动平均预测

红豆商院生产实训中心物流部门前9个月每月销售的汽车数量如表1-1所示。问题：①试用一次移动平均模型预测在 $N=4$ 条件下第10个月的销售数量；②试用二次移动平均模型预测在 $N=4$，$t=9$ 条件下第10—12月每月的销售数量；③采用一次移动平均模型时，比较在 $N=3$、$N=4$ 条件下，哪个预测更精确。

表1-1　红豆商院生产实训中心物流部门前9个月每月销售的汽车数量

月份	1	2	3	4	5	6	7	8	9
销售量/万台	45	34	55	62	60	51	46	59	72

一、实训任务分析

本题要求解决三个问题。一次移动平均值是二次移动平均值求解的基础；预测误差的求解也需要先用该方法求出预测值。

1. 一次移动平均预测值求解步骤
(1) 求解一次移动平均值。
(2) 求解一次移动平均预测值。

2. 二次移动平均预测值求解步骤
(1) 基于一次移动平均值求解二次移动平均值。
(2) 求解线性模型截距 a_t、斜率 b_t。
(3) 确定 t 值，求 $t+T$ 期的预测值。

3. 求解误差值步骤
(1) 求解各约束条件下的预测值。
(2) 求解各约束条件下每期的绝对误差值。
(3) 求解各约束条件下每期的相对误差值。
(4) 求解各约束条件下每期平均绝对误差值、平均相对误差值。
(5) 比较平均绝对误差值、平均相对误差值，判断给定条件的优劣，选择值较小的方法。

二、实训步骤

(一) 一次移动平均模型预测

首先,根据一次移动平均的公式,构建如图 1-1 所示的求解框架图。

	A	B	C	D	E	F	G	H	I	J
3	表1-1 红豆商院生产实训中心物流部门前9个月每月销售的汽车数量									
4	月份	1	2	3	4	5	6	7	8	9
5	销售量/万台	45	34	55	62	60	51	46	59	72
6										
7	月份t	销售量 y_t	$M_t^{(1)}$ N=4	$\hat{y}_{t+1}$ N=4						
8	1	45								
9	2	34								
10	3	55								
11	4	62								
12	5	60								
13	6	51								
14	7	46								
15	8	59								
16	9	72								
17	10									

图 1-1 一次移动平均模型预测 Excel 求解框架图

1. 求解一次移动平均值 $M_t^{(1)}$

根据公式 $M_t^{(1)} = \dfrac{y_t + y_{t-1} + \cdots + y_{t-N+1}}{N}$ 可知,当 $N=4$ 时,4 月的移动平均值即是求 1—4 月 4 个月的平均值,则:

$$M_4^{(1)} = \frac{45+34+55+62}{4} = 49$$

在 Excel 单元格 C11 中运用函数"=AVERAGE(B8:B11)"即可求出,见图 1-2。

	A	B	C	D
7	月份t	销售量 y_t	$M_t^{(1)}$ N=4	$\hat{y}_{t+1}$
8	1	45		
9	2	34		
10	3	55		
11	4	62	=AVERAGE(B8:B11)	
12	5	60	AVERAGE (数值1, …	
13	6	51		
14	7	46		
15	8	59		
16	9	72		
17	10			

图 1-2 一次移动平均值求解

同理,可求其他月份的移动平均值,见图 1-3 的 C 列。

9 月的移动平均值显示在图 1-3 的单元格 C16 中。

2. 求解预测值 $\hat{y}_{t+1}$

本题求解 10 月的预测值。9 月的移动平均值为 57,作为它的下一期,即第 10 期的预测

值为 $\hat{y}_{10}=\hat{y}_{9+1}=M_9^{(1)}=57$,如图 1-4 中 D17 所示。

图 1-3 一次移动平均求解预测值(1)

图 1-4 一次移动平均求解预测值(2)

则一次移动平均模型在 $N=4$ 条件下预测第 10 个月的销售量为 57.000 万台。

(二) 二次移动平均模型预测

根据二次移动平均的公式,继续构建如图 1-5 所示的求解框架图。

图 1-5 二次移动平均值求解框架图

(1) 根据公式 $M_t^{(2)}=\dfrac{M_1^{(1)}+M_{t-1}^{(1)}+\cdots+M_{t-N+1}^{(1)}}{N}$,可在一次移动平均值的基础上求解二次移动平均值 $M_t^{(2)}$。

(2) 根据公式 $a_t=2M_t^{(1)}-M_t^{(2)}$、$b_t=\dfrac{2}{N-1}(M_t^{(1)}-M_t^{(2)})$ 可求出线性模型截距 a_t、斜率 b_t。

(3) 根据公式 $\hat{y}_{t+T}=a_t+b_t T$,可求解 $t=9$ 条件下 $t+T$ 期的预测值。

即
$$\hat{y}_{9+1}=\hat{y}_{10}=a_9+b_9\times 1$$
$$\hat{y}_{9+2}=\hat{y}_{11}=a_9+b_9\times 2$$
$$\hat{y}_{9+3}=\hat{y}_{12}=a_9+b_9\times 3$$

Excel 中求解可应用绝对地址。可以看出,求解 10—12 月的预测值都要用到单元格

G16、H16 的值,则可用绝对地址 \$G\$16、\$H\$16 引用单元格中的值。10 月的二次移动平均预测值的求解公式见图 1-6 中的单元格 I17。

A 月份 t	B T	C 销售量 y_t	D $M_t^{(1)}$ N=4	E $\hat{y}_{t+1}$	F $M_t^{(2)}$ N=4	G a_t N=4	H b_t N=4	I $\hat{y}_{t+T}$ $t=9$	J
1		45							
2		34							
3		55							
4		62	49.000						
5		60	52.750	49.000					
6		51	57.000	52.750					
7		46	54.750	57.000	53.375	56.125	0.917		
8		59	54.000	54.750	54.625	53.375	-0.417		
9		72	57.000	54.000	55.688	58.313	0.875		
10	1			57.000				=\$G\$16+\$H\$16*B17	
11	2								
12	3								

图 1-6 二次移动平均预测值求解

11月、12月的预测值,通过复制单元格即可求出,见图 1-7。

A 月份 t	B T	C 销售量 y_t	D $M_t^{(1)}$ N=4	F $M_t^{(2)}$ N=4	G a_t N=4	H b_t N=4	I $\hat{y}_{t+T}$ $t=9$
1		45					
2		34					
3		55					
4		62	49.000				
5		60	52.750				
6		51	57.000				
7		46	54.750	53.375	56.125	0.917	
8		59	54.000	54.625	53.375	-0.417	
9		72	57.000	55.688	58.313	0.875	
10	1						59.188
11	2						60.063
12	3						60.938

图 1-7 二次移动平均预测值

3 个月预测值的数据引用关系见图 1-8。

结论:在 $N=4$、$t=9$ 条件下,用二次移动平均模型预测 10—12 月的销售数量分别是 59.188 万台、60.063 万台、60.938 万台。

(三)求解误差值步骤

(1) 求解 $N=3$、$N=4$ 约束条件下每期预测值,见图 1-9 中 D 列、H 列。

(2) 求解 $N=3$、$N=4$ 约束条件下每期绝对误差值,见图 1-9 中 E 列、I 列。

(3) 求解 $N=3$、$N=4$ 约束条件下每期相对误差值,见图 1-9 中 F 列、J 列。

(4) 求解各约束条件下每期平均绝对误差值、平均相对误差值。这里求解算术平均值。

当 $N=4$ 时,

平均绝对误差值=9.200

	A	B	C	D	E	F	G	H	I
7	月份t	T	销售量 y_t	$M_t^{(1)}$ N=4	$\hat{y}_{t+1}$	$M_t^{(2)}$ N=4	a_t N=4	b_t N=4	$\hat{y}_{t+T}$ t=9
8	1		45						
9	2		34						
10	3		55						
11	4		62	49.000					
12	5		60	52.750	49.000				
13	6		51	57.000	52.750				
14	7		46	54.750	57.000	53.375	56.125	0.917	
15	8		59	54.000	54.750	54.625	53.375	-0.417	
16	9		72	57.000	54.000	55.688	58.313	0.875	
17	10	1			57.000				59.188
18	11	2							60.063
19	12	3							60.938

图 1-8 10—12 月预测值的数据引用关系

平均相对误差值＝15.576%

当 $N=3$ 时，

平均绝对误差值＝11.200

平均相对误差值＝19.247%

	A	B	C	D	E	F	G	H	I	J
23	月份t	销售量 y_t	$M_t^{(1)}$ N=4	$\hat{y}_{t+1}$ N=4	绝对误差 N=4	相对误差 N=4	$M_t^{(1)}$ N=3	$\hat{y}_{t+1}$ N=3	绝对误差 N=3	相对误差 N=3
24	1	45.000								
25	2	34.000								
26	3	55.000					44.667			
27	4	62.000	49.000				50.333	44.667	17.333	27.957%
28	5	60.000	52.750	49.000	11.000	18.333%	59.000	50.333	9.667	16.111%
29	6	51.000	57.000	52.750	1.750	3.431%	57.667	59.000	8.000	15.686%
30	7	46.000	54.750	57.000	11.000	23.913%	52.333	57.667	11.667	25.362%
31	8	59.000	54.000	54.750	4.250	7.203%	52.000	52.333	6.667	11.299%
32	9	72.000	57.000	54.000	18.000	25.000%	59.000	52.000	20.000	27.778%
33	10			57.000				59.000		
34	平均误差				9.200	15.576%			11.200	19.247%

图 1-9 平均误差求解

（5）比较平均绝对误差值、平均相对误差值。从图 1-9 可以看出，当 $N=4$ 时，平均绝对误差、平均相对误差值，相比于 $N=3$ 条件下都较小。在该例中，取 $N=4$ 优于 $N=3$，建议采用 $N=4$ 条件下的预测值 57.000 万台。

实训演练1-1

顺丰商院物流配送中心移动平均预测

已知：顺丰商院物流配送中心 2020 年 1—12 月牛奶出货数据如表 1-2 所示。

问题：①试用一次移动平均模型预测 2021 年 1 月的牛奶出货量，$N=4$；②试用二次移动平均模型预测 2021 年 1 月、2 月、3 月的牛奶出货量（分 $N=3$、$N=4$，$t=12$、$t=8$ 不同情况）；③采用一次移动平均模型时，比较 $N=3$ 和 $N=4$，哪个预测更精确。

表 1-2 2020 年 1—12 月牛奶出货数据

月份	1	2	3	4	5	6	7	8	9	10	11	12
出货量/万箱	23.5	21.8	26.4	23.5	22.7	23.8	22.9	24.3	25	28.1	24.8	26

实训提示：

分析本实训演练要求解的问题。三问三题：求解一次移动平均值，求解二次移动平均值，求解预测误差，分析方法优劣。首先，分析实训题已知条件、需要求解的变量；其次，分析问题对应的解决办法，即选择模型公式，理解常量、变量的含义；最后，知晓多个变量求解的步骤，先求什么、后求什么，如何分解求解步骤，如何设置中间变量等，直至求出题目要求的结果。具体求解步骤参见实训示例 1-1。

课后思考1-1

移动平均模型也叫移动平均法，是一种简单平均预测技术，你能说说它的基本思想吗？

任务 1.2 指数平滑预测模型

头脑风暴1-2

什么样的数据条件下可采用指数平滑预测模型？

知识点

1.2.1 指数平滑模型的概念

指数平滑预测法

指数平滑模型也叫指数平滑法，最早由布朗提出。布朗认为时间序列的态势具有稳定性或规则性，所以时间序列可被合理地顺势推延，认为最近的过去态势，在某种程度上会持续到未来，所以将较大的权数放在最近的资料里。指数平滑法是生产预测中常用的一种方法，也用于中短期经济发展趋势预测。

所有预测方法中，指数平滑法是用得最多的一种。简单的全期平均法是对时间数列的过去数据一个不漏地全部加以同等利用；移动平均法则不考虑较远期的数据，并在加权移动平均法中给予近期资料更大的权重；而指数平滑法则兼容了全期平均法和移动平均法所长，不舍弃过去的数据，但是仅给予逐渐减弱的影响程度，即随着数据的远离，赋予逐渐收敛为零的权数。

也就是说，指数平滑法是在移动平均法的基础上发展起来的一种时间序列分析预测法，它是通过计算指数平滑值，配合一定的时间序列预测模型对现象的未来进行预测。其原理是任一期的指数平滑值都是本期实际观察值与前一期指数平滑值的加权平均。指数平滑法根据平滑次数的不同，又分为一次指数平滑法、二次指数平滑法等。

1.2.2 指数平滑模型的特点

指数平滑法实际上是一种特殊的加权移动平均法。其特点如下。

（1）指数平滑法进一步加强了观察期近期观察值对预测值的作用，对不同时间的观察值所赋予的权数不等，从而加大了近期观察值的权数，使预测值能够迅速反映市场实际的变化。权数之间按等比级数减少，此级数首项为平滑常数 α，公比为 $1-\alpha$。

（2）指数平滑法对于观察值所赋予的权数有伸缩性，可以取不同的 α 值，以改变权数的变化速率。如 α 取小值，则权数变化较迅速，观察值的新近变化趋势较能迅速地反映于指数移动平均值中。

因此，运用指数平滑法，可以选择不同的 α 值来调节时间序列观察值的均匀程度，即趋势变化的平稳程度。

1.2.3 指数平滑模型公式

当时序数据围绕某一水平随机跳动，无明显的趋势变化，可用一次指数平滑模型预测。当时序数据呈线性持续增长或下降趋势，此时可选用二次指数平滑模型预测。当时序数据变动呈现二次曲线趋势，可用三次指数平滑模型预测。这里，我们主要介绍一次、二次指数平滑模型。

一次指数平滑模型物流需求预测

1. 一次指数平滑模型

一次指数平滑模型的预测模型为

$$\hat{y}_{t+1} = S_t^{(1)} = \alpha y_t + (1-\alpha) S_{t-1}^{(1)} \tag{1-7}$$

式中　$S_t^{(1)}$——第 t 时期一次指数平滑值；

　　　α——加权系数，也叫平滑常数；

　　　y_t——第 t 时期的实际观察数据。

解读模型公式的含义后不难理解，以 α 值为权重的本期实际值，与以 $(1-\alpha)$ 值为权重的上期指数平滑值的乘积，即为本期的指数平滑值，它也是下期的预测值。

2. 二次指数平滑模型

二次指数平滑是对一次指数平滑的再平滑，它适用于具有线性趋势的时间数列。其预测模型为

二次指数平滑模型物流需求预测

$$\hat{y}_{t+T} = a_t + b_t T \tag{1-8}$$
$$a_t = 2S_t^{(1)} - S_t^{(2)}$$
$$b_t = \frac{\alpha}{1-\alpha}(S_t^{(1)} - S_t^{(2)})$$
$$S_t^{(1)} = \alpha y_t + (1-\alpha) S_{t-1}^{(1)}$$
$$S_t^{(2)} = \alpha S_t^{(1)} + (1-\alpha) S_{t-1}^{(2)}$$

式中　$\hat{y}_{t+T}$——$t+T$ 时期的预测值；

　　　t——时期序号；

　　　T——由目前时期 t 到预测 $t+T$ 时期的时间间隔；

$S_t^{(1)}$——第 t 时期一次指数平滑值；

$S_t^{(2)}$——第 t 时期二次指数平滑值；

$S_{t-1}^{(2)}$——第 $t-1$ 时期二次指数平滑值；

a_t, b_t——平滑系数；

α——加权系数。

教学互动1-3

指数平滑模型与移动平均模型有什么区别？

技能点

1. 能用一次指数平滑模型预测物流需求。
2. 能用二次指数平滑模型预测物流需求。

实训示例1-2

红豆商院生产实训中心指数平滑预测

红豆商院生产实训中心运输部门承担的运输任务如表1-3所示，试用一次、二次指数平滑模型分别预测2021年、2021—2023年运输部门的运输量。（$\alpha=0.3$）

表1-3 红豆商院生产实训中心历年产品运输量

年份		2013	2014	2015	2016	2017	2018	2019	2020
时序	0	1	2	3	4	5	6	7	8
运输量/千箱		2.300	3.400	5.100	7.200	9.000	10.600	12.000	14.300

一、实训任务分析

1. 一次指数平滑预测值求解步骤

（1）求解一次指数平滑值。

（2）求解一次指数平滑预测值。

2. 二次指数平滑预测值求解步骤

（1）基于一次指数平滑值求解二次指数平滑值。

（2）求解模型平滑系数 a_t、b_t。

（3）确定 t 值，求 $t+T$ 期的预测值。

3. 求解误差值步骤

（1）求解各约束条件下的预测值。

（2）求解各约束条件下每期的绝对误差值。

（3）求解各约束条件下每期的相对误差值。

（4）求解各约束条件下每期平均绝对误差值、平均相对误差值。

（5）比较平均绝对误差值、平均相对误差值，比较不同条件下的误差值，值较小的方法精度较高。

二、实训步骤

（一）一次指数平滑预测

首先，根据一次指数平滑模型公式，构建如图 1-10 所示的求解框架图。

	A	B	C	D	E
7	年份	时序 t/T	运输量 y_t	$S_t^{(1)}$ $\alpha=0.3$	$\hat{y}_t$ $\alpha=0.3$
8		0			
9	2013	1	2.300		
10	2014	2	3.400		
11	2015	3	5.100		
12	2016	4	7.200		
13	2017	5	9.000		
14	2018	6	10.600		
15	2019	7	12.000		
16	2020	8	14.300		
17	2021	9			

图 1-10　一次指数平滑预测 Excel 求解框架图

1. 求解一次指数平滑值 $S_t^{(1)}$

根据公式 $S_t^{(1)} = \alpha y_t + (1-\alpha) S_{t-1}^{(1)}$，可求出 $S_t^{(1)}$。

第 1 期的指数平滑值 $S_1^{(1)} = 0.3 y_1 + (1-0.3) S_0^{(1)}$，在 Excel 中实现，见图 1-11 中单元格 D9 中的公式。

	A	B	C	D	E
7	年份	时序 t/T	运输量 y_t	$S_t^{(1)}$ $\alpha=0.3$	$\hat{y}_t$ $\alpha=0.3$
8		0		2.300	
9	2013	1		=0.3*C9+0.7*D8	
10	2014	2	3.400		
11	2015	3	5.100		
12	2016	4	7.200		
13	2017	5	9.000		
14	2018	6	10.600		
15	2019	7	12.000		
16	2020	8	14.300		
17	2021	9			

图 1-11　求解一次指数平滑值(1)

这里需说明，1月上期的平滑值、本期的预测值 $S_{t-1}^{(1)} = S_0^{(1)}$ 未知，可取第一期的实际值，或前几期的平均值，或视具体情况确定一个第 0 期的平滑值，也就是第 1 期的预测值。本例中，将第 1 期的实际值作为第 0 期的平滑值。

同理，可求出其他时期的平滑值，见图 1-12 中的 D 列。

2. 求解预测值 $\hat{y}_{t+1}$

本题求解 2021 年的预测值，从时序来看就是第 9 期。2020 年的一次指数平滑值为 10.379，即作为它的下一期，则 2021 年的预测值：$\hat{y}_9 = \hat{y}_{8+1} = S_8^{(1)} = 10.379$，如图 1-13 中 Excel 表单元格 E17 所示。

	A	B	C	D	E
7	年份	时序t/T	运输量y_t	$S_t^{(1)}$ $\alpha=0.3$	$\hat{y}_t$ $\alpha=0.3$
8		0		2.300	
9	2013	1	2.300	2.300	
10	2014	2	3.400	2.630	
11	2015	3	5.100	3.371	
12	2016	4	7.200	4.520	
13	2017	5	9.000	5.864	
14	2018	6	10.600	7.285	
15	2019	7	12.000	8.699	
16	2020	8	14.300	10.379	
17	2021	9			

图 1-12 求解一次指数平滑值(2)

	A	B	C	D	E
7	年份	时序t/T	运输量y_t	$S_t^{(1)}$ $\alpha=0.3$	$\hat{y}_t$ $\alpha=0.3$
8		0		2.300	
9	2013	1	2.300	2.300	
10	2014	2	3.400	2.630	
11	2015	3	5.100	3.371	
12	2016	4	7.200	4.520	
13	2017	5	9.000	5.864	
14	2018	6	10.600	7.285	
15	2019	7	12.000	8.699	
16	2020	8	14.300	10.379	
17	2021	9			10.379

图 1-13 求解预测值

(二) 二次指数平滑预测值求解

根据二次指数平滑模型公式,构建如图 1-14 所示的求解框架图。

	A	B	C	D	E	F	G	H	I
7	年份	时序t/T	运输量y_t	$S_t^{(1)}$ $\alpha=0.3$	$\hat{y}_t$ $\alpha=0.3$	$S_t^{(2)}$ $\alpha=0.3$	a_t	b_t	$\hat{y}_{t+T}$ $t=8$
8		0		2.300					
9	2013	1	2.300	2.300	2.300				
10	2014	2	3.400	2.630	2.300				
11	2015	3	5.100	3.371	2.630				
12	2016	4	7.200	4.520	3.371				
13	2017	5	9.000	5.864	4.520				
14	2018	6	10.600	7.285	5.864				
15	2019	7	12.000	8.699	7.285				
16	2020	8	14.300	10.379	8.699				
17	2021	1			10.379				
18	2022	2							
19	2023	3							

图 1-14 二次指数平滑预测 Excel 求解框架图

(1) 根据公式 $S_t^{(2)} = \alpha S_t^{(1)} + (1-\alpha) S_{t-1}^{(2)}$，在一次指数平滑值的基础上求解二次指数平滑值 $S_t^{(2)}$。

(2) 根据公式 $a_t = 2S_t^{(1)} - S_t^{(2)}$、$b_t = \dfrac{\alpha}{1-\alpha}(S_t^{(1)} - S_t^{(2)})$，求出线性模型截距 a_t、斜率 b_t。

(3) 根据公式 $\hat{y}_{t+T} = a_t + b_t T$，求解 $t=8$ 条件下 $t+T$ 期的预测值。

即
$$\hat{y}_{8+1} = \hat{y}_9 = a_8 + b_8 \times 1$$
$$\hat{y}_{8+2} = \hat{y}_{10} = a_8 + b_8 \times 2$$
$$\hat{y}_{8+3} = \hat{y}_{11} = a_8 + b_8 \times 3$$

Excel 中求解可应用绝对地址，具体用法见二次移动平均预测公式。2021 年的二次预测值求解公式见图 1-15 中的单元格 I17。

	A	B	C	D	E	F	G	H	I	J
7	年份	时序t/T	运输量y_t	$S_t^{(1)}$ $\alpha=0.3$	$\hat{y}_t$ $\alpha=0.3$	$S_t^{(2)}$ $\alpha=0.3$	a_t	b_t	$\hat{y}_{t+\tau}$ $t=8$	
8		0		2.300		2.300				
9	2013	1	2.300	2.300	2.300	2.300	2.300	0.000		
10	2014	2	3.400	2.630	2.300	2.399	2.861	0.099		
11	2015	3	5.100	3.371	2.630	2.691	4.051	0.292		
12	2016	4	7.200	4.520	3.371	3.239	5.800	0.549		
13	2017	5	9.000	5.864	4.520	4.027	7.701	0.787		
14	2018	6	10.600	7.285	5.864	5.004	9.565	0.977		
15	2019	7	12.000	8.699	7.285	6.113	11.286	1.109		
16	2020	8	14.300	10.379	8.699	7.393	13.366	1.280		
17	2021	1			10.379				=$G$16+$H$16*B17	
18	2022	2								
19	2023	3								

图 1-15 Excel 求解二次平滑指数预测值

2022 年、2023 年的预测值，通过复制单元格可求出。2021—2023 年三年的预测值分别为 14.646、15.926、17.206，见图 1-16 中的 I17:I19。

	A	B	C	D	E	F	G	H	I
7	年份	时序t/T	运输量y_t	$S_t^{(1)}$ $\alpha=0.3$	$\hat{y}_t$ $\alpha=0.3$	$S_t^{(2)}$ $\alpha=0.3$	a_t	b_t	$\hat{y}_{t+\tau}$ $t=8$
8		0		2.300		2.300			
9	2013	1	2.300	2.300	2.300	2.300	2.300	0.000	
10	2014	2	3.400	2.630	2.300	2.399	2.861	0.099	
11	2015	3	5.100	3.371	2.630	2.691	4.051	0.292	
12	2016	4	7.200	4.520	3.371	3.239	5.800	0.549	
13	2017	5	9.000	5.864	4.520	4.027	7.701	0.787	
14	2018	6	10.600	7.285	5.864	5.004	9.565	0.977	
15	2019	7	12.000	8.699	7.285	6.113	11.286	1.109	
16	2020	8	14.300	10.379	8.699	7.393	13.366	1.280	
17	2021	1			10.379				14.646
18	2022	2							15.926
19	2023	3							17.206

图 1-16 二次平滑指数预测值

实训演练1-2

京东商院仓配客中心指数平滑预测

京东商院仓配客中心积累了6个年度的货物运输量的实际值,如表1-4所示。试用一次指数平滑法预测第7年货物运输量;用二次指数平滑法预测第7、8、9年的货物运输量。平滑系数 $\alpha=0.4$。第1年的预测值,根据专家估计为3 800t。

表1-4 京东商院仓配客中心货物运输量

年度序号	1	2	3	4	5	6
货运量/t	3 970	4 450	3 980	5 100	5 210	5 420

实训提示:

分析本实训要求解的问题。求解一次指数平滑值,求解二次指数平滑值。首先分析实训题已知条件、需要求解的变量;其次分析问题对应的模型公式,理解常量、变量的含义;最后在Excel中实现。具体求解步骤参见实训示例1-2。

课后思考1-2

如何确定指数平滑预测模型的初始值?

任务1.3 回归分析预测模型

知识点

世间事物普遍联系、相互依存。在自然界与社会经济现象中,一个事物在量上发生的变化,往往会引起其他与之相关事物变化,如气温与降雨量、商品的出口量与国际市场价、物流货运量与宏观经济总量等都存在着密切的联系。

回归分析预测法就是从经济社会现象之间的相互关系出发,通过对与预测对象有联系的现象的变动趋势进行分析,推算预测对象未来状态数量表现的一种预测法。回归分析(regression analysis,RA)就是确定两种或两种以上变量间相互依赖的定量关系的一种统计分析方法。回归分析运用十分广泛,按照涉及的变量的多少,回归分析可分为一元回归分析和多元回归分析;按照自变量的多少,回归分析可分为简单回归分析和多重回归分析;按照自变量和因变量之间的关系类型,回归分析可分为线性回归分析和非线性回归分析。

回归分析预测法

回归分析预测法的分类与步骤

1.3.1 一元线性回归分析

如果回归分析中只包括一个自变量和一个因变量,且两者的关系可用一条直线近似表示,这种回归分析称为一元线性回归分析。一元线性回归分析模型的一般公式见式(1-9)。

$$y = \hat{a} + \hat{b}x \tag{1-9}$$

$$\hat{a} = \bar{y} - \hat{b}\bar{x}$$

$$\hat{b} = \frac{n\sum_{i=1}^{n}x_i y_i - \sum_{i=1}^{n}x_i \sum_{i=1}^{n}y_i}{n\sum_{i=1}^{n}x_i^2 - \left(\sum_{i=1}^{n}x_i\right)^2}$$

$$\bar{x} = \frac{1}{n}\sum_{i=1}^{n}x_i$$

$$\bar{y} = \frac{1}{n}\sum_{i=1}^{n}y_i$$

式中 y——因变量;

x——自变量;

$\hat{a},\hat{b}$——回归方程的参数。

1.3.2 多元线性回归分析

一元线性回归模型是研究一个因变量和一个自变量之间的关系问题,而现实世界中的众多现象相互联系,它们的变动都会引起多种关系发生变化。如果回归分析中包括两个或两个以上的自变量,且自变量之间存在线性相关,则称为多元线性回归。类似于一元线性回归分析,多元线性回归预测法可以用以下线性方程来近似描述 y 与 $x_{1i}, x_{2i}, \cdots, x_{mi}$ 之间的线性关系。

$$\hat{y} = a + b_1 x_{1i} + b_2 x_{2i} + \cdots + b_m x_{mi} \tag{1-10}$$

式中 $\hat{y}$——根据所有自变量计算出来的估值;

a——常数项;

$b_1, b_2, \cdots, b_m$——y 对应 $x_{1i}, x_{2i}, \cdots, x_{mi}$ 的偏回归系数。

如果多元线性回归模型只有 2 个自变量,就是二元线性回归模型。

$$\hat{y} = a + b_1 x_1 + b_2 x_2 \tag{1-11}$$

式中 $\hat{y}$——因变量;

x_1, x_2——自变量;

a, b_1, b_2——回归模型的参数。

运用最小二乘法,可求得回归参数 a、b_1、b_2。

$$\begin{cases} \sum y_i = na + b_1 \sum x_{1i} + b_2 \sum x_{2i} \\ \sum x_{1i}y_i = a\sum x_{1i} + b_1 \sum x_{1i}^2 + b_2 \sum x_{1i}x_{2i} \\ \sum x_{2i}y_i = a\sum x_{2i} + b_1 \sum x_{1i}x_{2i} + b_2 \sum x_{2i}^2 \end{cases}$$

一元线性回归模型
物流需求预测

这样,如果给出自变量,就可以预测出因变量。

在大数据分析中,回归分析是一种预测性的建模技术,它研究的是因变量(目标)和自变量(预测器)之间的关系。这种技术通常用于预测分析、时间序列模型以及发现变量之间的因果关系。例如,司机的鲁莽驾驶与道路交通事故数量之间的关系,最好的研究方法就是回归。

能用一元线性回归模型预测物流需求。

顺丰商院物流配送中心一元线性回归预测

顺丰商院物流配送中心市场部对最近6个月来公司市场运作资金的投入与公司实际货运量进行了统计,统计数据如表1-5所示。假如该公司在第7个月市场运作资金投入预计为10万元,试预测该物流公司第7个月的货运量。

表1-5 顺丰商院物流配送中心市场运作资金的投入与公司实际货运量

月份	1	2	3	4	5	6	7
资金投入/万元	3	5	2	8	9	12	10
货运量/万吨	4	6	3	9	12	14	

一、实训任务分析

本题可以在 Excel 工作表中实现。根据已有实际值条件和预测值公式主式倒推,分解求解过程,通过 x_iy_i、x_i^2 等过程变量分步计算,求出 b、a 和预测值 y。

（1）求解过程变量。
（2）求参数 b 值。
（3）求参数 a 值。
（4）求预测值 y。

二、实训步骤

首先,根据一元线性回归模型的公式,构建如图1-17所示的求解框架图。

	A	B	C	D	E
7	月份 t	资金投入/万元 x_i	货运量/万吨 y_i	x_iy_i	x_i^2
8	1	3.000	4.000		
9	2	5.000	6.000		
10	3	2.000	3.000		
11	4	8.000	9.000		
12	5	9.000	12.000		
13	6	12.000	14.000		
14	7	10.000			
15	sum=				
16	average=				
17	a=				
18	b=				

图1-17 一元线性回归预测 Excel 求解框架图

(1) 求 a、b 公式中分解的中间变量 $x_i y_i$、x_i^2、$\bar{x}$、$\bar{y}$、$\sum x_i$、$\sum y_i$、$\sum x_i y_i$、$\sum x_i^2$ 等,见图 1-18。

	A	B	C	D	E
7	月份 t	资金投入/万元 x_i	货运量/万吨 y_i	$x_i y_i$	x_i^2
8	1	3.000	4.000	12.000	9.000
9	2	5.000	6.000	30.000	25.000
10	3	2.000	3.000	6.000	4.000
11	4	8.000	9.000	72.000	64.000
12	5	9.000	12.000	108.000	81.000
13	6	12.000	14.000	168.000	144.000
14	7	10.000			
15	sum=	39.000	48.000	396.000	327.000
16	average=	6.500	8.000		
17	a=				
18	b=				

图 1-18 中间变量求解

(2) 根据 $\hat{b}=\dfrac{n\sum\limits_{i=1}^{n} x_i y_i - \sum\limits_{i=1}^{n} x_i \sum\limits_{i=1}^{n} y_i}{n\sum\limits_{i=1}^{n} x_i^2 - \left(\sum\limits_{i=1}^{n} x_i\right)^2}$ 求 b 值,在 Excel 中输入如图 1-19 单元格 B18 所示的公式,即可求出 $b=1.143$。

	A	B	C	D	E
7	月份 t	资金投入/万元 x_i	货运量/万吨 y_i	$x_i y_i$	x_i^2
8	1	3.000	4.000	12.000	9.000
9	2	5.000	6.000	30.000	25.000
10	3	2.000	3.000	6.000	4.000
11	4	8.000	9.000	72.000	64.000
12	5	9.000	12.000	108.000	81.000
13	6	12.000	14.000	168.000	144.000
14	7	10.000	12.000		
15	sum=	39.000	48.000	396.000	327.000
16	average=	6.500	8.000		
17	a=	0.571			
18		=(6*D15-B15*C15)/(6*E15-B15^2)			

图 1-19 b 值求解

(3) 根据 $\hat{a}=\bar{y}-\hat{b}\bar{x}$ 求 a 值,在 Excel 中输入如图 1-20 单元格 B17 所示的公式,即可求出 $a=0.571$。

	A	B	C	D	E
7	月份 t	资金投入/万元 x_i	货运量/万吨 y_i	$x_i y_i$	x_i^2
8	1	3.000	4.000	12.000	9.000
9	2	5.000	6.000	30.000	25.000
10	3	2.000	3.000	6.000	4.000
11	4	8.000	9.000	72.000	64.000
12	5	9.000	12.000	108.000	81.000
13	6	12.000	14.000	168.000	144.000
14	7	10.000			
15	sum=	39.000	48.000	396.000	327.000
16	average=	6.500	8.000		
17	a=	=C16-B18*B16			
18	b=	1.143			

图 1-20 a 值求解

(4) 根据 $y = \hat{a} + \hat{b}x$ 求 y 值,在 Excel 中输入如图 1-21 单元格 C14 所示的公式。

	A	B	C	D	E
7	月份 t	资金投入/万元 x_i	货运量/万吨 y_i	$x_i y_i$	x_i^2
8	1	3.000	4.000	12.000	9.000
9	2	5.000	6.000	30.000	25.000
10	3	2.000	3.000	6.000	4.000
11	4	8.000	9.000	72.000	64.000
12	5	9.000	12.000	108.000	81.000
13	6	12.000	14.000	168.000	144.000
14	7	10.000	=B17+B18*B14		
15	sum=	39.000	48.000	396.000	327.000
16	average=	6.500	8.000		
17	$a=$	0.571			
18	$b=$	1.143			

图 1-21 预测值求解

求出 $y = 12$。即当资金投入 10 万元时,预测货运量将达到 12 万吨,见图 1-22 单元格 C14。

	A	B	C	D	E
7	月份 t	资金投入/万元 x_i	货运量/万吨 y_i	$x_i y_i$	x_i^2
8	1	3.000	4.000	12.000	9.000
9	2	5.000	6.000	30.000	25.000
10	3	2.000	3.000	6.000	4.000
11	4	8.000	9.000	72.000	64.000
12	5	9.000	12.000	108.000	81.000
13	6	12.000	14.000	168.000	144.000
14	7	10.000	12.000		
15	sum=	39.000	48.000	396.000	327.000
16	average=	6.500	8.000		
17	$a=$	0.571			
18	$b=$	1.143			

图 1-22 一元线性回归预测结果

实训演练1-3

红豆商院生产实训中心一元线性回归预测

红豆商院生产实训中心购买某原材料货物,已知货物在途运输时间与供货工厂离该公司的铁路运输距离之间的具体数据如表 1-6 所示。该公司准备从 2 000km 外的 A 工厂购入该原材料,试估计货物在途运输时间。

表 1-6 货物在途运输时间与供货工厂离该公司的铁路运输距离

月 份	1	2	3	4	5	6	7	8	9	10
供货工厂离该公司的铁路运输距离 x/km	210	290	350	480	490	730	780	850	920	1 010
货物在途运输时间 y/h	5	7	6	11	8	11	12	8	15	12

实训提示:

本实训可以在 Excel 工作表中实现。根据已有实际值条件和预测值公式主式倒推,分解求解过程,通过 $x_i y_i$、x_i^2 等过程变量分步计算,求出 b、a 和预测值 y。具体求解步骤参见实训示例 1-3。

课后思考1-3

如何正确运用回归分析模型进行预测？

单元习题

一、单选题

1. 最早提出"大数据"时代到来的公司是（　　）。
   A. 亚马逊　　　　B. 麦肯锡　　　　C. 微软　　　　D. 阿里巴巴
2. （　　）是物流运筹的基础和前提。
   A. 物流预测　　　B. 物流计划　　　C. 物流组织　　D. 物流管理
3. 以匿名方式通过几轮函询，征求专家们意见的方法是（　　）。
   A. 专家会议法　　B. 市场调查法　　C. 头脑风暴法　D. 德尔菲法
4. 在一定时间、一定条件下保持原来的趋势和状态的是（　　）。
   A. 类推原则　　　　　　　　　　B. 惯性原则
   C. 相关原则　　　　　　　　　　D. 概率推断原则
5. 建立在"分类"的思维高度，关注事物（类别）之间的关联性，当了解（或假设）到已知的某个事物发生变化，再推知另一个事物的变化趋势的方法是（　　）。
   A. 类推原则　　　　　　　　　　B. 惯性原则
   C. 相关原则　　　　　　　　　　D. 概率推断原则
6. 采用逐项递进的办法，将时间序列中的若干项数据进行算术平均所得到的一系列平均数的方法是（　　）。
   A. 算术平均数法　　　　　　　　B. 加权平均数法
   C. 移动平均数法　　　　　　　　D. 回归分析法

二、多选题

1. 物流需求预测的程序包括（　　）。
   A. 确定预测的任务、对象范围和目标
   B. 选择预测方法
   C. 调查收集有关资料
   D. 预测结论的确定
2. 物流需求预测的原则包括（　　）。
   A. 类推原则　　　B. 惯性原则　　　C. 相关原则　　D. 独立原则
3. 物流需求预测按预测的空间范围分类分为（　　）。
   A. 中观预测　　　B. 宏观预测　　　C. 行业预测　　D. 微观预测
4. 下列属于物流需求预测的定性预测法的有（　　）。
   A. 移动平均法　　B. 回归分析法　　C. 专家会议法　D. 德尔菲法
5. 下列属于物流需求预测的定量预测法的有（　　）。
   A. 移动平均法　　B. 回归分析法　　C. 德尔菲法　　D. 指数平滑法

三、判断题

1. 正相关是指事物之间相互促进,负相关是指事物之间相互制约。（　　）
2. 计划没有变化,因此物流需求分析预测可有可无。（　　）
3. 类推原则是基于事物在一定时间、一定条件下保持原来的趋势和状态。（　　）
4. 由于德尔菲法是以匿名方式通过几轮函询,征求专家们的意见,因此得到的结论可靠性不强。（　　）
5. 算术平均数预测是求出一定观察期内预测目标的时间数列的算术平均数作为下期预测值的一种最简单的时序预测法。（　　）

四、实训题

1. 已知红豆商院物流公司2020年1—12月快递数据见表1-7。①试用一次移动平均模型预测在 $N=3$ 条件下2021年1月的快递数量；②试用二次移动平均预测模型在 $N=3$，$t=12$ 条件下2021年1—3月各月的快递数量；③比较 $N=3$ 和 $N=4$，哪个取值预测更精确。

表1-7　2020年1—12月快递数据

月　份	1	2	3	4	5	6	7	8	9	10	11	12
快递数量/万件	45	52	60	48	52	55	58	62	64	67	69	73

2. 已知心怡商院物流公司2020年1—12月茶壶出货数据见表1-8。①试用一次指数平滑模型预测2021年1月的出货量；②试用二次指数平滑模型预测在 $t=12$ 条件下2021年1—3月各月的出货量。（$\alpha=0.4$）

表1-8　2020年1—12月茶壶出货数据

月　份	1	2	3	4	5	6	7	8	9	10	11	12
出货量/万箱	105	122	135	132	145	142	145	158	167	177	180	188

3. 已知顺丰商院快递点最近15个月的快递量如表1-9所示,用一次、二次指数平滑值预测第16个月快递量、第16~20个月的快递量。（$\alpha=0.35$）

表1-9　顺丰商院快递点最近15个月的快递量

月　份	1	2	3	4	5	6	7	8	9	10	11	12	13	14	15
快递量/万箱	10	15	17	20	10	16	18	20	22	24	20	26	27	29	29

4. 红豆商院物流公司市场部对最近12个月来公司市场运作资金的投入与公司实际货运量进行了统计分析,如表1-10所示。该公司预计第13个月的货运量将达到50万吨,问市场运作资金应该投入多少才能完成任务？

表1-10　红豆商院物流公司最近12个月市场运作资金投入与公司实际货运量

月　份	1	2	3	4	5	6	7	8	9	10	11	12
资金投入 X_i/万元	25	30	31	33	32	34	35	50	55	60	70	80
货运量 Y_i/万吨	12	15	12	13	10	14	15	18	24	30	33	35

> **单元案例**

物流数据分析与物流预测

万众瞩目的时刻到来：2018年天猫"双11"，10亿物流订单在23时18分产生，成为一个新的物流里程碑，宣告物流业进入10亿时代（见图1-23）。

图1-23　2018年天猫"双11"物流订单量破10亿单

1天10亿单包裹，这是人类历史上从未有过的货物大迁徙，也是全球物流业从未经历过的包裹奇迹。10年来，天猫"双11"单日包裹达到26万单时已让行业感到压力，到2018年面临10亿单包裹，增长4 000倍，"爆仓"一词却已经消失。

"中国很快会面临一天10亿个包裹的挑战。"很早前，马云就预言这一天会到来，他希望菜鸟和全行业提前做好准备："光靠累是干不出来的，我们必须不断创新。物流公司只有联合作战，才有可能解决每天10亿个包裹。"

解决这一问题的答案，是国家智能物流骨干网。

从1天26万单爆仓到1天10亿单包裹平稳发生，中国物流做对了什么？这张骨干网，正在让物流"春运"洪峰平静如水度过。

越过山丘：从单点到智能物流骨干网

天猫"双11"的十年，也是物流业从小到大的十年。"快递业是过去十年中国最亮眼的行业奇迹之一。"

2009年"双11"，物流订单只有26万单，从手写面单、人工分拣、手工记录、短信通知……快递网点各自生长，快递业还是一个传统人力行业，包裹在路上走一个星期是常事。

随着"双11"逐渐成为一场全民狂欢，见证商业和消费的升级，包裹量也逐年飙升：从2010年的100万单，2011年的2 200万单，至2012年的7 200万单时，单点运行的传统物流体系已不堪重负，爆仓新闻时有发生。

改变从2013年开始。当年5月28日，马云宣布成立菜鸟网络，布局物流骨干网，希望让这个传统的行业，成为互联网、科技化的行业，以应对未来1天亿万单包裹的挑战。

"对物流公司来讲，任何一个单点是没有用的，需要更多的点，把这些点连成网络，形成网络效应。"马云说。

这就是菜鸟智能物流骨干网的诞生。接下来，天猫"双11"交易额从2013年的362亿元增长为2018年2 135亿元，物流订单也从1.52亿单暴增为10.42亿单，在网络效应下，快递公司自如应对更多包裹,见图1-24。

图1-24 菜鸟无锡机器人仓,近700个机器人昼夜分拣包裹

天猫"双11"十年间,与菜鸟网络携手,快递企业从小到大,如今已有7家上市公司;中国快递业也从小到大,如今规模全球第一,业务量占全球45%以上,成为改革开放的一张名片。

快递包裹量从十年前一个寻常的开始,而今越过山丘,见证1天10亿单的物流奇迹。

智慧大协同:中国物流做对了什么

在马云看来,这张网必须是技术驱动,必须是全球最独特的。这张网必须依靠技术,依靠共享的力量,把全世界的物流全部联合起来。

2014年,菜鸟电子面单推出后,每个包裹有了一个标准的"身份证",行业有了数据化的基础设施。随后,自动流水线、机器人……从稀奇到普及,技术成为行业关键词。2018年"双11",物联网技术从物流园区管理、商品的存储拣选调拨、干线运输、网点管理以及末端配送,端到端落地应用,带来效率的极大提升。

5年前,中国几乎没有几个城市能做到当日达。今天,在菜鸟智能物流骨干网上,当日达、次日达覆盖到了1 600多个区县;进出口商品的通关方式,从人工清关,已经实现秒级响应,其中,马来西亚、泰国等国家的海关按照新的标准进行流程提升,平均通关速度提前3~5天。

2018年天猫"双11"当天,俄罗斯、法国等全球各地的消费者陆续收到包裹。在上海、杭州、郑州、哈尔滨、香港、澳门等地,菜鸟的多条包机线路蓄势待发,万吨商品搭乘50余架次包机和其他航班飞往欧洲。在深圳、宁波等港口,近千组集装箱装载包裹,送往新加坡、马来西亚、澳大利亚等地。

在阿里巴巴集团CEO张勇看来,对于整个物流产业来讲,在这张智能物流骨干网上,当所有物流要素被充分数字化以后,就有可能对全局物流要素进行重构,从而真正一起走向未来。

智能物流骨干网的使命是全国24小时、全球72小时必达。"我一直认为,北上广深快不叫快,在云南、四川、西藏、内蒙古快才叫快。我们要让挪威的三文鱼早上捕完,晚上就能够到达杭州。"马云说。

(资料来源:从26万爆仓到一天10亿平稳发生 中国物流做对了什么.http://www.sanf56.com/news/v/?toid=20456.2018-12-09)

问题:

1. 案例从1天26万单爆仓到1天10亿单包裹平稳发生,中国物流做对了什么?
2. 为了解决爆仓问题,中国物流采用的具体措施是什么?

单元 2

采购数据分析与采购管理

◆ 学习目标

◆ 单元结构

◆ 学习内容
  基础知识
  任务 2.1　评价指标法选择供应商
  任务 2.2　采购成本分析与供应商选择

◆ 单元习题

◆ 单元案例

> 学习目标

通过本单元学习,你应该达到以下目标。

知识目标:

1. 了解采购数据分析的方法。

2. 理解评价指标法的内涵。

3. 掌握供应商选择与管理的基础知识。

4. 掌握采购数据分析的表格法与成本分析法。

技能目标:

1. 能运用 Excel 工具评价表格法选择供应商。

2. 能运用 Excel 工具采购成本分析法选择供应商。

思政目标:

1. 养成严格保密供应商数据的素养。

2. 养成自觉进行采购数据保管、备份、维护以保证数据安全性的职业素养。

单元结构

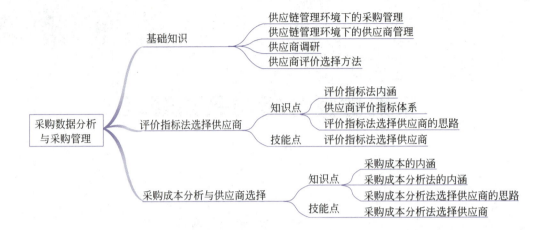

学习内容

采购数据分析
与采购管理

中国采购经理指数运行情况

一、中国制造业采购经理指数运行情况

2019年12月,中国制造业采购经理指数(PMI)为50.2%,与上月持平,见图2-1。

图2-1 制造业PMI指数(经季节调整)

从企业规模看,大型企业PMI为50.6%,比上月回落0.3%,中型企业PMI为51.4%,

比上月上升1.9%,大、中型企业PMI均位于临界点之上;小型企业PMI为47.2%,比上月下降2.2%,位于临界点之下。

从分类指数看,在构成制造业PMI的5个分类指数中,生产指数、新订单指数和供应商配送时间指数均高于临界点,原材料库存指数和从业人员指数均低于临界点。

生产指数为53.2%,比上月上升0.6%,继续位于临界点之上,表明制造业企业生产扩张持续加快。

新订单指数为51.2%,比上月微落0.1%,连续两个月位于临界点之上,表明制造业市场需求继续增长。

原材料库存指数为47.2%,比上月下降0.6%,位于临界点之下,表明制造业主要原材料库存量减少。

从业人员指数为47.3%,与上月持平,表明制造业企业用工景气度稳定。

供应商配送时间指数为51.1%,比上月上升0.6%,位于临界点之上,表明制造业原材料供应商交货时间加快,见表2-1和表2-2。

表2-1 中国制造业PMI及构成指数(经季节调整)　　　　　　　　单位:%

日　期	PMI	生产	新订单	原材料库存	从业人员	供应商配送时间
2018年12月	49.4	50.8	49.7	47.1	48.0	50.4
2019年1月	49.5	50.9	49.6	48.1	47.8	50.1
2019年2月	49.2	49.5	50.6	46.3	47.5	49.8
2019年3月	50.5	52.7	51.6	48.4	47.6	50.2
2019年4月	50.1	52.1	51.4	47.2	47.2	49.9
2019年5月	49.4	51.7	49.8	47.4	47.0	50.9
2019年6月	49.4	51.3	49.6	48.2	46.9	50.2
2019年7月	49.7	52.1	49.8	48.0	47.1	50.1
2019年8月	49.5	51.9	49.7	47.5	46.9	50.3
2019年9月	49.8	52.3	50.5	47.6	47.0	50.5
2019年10月	49.3	50.8	49.6	47.4	47.3	50.1
2019年11月	50.2	52.6	51.3	47.8	47.3	50.5
2019年12月	50.2	53.2	51.2	47.2	47.3	51.1

表2-2 中国制造业PMI其他相关指标情况(经季节调整)　　　　　　　单位:%

日　期	新出口订单	进口	采购量	主要原材料购进价格	出厂价格	产成品库存	在手订单	生产经营活动预期
2018年12月	46.6	45.9	49.8	44.8	43.3	48.2	44.1	52.7
2019年1月	46.9	47.1	49.1	46.3	44.5	47.1	43.7	52.5
2019年2月	45.2	44.8	48.3	51.9	48.5	46.4	43.6	56.2
2019年3月	47.1	48.7	51.2	53.5	51.4	47.0	46.4	56.8
2019年4月	49.2	49.7	51.1	53.1	52.0	46.5	44.0	56.8
2019年5月	46.5	47.1	50.5	51.8	49.0	48.1	44.3	54.5
2019年6月	46.3	46.8	49.7	49.0	45.4	48.1	44.5	53.4

续表

日期	新出口订单	进口	采购量	主要原材料购进价格	出厂价格	产成品库存	在手订单	生产经营活动预期
2019年7月	46.9	47.4	50.4	50.7	46.9	47.0	44.7	53.6
2019年8月	47.2	46.7	49.3	48.6	46.7	47.8	44.8	53.3
2019年9月	48.2	47.1	50.4	52.2	49.9	47.1	44.7	54.4
2019年10月	47.0	46.9	49.8	50.4	48.0	46.7	44.9	54.2
2019年11月	48.8	49.8	51.0	49.0	47.3	46.4	44.9	54.9
2019年12月	50.3	49.9	51.3	51.8	49.2	45.6	45.0	54.4

二、中国非制造业采购经理指数运行情况

2019年12月,非制造业商务活动指数为53.5%,比上月回落0.9%,表明非制造业总体保持扩张态势,增速有所放缓,见图2-2。

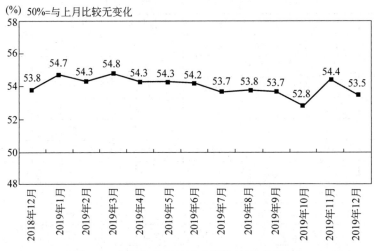

图2-2 非制造业商务活动指数(经季节调整)

从分行业看,服务业商务活动指数为53.0%,比上月回落0.5%。从行业大类看,铁路运输业、住宿业、电信广播电视和卫星传输服务、互联网软件信息技术服务、金融业、租赁及商务服务业等行业商务活动指数位于55.0%以上,业务活动较为活跃;批发业、房地产业等行业商务活动指数位于收缩区间。建筑业商务活动指数为56.7%,比上月回落2.9%,继续保持较高景气水平。

新订单指数为50.4%,比上月回落0.9%,位于临界点之上。从分行业看,服务业新订单指数为50.0%,比上月回落0.5%;建筑业新订单指数为52.9%,比上月回落3.1%。

投入品价格指数为52.4%,比上月回落0.8%,位于临界点之上,表明非制造业企业用于经营活动的投入品价格总体水平涨幅收窄。从分行业看,服务业投入品价格指数为52.3%,比上月回落0.3%;建筑业投入品价格指数为53.0%,比上月回落3.3%。

销售价格指数为50.3%,虽比上月回落1.0%,但仍位于临界点之上,表明非制造业销售价格总体水平较上月小幅上涨。从分行业看,服务业销售价格指数为49.9%,比上月下降

1.2%；建筑业销售价格指数为52.2%，比上月回落0.4%。

从业人员指数为48.3%，比上月下降0.7%，位于临界点之下。从分行业看，服务业从业人员指数为47.9%，比上月微升0.1%；建筑业从业人员指数为50.7%，比上月回落4.8%。

业务活动预期指数为59.1%，虽比上月回落1.9%，但仍位于较高景气区间，表明非制造业企业对未来市场发展比较乐观。从分行业看，服务业业务活动预期指数为59.1%，比上月回落1.5%；建筑业业务活动预期指数为59.2%，比上月回落3.9%，见表2-3和表2-4。

表2-3 中国非制造业主要分类指数（经季节调整） 单位：%

日期	商务活动	新订单	投入品价格	销售价格	从业人员	业务活动预期
2018年12月	53.8	50.4	50.1	47.6	48.5	60.8
2019年1月	54.7	51.0	52.0	49.8	48.6	59.6
2019年2月	54.3	50.7	52.7	50.1	48.6	61.5
2019年3月	54.8	52.5	52.5	51.0	48.7	61.1
2019年4月	54.3	50.8	53.0	50.5	48.7	60.3
2019年5月	54.3	50.3	52.2	49.9	48.3	60.2
2019年6月	54.2	51.5	51.5	49.7	48.2	60.6
2019年7月	53.7	50.4	52.9	50.6	48.7	59.8
2019年8月	53.8	50.1	50.8	49.1	48.9	60.4
2019年9月	53.7	50.5	52.8	50.0	48.2	59.7
2019年10月	52.8	49.4	51.3	48.9	48.2	60.7
2019年11月	54.4	51.3	53.2	51.3	49.0	61.0
2019年12月	53.5	50.4	52.4	50.3	48.3	59.1

表2-4 中国非制造业其他分类指数（经季节调整） 单位：%

日期	新出口订单	在手订单	存货	供应商配送时间
2018年12月	49.0	43.7	46.6	51.9
2019年1月	49.5	44.0	47.6	51.4
2019年2月	51.6	44.9	47.1	51.4
2019年3月	49.9	45.0	47.1	51.5
2019年4月	49.2	44.2	46.3	51.5
2019年5月	47.9	44.4	46.6	51.7
2019年6月	48.5	44.4	46.0	51.4
2019年7月	48.4	44.4	45.5	52.0
2019年8月	50.3	44.1	47.0	52.1
2019年9月	47.3	43.9	46.4	51.9
2019年10月	48.1	44.0	46.7	51.8
2019年11月	48.8	44.6	47.4	52.1
2019年12月	47.8	44.5	47.2	52.2

三、中国综合 PMI 产出指数运行情况

2019 年 12 月,综合 PMI 产出指数为 53.4%,比上月回落 0.3%,继续位于临界点之上,表明我国企业生产经营活动总体保持扩张态势,见图 2-3。

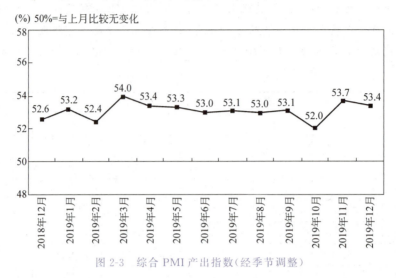

图 2-3 综合 PMI 产出指数(经季节调整)

(资料来源:国家统计局网站.http://www.stats.gov.cn/tjsj/zxfb/201912/t20191231_1720657.html. 2019-12-31)

问题:请对 2019 年 12 月中国制造业采购经理指数数据进行统计,并分析各指标的变动情况和趋势。

头脑风暴2-1

你了解哪些供应商评价的定性与定量指标?请查阅资料进行整理并分享。

基础知识

一、供应链管理环境下的采购管理

(一)采购管理的内涵

采购管理是指为保障企业物资供应,对采购活动进行计划、组织、协调和控制的活动。其任务是调动整个企业的资源,满足企业的物资供应,确保企业经营战略目标的实现。采购管理包括采购需求管理、供应商管理等。具体采购业务管理包括采购谈判、签订合同、安排催货、组织运输、验收入库、支付货款等一系列工作。采购管理是企业总体经营战略的重要组成部分,是企业质量控制、进度控制、成本控制的关键节点,关系到企业的生存和发展,具有十分重要的作用。

采购管理

(二)供应链管理模式下采购管理特点

在供应链管理模式下,采购管理要做到 5 个恰当,即"5R":①恰当的数量。实现采购的经济批量,既不积压又不会造成短缺。②恰当的时间。实现及时化采购管理,既不提前,给

库存带来压力;也不滞后,给生产带来压力。③恰当的地点。实现最佳的物流效率,尽可能地节约采购成本。④恰当的价格。实现采购价格的合理性,价格过高则造成浪费,价格过低可能质量难以保证。⑤恰当的来源。力争实现供需双方间的合作与协调,达到双赢的效果。

为了实现上述5个"恰当",供应链管理下的采购模式必须在传统采购模式的基础上做出扬弃式的调整和改变,主要表现为以下几个方面的特点。

(1)从库存驱动采购转变为订单驱动采购。在传统的采购模式中,采购的目的很简单,就是为了防止生产停顿而补充库存,可以说传统的采购是由库存驱动的。在供应链管理模式下,采购活动是在订单驱动下进行的,制造订单驱动采购订单,采购订单再驱动上游供应商供货。

(2)从采购管理转变为外部资源管理。在供应链管理中应用的外部资源管理,是指把供应商的生产制造过程看作采购企业的一个延伸部分,采购企业可以"直接"参与供应商的生产和制造流程,从而确保采购商品质量的一种做法。当然,外部资源管理并不是采购方单方面努力就能够实现的,还需要供应商的配合与支持。

(3)从买卖关系转变为战略伙伴关系。在传统的采购模式中,供应商与需求方是一种简单的买卖关系,无法解决涉及全局性和战略性的供应链问题,而基于战略伙伴关系的采购方式为解决这些问题创造了条件。

(4)采购业务外包管理。现代企业经营所需物品越来越多,采购途径和体系也越来越复杂,使企业采购成本越来越高。为了克服这种状况,越来越多的企业将采购活动外包给承包商或第三方公司。

(5)电子商务采购兴起。传统采购环境下,供应商多头竞争,采购方主要进行价格方面的比较,然后选择价格最低者。在供应链管理模式下,电子商务采购已普遍得到运用。采购方将相关信息发布在采购系统中,利用网上银行结算,并借助现代物流系统来完成物资采购。

(6)采购方式多元化。在供应链管理环境下,采购已经呈现出全球化采购与本地化采购相结合的特点。特别是对一些大型企业而言,在采购方面通常会比较各个国家的区位优势,然后进行综合判断,制定采购策略。

供应链管理环境下的采购管理

二、供应链管理环境下的供应商管理

供应链管理是一种集成的管理思想和方法,它执行供应链中从供应商到最终用户的物流的计划和控制等职能。从单一的企业角度来看,是指企业通过改善上、下游供应链关系,整合和优化供应链中的信息流、物流、资金流,以获得企业的竞争优势。链内企业彼此之间由原来的市场竞争关系改变为合作伙伴关系。链内企业应树立共同的战略目标,加强各自的核心能力,实现优势互补,强强联合,并通过加强供应链内部的管理,链内成员企业有效地协调生产经营管理活动。供应链管理的核心内容是把供应链内企业的全部生产过程经营活动集成起来,进行统筹规划,通过各环节的有效协调与配合,改善链内的物流、工作流、价值流、资金流和信息流。

(一)信息交流机制

信息交流有助于减少投机行为,促进重要生产信息的自由流动。为加强供应商与制造商的信息交流,可以从以下几个方面着手。

(1) 在供应商与制造商之间经常进行有关成本、作业计划、质量控制信息的交流与沟通，保持信息的一致性和准确性。

(2) 实施并行工程。制造商在产品设计阶段让供应商参与进来，这样供应商可以在原材料和零部件的性能和功能方面提供有关信息，为实施 QFD（质量功能配置）的产品开发方法创造条件，把用户的价值需求及时地转化为供应商的原材料和零部件的质量与功能要求。

(3) 建立联合的任务小组解决共同关心的问题。在供应商与制造商之间应建立一种基于团队的工作小组，由双方的有关人员共同解决供应过程以及制造过程中遇到的各种问题。

(4) 供应商和制造商经常互访。供应商与制造商采购部门应经常性地互访，及时发现和解决各自在合作过程中出现的问题和困难，建立良好的合作气氛。

(5) 使用电子数据交换（EDI）和互联网技术进行快速的数据传输。

（二）供应商激励机制

要保持长期的双赢关系，对供应商的激励是非常重要的，没有有效的激励机制，就不可能维持良好的供应关系。在激励机制的设计上，要体现公平、一致的原则。给予供应商价格折扣和柔性合同，以及采用赠送股权等，使供应商和制造商分享成功，同时也使供应商从合作中体会到双赢机制的好处。

（三）供应商评价机制

要实施供应商的激励机制，就必须对供应商的业绩进行评价，使供应商不断改进。没有合理的评价方法，就不可能对供应商的合作效果进行评价，将大大挫伤供应商的合作积极性和合作的稳定性。对供应商的评价要抓住主要指标或问题，例如交货质量是否改善了，提前期是否缩短了，交货的准时率是否提高等。通过评价，把结果反馈给供应商，和供应商一起共同探讨问题产生的根源，并采取相应的措施予以改进。

三、供应商调研

供应商开发的首要工作就是了解供应商、了解资源市场。了解供应商和资源市场最有效的办法就是进行供应商调查。企业针对所采购的商品或服务，系统地对资源市场进行调研，从而在总体上把握资源市场的规模、容量、性质、环境等市场状况。通过分析比较供应商的情况，就可以了解资源市场的生产能力、技术水平、管理水平、质量水平、价格水平、需求状况和性质等，从而了解资源市场的类型和供求关系，为企业选择供应商做准备。

（一）供应商初步调研

供应商初步调研是对供应商基本情况和基本资质的调研，首先要了解供应商名称、地址、生产能力、产品、数量、价格、质量、市场份额、运输条件等，同时要了解是否为合格的法人单位，查看营业执照（是否按期年检）、税务登记证、组织机构代码证等；调查企业资格，是否有 ISO 9000 质量体系认证、ISO 14001 安全体系认证、特殊产品的生产许可证、荣誉证书、获奖证明、入网证明、国家相关部门的鉴定报告等。然后查看技术文件，包括工艺流程、技术标准、质量保证措施、调试安装卡片以及各道工序的检验记录等实际运行情况。

（二）供应商深入调研

供应商深入调研是指对初步调研合格并准备发展紧密关系的供应企业进行更加深入仔细的考察活动，对供应企业现有的设备工艺、生产技术、管理技术等进行考察，深入了解企业的质量保证体系和管理规范要求。对精密度高、加工难度大、质量要求高,在产品中起核心作用的零部件或产品供应商加强管理,保证供应要求。如果前期情况比较满意,还要进行实地考察。考察的内容主要有以下几方面。

(1) 办公环境是否整洁、井然有序。

(2) 办公区域的划分是否合理,人员的精神面貌、待人接物的态度是否彬彬有礼,对涉及的问题是否能快速而明确地作答。

(3) 生产车间里原材料、成品、半成品摆放是否合理,工人是否有闲谈或开小差的现象,生产设备的先进性如何,机器设备的使用率如何,车间的环境如何等。

(4) 检验设备是否满足要求,检验人员是否有专业资质,检验人员的素质如何等。

(5) 最后看仓库,摆放是否混乱,通道是否通畅,标识是否清晰。在实际工作中,可采用访问调查法,并建立供应商卡片,有条件的企业可以建立供应商数据库,以利于比较分析,并掌握供应商的发展变化和行业发展变化,为企业未来寻找替代供应商提供基础资料。

供应商调查

教学互动2-1

供应商调研内容主要有哪些?

四、供应商评价选择方法

供应商选择是企业采购管理的重要内容,也是建立供应链合作、联盟甚至战略伙伴关系的基础。供应商评价是指运用科学的方法,依据完整的评价指标体系,对供应商进行全面、客观了解的过程。一般来说,供应商评价方法包括定性分析法、定量分析法、现代综合评价方法。

(一) 定性分析法

定性分析法主要是评估人员根据以往的资料和经验,对评估对象做出初步的分析和判断,从而对供应商进行考评。常用于选择企业非主要原材料的供应商,可分为经验评价法、协商选择法等。

(1) 经验评价法。这类方法主要是根据征询和调查的资料并结合采购人员的经验对供应商进行分析、评价。

(2) 协商选择法。这类方法是指由企业先选出供应条件较好的几个供应商,同他们分别进行协商,以确定适宜的合作伙伴。

(二) 定量分析法

定量分析法主要采用定量计算的方式进行供应商的考评。常用于选择企业主要原材料的供应商,可分为评价指标分析法、采购成本分析法等。

(1) 评价指标分析法。这类方法是通过对供应商各评价的指标进行打分,根据综合评分高低进行供应商选择的方法,它比直观判断法更加科学,易于理解,操作起来也较为方便。

(2) 采购成本比较法。这类方法是指通过分析不同价格和采购中各项费用的支出,以选择成本较低的供应商的方法。

(三) 现代综合评价方法

现代综合评价方法是指在对供应商进行考评时,有些指标是定量指标,有些指标是定性指标,旨在使得考评结果更加准确、全面,常用于选择企业重要的供应商,可分为招标采购法、层次分析法、主成分分析法、数据包络分析法、模糊评价法等。

(1) 招标采购法。该方法是指采购方事先提出采购的条件和要求,邀请众多供应商参加投标,然后由采购方按照规定的程序和系列定量定性标准、指标,从中择优选择交易对象,并与提出最有利条件的投标方签订协议等过程。招标采购的条件中一般会有定量指标,而在评标定标时,会根据采购条件和要求,以及专家判评价等方面综合决策。

(2) 层次分析法。该方法是典型的定性与定量分析相结合的多因素决策分析方法。它将决策者定性的经验判断数量化和结构化。在决策目标、准则以及备选方案结构复杂且缺乏必要数据的情况下使用更为方便。

(3) 主成分分析法。主成分分析是多元统计分析的一个分支。它是将与其分量相关的原随机向量,借助一个正交变换,转化成与其分量不相关的新随机向量,并以方差作为信息量的测度,对新随机向量进行降维处理。再通过构造适当的价值函数,进一步做系统转化。

(4) 数据包络分析法。数据包络分析法(data envelopment analysis, DEA)是运筹学、管理科学与数理经济学交叉研究的一个新领域。它是根据多项投入指标和多项产出指标,利用线性规划的方法,对具有可比性的同类型单位进行相对有效性评价的一种数量分析方法。DEA 方法及其模型自 1978 年由美国著名运筹学家 A.Charnes 和 W.W.Cooper 提出以来,已广泛应用于不同行业及部门,并且在处理多指标投入和多指标产出方面,体现了其得天独厚的优势。

(5) 模糊评价法。模糊评价法奠基于模糊数学。它不仅可对评价对象按综合分值的大小进行评价和排序,而且还可根据模糊评价集上的值按最大隶属度原则去评定对象的等级。

课程思政

供应商评价方法

联想(北京)有限公司绿色供应商管理

联想持续关注供应链的环境表现,监控并推动环境管理和实践,在自身取得绿色发展的同时,积极打造绿色供应链,从行业高度全面推进绿色设计和绿色制造。

联想于 2015 年制定实施了《供应商行为操守准则》,覆盖了可持续发展的各个方面,详细记载对供应商的环境表现期望,并导入公司级采购流程,进行供应商绿色管理、评估和监督。联想也制定了与 EICC 在劳工、环保、健康安全、道德和管理方面要求一致的采购政策和流程,要求供应商建立 EICC 标准操作规范,协助供应商制定运作模式,定期总结、分享和推广经验及成果。同时,要求占联想采购支出超过 95% 的一级供应商遵守 EICC 准则,并通过正式合约和独立的第三方 EICC 审核来直接核实供应商尽职调查结果。在采购订单的条款、条件以及其他正式协议方面,联想要求供应商遵守法律、法规及多项其他可持续发展的规定。2016 年,联想采购支出的 77% 来自属于 EICC 成员的供应商,大多数供应商获得 ISO 9001、ISO 14001、OHSAS 18001 的正式认证,如图 2-4 所示。

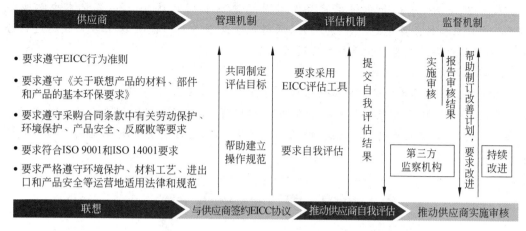

图 2-4 联想(中国)采购流程

此外,联想积极避免使用来自其供应链的冲突矿产,并全力支持 EICC、无冲突措施(CFSI)、非政府组织及政府机构为解决这一复杂问题所开展的活动。2016 年,联想完成收购整合并推动供应商计划覆盖率恢复至 95%(按开支计),以直接的方式或通过积极参与 CFSI 冶炼厂工作小组加强与冶炼厂之间的沟通。同时,联想还是行业中少数几家要求供应商制定碳减排目标的厂商之一。联想建立了碳报告体系,用于收集和分析全球供应链部门和环境事务部门确定的供应商碳足迹,并将供应商应对气候变化的表现和策略的评估将作为联想选择供应商的重要标准。

1. 供应商有害物质管控

联想是行业第一家推动供应商导入"全物质声明"措施来管控有害物质使用的厂商,助推了整个产业链有害物质的替代与减排。自 2014 年以来,通过引进并优化业内领先的材料全物质声明解决方案 FMD(full material declaration)和 GDX/WPA 系统平台,联想大力推动供应链开展全物质信息披露,变革产品有害物质合规模式,提高环境合规验证效率,为产品废弃拆解、逆向供应链、材料再利用等提供依据,实现了有害物质的合规管理,如图 2-5 所示。

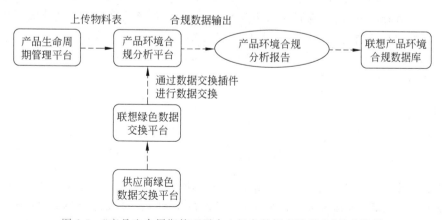

图 2-5 "产品生命周期管理平台+绿色数据交换平台"基础流程

截至 2016 年,手机和平板类产品全物质信息披露程度达 100%,笔记本电脑类达 100%,台式机和服务器类达 92%。此外,联想基于此全物质信息披露平台大数据进行分析,计算机类产品降低有害物质种类使用约 1%。

2. 环保消费类再生材料

通过对供应链的高效管控和持续推进绿色技术,联想在 2008 年开始逐步引入环保消费类再生塑胶(PCC),成为业内第一家使用 PCC 的厂商,且使用量遥遥领先。这不但有助于材料的再利用、减少电子废弃物污染、降低二氧化碳排放,还避免了焚烧、填埋等处理方式带来的环境危害,如图 2-6 所示。

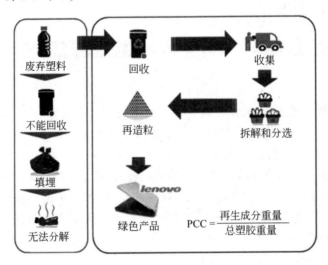

图 2-6　废弃物处理

$$PCC = \frac{再生成分重量}{总塑胶重量}$$

联想有意识地扩大 PCC 在产品种类中的使用比例,逐渐扩展至包括 PC、服务器、显示器等在内的 PC+产品,并且所有材料均通过环保和性能认证。据测算,10 年来,联想共计使用了约 9 万吨的 PCC,相当减排了约 6 万吨二氧化碳。

3. 对供应商进行培训

自 2008 年以来,联想定期举办全球供应商环境标准与法规大会,通过宣贯联想全球环境政策、方针、目标与指标,推动供应商全面合规、携手供应商提升自身环境表现。2017 年,来自 300 家联想供应商的近 500 位代表参加了在乌镇和上海举办的大会。

(资料来源:企业绿色供应链管理典型案例。http://www.miit.gov.cn/newweb/n1146285/n1146352/n3054355/n3057542/n5920352/c6472072/content.html)

行业观察

中国企业全渠道采购行业未来发展趋势

中国企业全渠道采购发展,客户服务将成竞争决胜的关键。艾媒咨询分析师认为,目前中国经济进一步发展,且国人互联网忠诚度高、新兴技术应用普及速度快,在现阶段发展环境下,中国企业全渠道采购具有良好的发展空间,未来覆盖至线上线下全渠道的企业采购行业将提速发展。但企业采购提供的产品和技术应用同质化问题比较严重,企业采购平台的选择较难区分,因此未来全渠道企业采购平台竞争的关键将更集中于客户服务的比拼。

电商化采购渠道展现发展优势,协同线下渠道将进一步提高采购效率。艾媒咨询分析师认为,随着中国电商产业发展成熟,以及供应链环节效率提升,能提供更多品类商品服务和物流配送更优的电商化采购渠道开始在企业采购环节展现其发展优势。但单纯的电商化采购在选品体验、低量商品短途配送方面存在局限,未来线上协同线下,全渠道发展将有效帮助企业进一步提高采购效率。

全渠道采购需覆盖更多中小企业定制化服务,展现发展潜力。艾媒咨询分析师认为,目前企业进行采购多与固定供应渠道形成合作关系,或企业自身构建采购平台,但对于中小型企业而言,资源的缺乏使自建采购平台和供应渠道合作变得困难,而随着覆盖全渠道的采购平台发展,未来将为更多中小类型企业提供便捷的采购服务。另外,针对不同企业类型和企业发展状况,提供定制化采购服务也是企业采购未来发展的方向之一。

企业全渠道采购将出现更多产品类型平台,衍生服务成发展新方向。艾媒咨询分析师认为,与传统企业采购服务商相比,全渠道发展的企业采购平台能够为企业提供更多类型的采购产品,从实物采购物资到如旅行、培训等服务类产品均有覆盖,未来企业全渠道采购平台将覆盖更多类别的产品,适应企业对各类资源的需求。此外,企业若进行大批量采购将涉及大量资金流转,以平台形式切入企业采购服务的产品,将提供如金融服务等衍生类服务,满足企业采购需求。

(资料来源:艾媒新零售产业研究中心. 2019上半年中国企业采购行业研究报告. https://www.iimedia.cn/c400/66208.html)

教学互动2-2

供应商评价与选择方法都有哪些?哪种方法效率最高?

任务 2.1 评价指标法选择供应商

知识点

2.1.1 评价指标法内涵

1. 指标评价法含义

指标评价法是指设计多个指标对多个参评单位进行评价的方法,简称综合评价方法。其基本思想是将多个指标转化为一个能够反映综合情况的指标来进行评价。如不同国家经济实力,不同地区社会发展水平,小康生活水平达标进程,企业经济效益评价等,都可以应用这种方法。

2. 指标评价法的特点

(1) 评价过程不是逐个指标顺次完成的,而是通过一些特殊方法将多个指标的评价同时完成的。

(2) 在综合评价过程中,一般要根据指标的重要性进行加权处理。

(3) 评价结果不再是具有具体含义的统计指标,而是以指数或分值表示参评单位"综合状况"的排序。

3. 指标评价法构成要素

(1) 评价者。评价者可以是某个人或某团体。评价目的的给定、评价指标的建立、评价模型的选择、权重系数的确定都与评价者有关。因此,评价者在评价过程的作用是不可轻视的。

(2) 被评价对象。随着综合评价技术理论的开展与实践活动,评价的领域也从最初的各行各业经济统计综合评价拓展到后来的技术水平、生活质量、小康水平、社会发展、环境质量、竞争能力、综合国力、绩效考评等方面。这些都能构成被评价对象。

(3) 评价指标。评价指标体系是从多个视角和层次反映特定评价客体数量规模与数量水平。它是一个"具体—抽象—具体"的辩证逻辑思维过程,是人们对现象总体数量特征的认识逐步深化、求精、完善、系统化的过程。

(4) 权重系数。相对于某种评价目的来说,评价指标相对重要性是不同的。权重系数确定的合理与否,关系到综合评价结果的可信程度。

(5) 综合评价模型。所谓多指标综合评价,是指通过一定的数学模型将多个评价指标值"合成"为一个整体性的综合评价值。

4. 指标评价法步骤

(1) 确定综合评价指标体系,这是综合评价的基础和依据。

(2) 收集数据,并对不同计量单位的指标数据进行同度量处理。

(3) 确定指标体系中各指标的权数,以保证评价的科学性。

(4) 对经过处理后的指标再进行汇总计算出综合评价指数或综合评价分值。

(5) 根据评价指数或分值对参评单位进行排序,并由此得出结论。

2.1.2 供应商评价指标体系

评价指标体系是指由表征评价对象各方面特性及其相互联系的多个指标所构成的具有内在结构的有机整体。

1. 评价指标体系的构建原则

为了使指标体系科学化、规范化,在构建指标体系时,应遵循以下原则。

(1) 系统性原则。各指标之间要有一定的逻辑关系,它们不但要从不同的侧面反映出生态、经济、社会子系统的主要特征和状态,而且还要反映生态—经济—社会系统之间的内在联系。每一个子系统由一组指标构成,各指标之间相互独立,又彼此联系,共同构成一个有机统一体。指标体系的构建具有层次性,自上而下,从宏观到微观层层深入,形成一个不可分割的评价体系。

(2) 典型性原则。务必确保评价指标具有一定的典型代表性,尽可能准确反映出特定区域的环境、经济、社会变化的综合特征,即使在减少指标数量的情况下,也要便于数据计算和提高结果的可靠性。另外,评价指标体系的设置、权重在各指标间的分配及评价标准的划分都应该与特定区域的自然和社会经济条件相适应。

(3) 动态性原则。"生态效益—经济效益—社会效益"的互动发展需要通过一定时间尺度的指标才能反映出来。因此,指标的选择要充分考虑到动态变化的特点,应该收集若干年度的变化数值。

（4）简明科学性原则。各指标体系的设计及评价指标的选择必须以科学性为原则，能客观真实地反映特定区域环境、经济、社会发展的特点和状况，能客观全面反映出各指标之间的真实关系。各评价指标应该具有典型代表性，不能过多、过细，使指标过于烦琐，相互重叠，指标又不能过少、过简，避免指标信息遗漏，出现错误、不真实现象，并且数据易获得且计算方法简明易懂。

（5）可比、可操作、可量化原则。指标选择上，特别注意在总体范围内的一致性，指标体系的构建是为区域政策制定和科学管理服务的，指标选取的计算量度和计算方法必须一致统一，各指标尽量简单明了、微观性强、便于收集，各指标应该具有很强的现实可操作性和可比性。而且，选择指标时也要考虑能否进行定量处理，以便于进行数学计算和分析。

（6）综合性原则。生态—经济—社会的互动"双赢"是生态经济建设的最终目标，也是综合评价的重点。在相应的评价层次上，全面考虑影响环境、经济、社会系统的诸多因素，并进行综合分析和评价。

2. 供应商评价指标体系

供应商评价指标体系是指由表征供应商各方面特性及其相互联系的多个指标所构成的具有内在结构的有机整体，供应商评价指标是企业对供应商进行综合评价的依据和标准。不同行业、企业，不同环境下的供应商的评价指标有所不同。但基本都涉及以下几个方面。

（1）价格。价格是指供货的价格水平。考核供应商的价格水平，可以和市场同档次产品的平均价和最低价进行比较，分别用市场平均价格比率和市场最低价格比率来表示。

（2）品质。用于考察供应商产品质量合格率、平均合格率、批退率及来料免检率等。

（3）交货期。主要用于考察供应商的准时交货率、交货周期等。

（4）服务水平。用于考核供应商在支持、配合与服务方面的表现。

（5）信用度。主要考核供应商履行自己的承诺，以诚待人，不故意拖账、欠账的程度。

（6）配合度。用于考察供应商与采购方在合作过程中积极配合的程度。

供应商评价指标体系

2.1.3 评价指标法选择供应商的思路

评价指标法通常采用评价表格法，评价表格法是现行企业应用比较普遍的一种供应商评价选择方法，它比直观判断法更加科学，易于理解，操作起来也较为方便。企业的一般物资大多采用这种方法选择供应商。此外，该方法也易于程序化，虽然在打分过程中不可避免地带有主观色彩，但用打分的方法量化评价效果还是比较好的。其不足之处在于无法体现不同评选指标的不同重要性，这与现实情况并不符合，所以这一方法也渐渐被综合权重评分法或层次分析法等方法所代替。

1. 评价表格法的操作流程

（1）确定评价指标。

（2）确定评价指标权重。

（3）m 个专家根据评价指标对 n 个供应商打分。

(4)分析处理 m 个专家的分值,得出每个供应商每项指标的平均得分。
(5)根据指标权重和指标得分,计算每个供应商的综合得分。
(6)根据排名选择供应商,选择得分最高,也就是评价结果最好的供应商。

2. 评价表格法选择方法应用

某采购商评价供应商有10个指标:商品质量、技术服务能力、交付及时、对采购商的需求反应速度、供应商的信誉、商品价格、延期付款期限、员工的工作态度、财务状况、内部组织管理。每个指标分为五个档次:优秀、良好、较好、一般、较差。每个档次的分值:优秀为5分,良好为4分,较好为3分,一般为2分,较差为1分,满分为50分。每位专家用一张评分表为供应商评分,根据各供应商所得分数分析比较,选出得分最高的供应商作为合作伙伴。

2.1.4 SUMPRODUCT 函数

从 Excel 2007 版本起,Excel 新增了一个 SUMPRODUCT 函数,该函数功能多样且强大。

SUMPRODUCT 函数在给定的几组数组中,将数组间对应元素相乘,并求出乘积之和,即两个以上的数组乘积和。其语法格式为 SUMPRODUCT(array 1,[array 2],[array 3],…),其中每个 array 都表示一个数组,array 数量可选,数组参数从2到255个。

教学互动2-3

供应商评价指标是如何选取的,用评价表格法选择供应商有哪些优势?

技能点

1. 理解供应商的评价指标体系。
2. 理解供应商的评价指标权重。
3. 能够分析处理专家的分值,计算出每个供应商每项指标的平均得分。
4. 能够根据指标权重和指标得分,计算出每个供应商的综合得分。
5. 能够根据排名选择供应商。

实训示例2-1

京氏制造商评价表格法选择供应商

京氏制造商经过初选确定了3家原材料供应商作为未来可能的战略合作伙伴,现在想通过综合评价的方法最终确定一家供应商进行合作,专家组建议在进行供应商选择时,主要考虑的因素及其权重为质量(0.25)、价格(0.25)、交货准时性(0.15)、品种柔性(0.15)、可靠性(0.1)和售后服务(0.1),专家给每家供应商的各项指标得分如表2-5所示。

问题:该制造商应选择哪家供应商?

表 2-5 专家给 3 家供应商的评分值

专家	评价指标	A供应商	B供应商	C供应商
张三	质量	7	3	6
	价格	9	9	9
	交货准时性	10	3	4
	品种柔性	5	6	6
	可靠性	9	6	8
	售后服务	6	4	5
李四	质量	6	10	9
	价格	9	8	9
	交货准时性	10	5	8
	品种柔性	10	8	3
	可靠性	9	5	3
	售后服务	4	4	4
王五	质量	9	7	5
	价格	3	7	4
	交货准时性	9	9	8
	品种柔性	10	7	10
	可靠性	4	8	7
	售后服务	5	4	9

一、实训任务分析

本任务实训中,假设数据已采集,只进行数据处理。整体解决方案的框架思路如下。

(1) 确定评价指标。

(2) 确定评价指标权重。

(3) m 个专家根据评价指标对 n 个供应商打分。

(以下为数据处理部分)

(4) 分析处理 m 个专家的分值,得出每个供应商每项指标的平均得分(算术平均)。

(5) 根据指标权重和指标得分,计算每家供应商的综合得分(加权平均)。

(6) 根据排名选择供应商。

二、实训步骤

(1) 确定评价指标。

专家组确定的评价指标为质量、价格、交货准时性、品种柔性、可靠性和售后服务。

(2) 确定评价指标权重。

主要考虑的因素及其权重为质量(0.25)、价格(0.25)、交货准时性(0.15)、品种柔性(0.15)、可靠性(0.1)和售后服务(0.1)。

(3) m 个专家根据评价指标对 n 个供应商打分。

3 个专家的评分表见表 2-6。

(4) 分析处理 3 个专家的分值,得出每家供应商每项指标的平均得分。

汇总处理专家评分均值,这里用算术平均法,见表 2-6。

表 2-6 专家评分均值表

评价指标	A 供应商	B 供应商	C 供应商
质量	7.333	6.667	6.667
价格	7.000	8.000	7.333
交货准时性	9.667	5.667	6.667
品种柔性	8.333	7.000	6.333
可靠性	7.333	6.333	6.000
售后服务	5.000	4.000	6.000

(5) 计算加权指标的供应商得分。

这里可用函数"=SUMPRODUCT()"计算,得出 A、B、C 3 家供应商的综合得分为 7.517、6.600、6.650,见表 2-7。

表 2-7 评价指标供应商加权得分表

评价指标	权重	A 供应商	B 供应商	C 供应商
质量	0.25	7.333	6.667	6.667
价格	0.25	7.000	8.000	7.333
交货准时性	0.15	9.667	5.667	6.667
品种柔性	0.15	8.333	7.000	6.333
可靠性	0.10	7.333	6.333	6.000
售后服务	0.10	5.000	4.000	6.000
得分		7.517	6.600	6.650
排名		1	3	2

(6) 选择供应商。

根据排名,选择 A 供应商。

实训演练2-1

京东商院仓配客中心供应商选择

评价表格法
选择供应商

京东商院仓配客中心经过初选确定了 3 家原材料供应商作为未来可能的战略合作伙伴,现在想通过综合评价的方法最终确定一家供应商进行合作。在进行供应商选择时,主要考虑的因素及其权重、专家对各供应商的各项指标的评分,如表 2-8 所示。请问该制造商最终应选择哪家供应商?

表 2-8　专家对 3 家供应商的评分值

专家	评价指标		指标权重	A 供应商	B 供应商	C 供应商
张三	技术能力		0.084	7	8	5
	质量(0.246)	顾客拒绝度(0.696)		6	7	9
		工厂审计(0.304)		8	9	7
	交货(0.336)	紧急交货(0.413)		9	7	8
		质量问题(0.587)		7	8	9
	响应		0.031	7	6	8
	纪律性		0.036	3	6	9
	财务状况		0.067	4	7	8
	管理		0.048	4	6	7
	设施		0.152	6	7	6
李四	技术能力		0.084	5	6	8
	质量(0.246)	顾客拒绝度(0.696)		6	6	10
		工厂审计(0.304)		5	7	5
	交货(0.336)	紧急交货(0.413)		6	10	8
		质量问题(0.587)		10	10	7
	响应		0.031	8	7	6
	纪律性		0.036	5	8	9
	财务状况		0.067	7	8	7
	管理		0.048	5	10	7
	设施		0.152	8	8	8
王五	技术能力		0.084	10	9	9
	质量(0.246)	顾客拒绝度(0.696)		8	7	8
		工厂审计(0.304)		5	10	10
	交货(0.336)	紧急交货(0.413)		5	6	5
		质量问题(0.587)		10	9	6
	响应		0.031	7	6	10
	纪律性		0.036	7	5	10
	财务状况		0.067	6	7	7
	管理		0.048	5	6	8
	设施		0.152	10	10	5

实训提示：

第一步是汇总并处理每位专家的评分平均值；第二步是计算指标组合权重，有两级指标权重，要计算为组合权重；第三步是计算供应商综合得分；第四步选出得分最高的供应商。具体分析步骤参见实训示例2-1。

课后思考2-1

评价指标法选择供应商的内涵与优缺点有哪些？

任务 2.2　采购成本分析与供应商选择

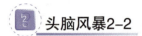

头脑风暴2-2

企业采购成本有哪些？采购成本对企业利润重要吗？

知识点

2.2.1　采购成本的内涵

采购成本是指与采购原材料、零部件相关的物流费用，包括采购订单费用、采购计划制订人员的管理费用、采购人员管理费用等。存货的采购成本包括购买价款、相关税费、运输费、装卸费、保险费以及其他可归属于存货采购成本的费用。采购费用可分为直接采购费用和共同采购费用两种。

（1）直接采购费用。直接采购费用是指费用发生时能直接确认应由哪种材料负担的费用，该种费用发生后直接计入各种材料的采购成本。

（2）共同采购费用。共同采购费用是指应由多种材料共同负担的采购费用，该种费用发生后应按一定标准分配计入各种材料的采购成本，分配标准主要有采购数量、价格等。

2.2.2　采购成本分析法的内涵

采购成本分析是指对与采购原材料部件相关的过程和发生的费用进行分析，包括采购订单费用、采购计划制订人员的管理费用、采购人员管理费用等，通过成本计算和比较，以选择采购成本最低的供应商。

采购的基本流程可以划分为采购计划的制订、采购行为的发生、采购过程的监督、对厂家生产情况的跟踪、提货、验货、产品入库、仓储保管、出库配送、供销结算等。采购成本就是在上述采购流程中所支出的费用。有些成本是看得见的，即比较容易分析出来或者可以直接从财务报表中查到的成本；有些是看不见的，即较难分析或易被忽略的，由此将两类成本划分为显性成本和隐性成本两类。

1. 显性成本

（1）采购计划编制成本。准确的采购计划能够精准地预测和掌握企业的生产计划，可以使企业在满足产品生产需求的前提下，最大限度地降低采购资金的占用，同时还要对供应市场进行全面的分析，调整订单计划，评估和选择供应商。采购计划的编制可以说是采购整个流程的首要环节，它的支出也被称为采购计划编制成本。

（2）原材料、半成品或成品成本。原材料、半成品或成品的成本是指货品购进的价格。影响所采购物资价格高低的原因有很多，包括商品市场价格、商品质量、市场供求关系等。

（3）采购管理成本。它是采购业务行为过程中所发生的费用，包括人力成本、招标成本、建设成本、招待费、办公费、差旅费等。

（4）运输成本。采购物资的运输会发生费用，这就是运输成本。选择一种科学、经济、合理的运输方式，选择合适的运输工具，规划合理的运输路线，实行节约化运输，将会给企业节约一大笔运输费用，进而节省运费、降低采购成本。

（5）验收成本。采购回来的原材料、半成品或者产品都需要进行检验后才能入库。为防止不符合合同约定或质量不合格的原材料、半成品或者半成品入库，一定要严把物资的入库检验这一关。入库后发现产品质量不合格、破损、数量短缺或者甚至是产品品种出现错误等情况，企业将面临的不仅仅是由于品种、质量、数量问题而需要退换货所发生的费用和时间成本，还将可能造成由于原材料或者半成品缺货而造成的生产线停止运作，产生停产成本。

（6）存储成本。存储成本是指物资在库存过程中所产生的费用。一方面货品要存放得当，对货品进行分类管理，注意一些特殊性质的货品（如易破损的产品、易变质的产品）的存储环境。另一方面还要建立健全并妥善保管库存档案，及时对库存商品进行盘点。若是有库存积压，也会增加仓储成本。所以科学、合理地进行仓储管理是降低采购供应成本的一个有效手段。

2. 隐性成本

隐性成本是相对于显性成本而言的。隐性成本是指不易在财务报表中表现出来的、易被人忽视，但是又非常重要的一部分成本。

（1）时间成本。由于响应顾客需求的时间过长所产生的时间成本。

（2）缺货成本。缺货成本是指由于存货耗尽或供货中断等原因而不能满足企业正常生产经营需要所造成的损失。这一部分成本在财务报表中是体现不出来的，但是缺货一旦发生不仅会带来很大的经济损失，而且对企业声誉也会造成很大的影响。

（3）库存积压成本。相对于缺货成本，库存积压成本则是由于库存产品过多而导致的积压现象所带来的成本。库存积压使运输、仓储费用明显增加，而且还占用了企业的发展资金。同时，在仓库存储的过程中还会出现一些由于保管不当等因素而造成产品损坏所带来的损失。因此过多的库存也一样不利于企业的发展。

2.2.3 采购成本分析法选择供应商的思路

采购成本比较法是指供应商在商品质量、交付时间、售后服务等指标均能满足要求的情况下，通过比较采购成本高低来选择供应商的方法。采购成本分析法选择供应商的思路如下。

（1）识别采购成本，即在买方成本开支中，识别出与采购活动相关的成本。

（2）计算与采购相关的分项采购成本。

采购成本分析
比较法

(3) 将各分项采购成本求和,形成总采购成本。
(4) 比较总采购成本小,总采购成本最低的供应商即为选择对象。

由于采购成本分析比较法只考虑成本因素,简化了供应商选择过程,对降低采购成本具有一定的意义。现实中,还需要考虑其他因素,结合其他方法一起使用,以降低供应商选择风险。

 技能点

1. 能够在购买成本开支中,识别出与采购活动相关的成本。
2. 能够计算与采购相关的分项采购成本。
3. 会用 Excel 表制作,将各分项采购成本求和,形成总单位采购成本。
4. 会比较总单位采购成本大小,选择总单位采购成本最低的供应商。

 实训示例2-2

宜红集团有一种零件需要从供应链上的其他企业购进,年需求量为 10 000 件。有 3 家供应商可以提供该种零件,但它们的价格不同,3 家供应商提供的零件质量也有所不同。如果零件出现缺陷,需要进一步处理才能使用,每个有缺陷的零件处理成本为 6 元,主要是用于返工的费用。另外,这 3 家供应商要求的最小采购批量均不相同,库存费用按库存价值的 25% 计算,不考虑订购费用。详细的数据见表 2-9。

表 2-9 供应商零件情况表

供应商	价格/(元/件)	合格品率/%	起订批量/件
A	9.50	88	2 500
B	10.00	97	5 000
C	10.40	99	200

试问:
(1) 如果仅以价格为标准,选择哪家供应商?
(2) 如果考虑价格+质量水平,又选择谁?
(3) 综合考虑价格、质量水平、起订批量三个因素,又选择哪家供应商?

一、实训任务分析

1. 考虑价格成本因素
(1) 按零件价格直接排序。
(2) 选择采购价格最低的供应商。

2. 考虑价格成本、质量成本两个因素
思路:年需求量中缺陷零件的处理成本,即质量成本,计入总成本,比较总成本。也可继续计算出总单位成本,再排序选择。
(1) 计算一年所需零件的缺陷率(%)。
(2) 根据缺陷率计算总需求零件中的缺陷零件数。
(3) 计算质量成本,即总缺陷处理成本。

(4) 计算含价格成本、质量成本的采购总成本。

(5) 对采购总成本排序，选择采购总成本最小的供应商。

3. 综合考虑价格、质量和起订批量的因素

思路：根据订货批量计算库存价值，根据库存费用率计算出库存成本，计入总成本，再比较总成本。

(1) 计算由订货批量引起的平均库存量。

(2) 计算库存价值。

(3) 计算库存成本。

(4) 计算含价格成本、质量成本、库存成本的采购总成本。

(5) 对总成本排序，选择采购总成本最小的供应商。

二、实训步骤

1. 考虑价格成本因素

(1) 用 Excel 工具按零件价格直接排序。

(2) 按零件价格选择供应商，直接排序。根据排名结果，选择价格最低的供应商 A，见表 2-10。

表 2-10　考虑价格成本因素的供应商排名

供应商	价格/(元/件)	排名
A	9.5	1
B	10	2
C	10.4	3

2. 考虑价格、质量水平两个因素

思路：年需求量为 10 000 件，10 000 件中缺陷零件的处理成本计算到总处理成本，并分摊至每个零件。

(1) 计算不同供应商提供的一年零件的缺陷率（%）。

每个供应商提供零件的合格率见表 2-9。如 A 供应商零件的合格品率为 88%，则缺陷率就是 100%－88%＝12%，同理可计算出 B、C 两个供应商的零件缺陷率分别为 3%、1%，见表 2-11。

表 2-11　供应商零件质量成本情况

供应商	价格/(元/件)	价格成本/元	合格品率/%	缺陷率/%	缺陷零件数量/件	质量成本/元	总成本＝价格成本＋质量成本/元	单位总成本/(元/件)
A	9.5	95 000	88	12	1 200	7 200	102 200	10.22
B	10	100 000	97	3	300	1 800	101 800	10.18
C	10.4	104 000	99	1	100	600	104 600	10.46

(2) 根据缺陷率计算 10 000 件零件中的缺陷零件数。

有了缺陷率，不难求出计算 10 000 件零件中的缺陷零件数。A 供应商的缺陷零件数为 10 000×12%＝1 200（件），同理可求得 B、C 两个供应商的缺陷零件数为 300 件、100 件，见

表2-11。

(3) 计算质量成本,即总缺陷处理成本。

本小题中,质量成本就是总缺陷处理成本。根据题意,缺陷零件修复成本为6元/件,用缺陷零件数乘以单位修复成本即可得到质量成本。A供应商的质量成本为1 200×6＝7 200(元),同理可求得B、C两个供应商的质量成本为1 800元、600元,见表2-11。

(4) 计算采购总成本。

本小题中,采购总成本就是价格成本和质量成本的和。A供应商进货的总成本为95 000＋7 200＝102 200(元),同理可求得从B、C两个供应商进货的总成本为101 800元、104 600元。

(5) 排序单位采购总成本,选择采购单位总成本最小的供应商。

对3个供应商的采购总成本进行排序,不难看出,供应商B的采购总成本最小。因此,考虑价格成本、质量成本两个因素,应该选择从供应商B处采购。

本题中,计算出从不同供应商进货的采购总成本,也可求出相应的单位采购总成本再进行比较。A供应商的单位采购总成本为:102 200÷10 000＝10.22(元/件),同理可求得B、C两个供应商的单位采购总成本为10.18元/件、10.46元/件。则选择供应商B。

3. 综合考虑价格、质量和起订批量的因素

计算库存费用的方法有很多,不同企业采用不同的计算方法。我们选用常见的简单库存费用计算法,即库存费用＝库存价值×库存费用率,库存价值＝库存单价×平均库存量,平均库存量选用订购批量的一半。本题中,假设订购批量就是起订批量。

(1) 计算由订货批量引起的平均库存量。

分别计算3家供应商零件的平均库存。A供应商起订批量为2 500件,平均库存为1 250件。同理可求得B、C两家供应商的平均库存为2 500件、100件,见表2-12。

表2-12 供应商零件情况表

供应商	价格/(元/件)	价格成本/元	质量成本/元	起订批量/件	平均库存量/件	库存价值/元	库存成本/元	总成本＝价格成本＋质量成本＋库存成本/元	单位总成本/(元/件)
A	9.5	95 000	7 200	2 500	1 250	11 875	2 968.75	105 168.75	10.52
B	10	100 000	1 800	5 000	2 500	25 000	6 250	108 050	10.81
C	10.4	104 000	600	200	100	1 040	260	104 860	10.49

(2) 计算库存价值。

分别计算3家供应商零件的库存价值。根据公式,库存价值＝库存单价×平均库存量,A供应商零件的库存价值＝9.5×1 250＝11 875(元)。同理可求得B、C两家供应商零件的库存价值为25 000元、1 040元,见表2-12。

(3) 计算库存成本。

分别计算3家供应商零件的库存成本。根据公式库存费用＝库存价值×库存费用率,A供应商零件的库存成本＝11 875×25％＝2 968.75(元)。同理可求得B、C两家供应商零件的库存价值为6 250元、260元,见表2-12。

(4) 计算采购总成本。

本小题中,采购总成本就是价格成本、质量成本和库存成本的总和。从 A 供应商进货的总成本为 95 000＋7 200＋2 968.75＝105 168.75(元),同理可求得从 B、C 两家供应商进货的总成本为 108 050 元、104 860 元,见表 2-12。

(5) 排序采购总成本,选择总成本最小的供应商。

对 3 家供应商的总成本进行排序,不难看出,供应商 C 的总成本最小。因此,考虑价格成本、质量成本、库存成本的情况下,应该选择供应商 C。

采购成本分析法
与供应商选择

本题中,计算出从不同供应商进货的总成本,也可求出相应的单位总成本再进行比较。A 供应商的单位总成本为 105 168÷10 000＝10.52(元/件),同理可求得 B、C 两家供应商的单位总成本为 10.81 元/件、10.49 元/件。则选择从供应商 C 处采购零件。

实训演练2-2

红豆树集团某机器零部件供应商选择

红豆树集团生产的机器上有一种零件需要从供应链上的其他企业购进,年需求量为 20 000 件。有 3 家供应商可以提供该种零件,但它们的价格、质量、批量均不同。如果零件出现缺陷,需要进一步处理才能使用,每个有缺陷的零件处理成本为 5 元。与零件库存有关的库存维持费用按库存价值的 20% 计算,不考虑订购费用。详细的数据见表 2-13。

表 2-13 供应商零件情况表

供应商	价格/(元/件)	合格品率/%	起订批量/件
A	9.5	85	3 000
B	10.00	96	5 000
C	10.50	99	2 000

试问:

(1) 如果仅以价格为标准,选择哪家供应商?

(2) 如果考虑价格＋质量水平又选择谁?

(3) 综合考虑价格、质量水平、起订批量三个因素又选择哪家供应商?

实训提示:

运用 Excel 工具,对采购成本进行计算排序,选择出成本最低的供应商,按实训示例 2-2 所示步骤操作。

 课后思考2-2

采购成本分析法选择供应商的步骤有哪些?

课程思政

政府绿色采购

政府绿色采购是指政府采购在提高采购质量和效率的同时,应该从社会公共的环境利益出发,综合考虑政府采购的环境保护效果,采取优先采购与禁止采购等一系列政策措施,直接驱使企业的生产、投资和销售活动有利于环境保护目标的实现。请各位同学观看视频,看白岩松如何解读我国政府绿色采购政策措施。

(资料来源:腾讯视频. https://v.qq.com/x/page/b0737l4uc05.html)

单元习题

一、单选题

1. 采购与供应管理的利润杠杆效应是指(　　)。
   A. 利润率提高较小比例可以带来采购费用更大比率的节省
   B. 采购费用节省较少比例可以带来利润率更大比率的提高
   C. 采购费用的增加可以带来采购数量的增加
   D. 采购数量的增加可以带来利润率的提高

2. 在选择供应商时,企业考虑的主要因素是(　　)。
   A. 价格　　　　B. 质量　　　　C. 服务　　　　D. 以上都是

3. 下列采购预测方法中,属于定性预测的是(　　)。
   A. 德尔菲法　　　　　　　　B. 移动平均法
   C. 指数平滑法　　　　　　　D. 线性回归法

4. 下列采购绩效指标中,企业最重视且最常见的是(　　)。
   A. 质量绩效指标　　　　　　B. 价格和成本绩效指标
   C. 效率绩效指标　　　　　　D. 战略绩效指标

5. 下列商品中,不适合采用一次性订货系统进行库存控制的是(　　)。
   A. 需求量不连续的商品
   B. 不同时期一次性需求量有很大变化的商品
   C. 每次需求量相对平稳的商品
   D. 易过时及易腐蚀的、市场寿命短的商品

二、多选题

1. 小王是某公司采购管理人员,下列是他对采购与供应管理中一些概念的理解,你认为错误的是(　　)。
   A. 采购与供应管理的总体目标是从合适的供应商处,以合适的质量、数量和价格获得企业所需物料,并在准确时间发送到准确的地点
   B. 采购与采购管理是同一个概念,都是企业的具体采购业务活动
   C. 采购的利润杠杆效应是指利润率提高较小比例可带来采购费用更大比率的节省
   D. 混合采购是指个人、企业和政府三者联合进行采购

E. 采购部门为了实现采购目标，需要与企业其他职能部门建立密切工作关系

2. JIT 采购的作用包括( )。
　　A. 减少库存　　　　　　　　　　B. 提高采购物资质量
　　C. 降低原材料和外购件的价格　　D. 缩短交货时间
　　E. 提高企业劳动生产率

3. 采购管理的目标是( )。
　　A. 保障供应　　　　　B. 费用最省　　　　C. 供应链管理好
　　D. 信息管理好　　　　E. 供应商管理好

4. 采购管理的职能是( )。
　　A. 资源市场信息管理　B. 供应链管理　　　C. 保障供应
　　D. 节约成本　　　　　E. 装卸搬运

5. 降低采购成本的方法有( )。
　　A. 集团采购　　　　　B. 目标成本法　　　C. 作业成本法
　　D. 标杆法　　　　　　E. 价值工程与分析法

三、判断题

1. 采购成本是指企业为原材料、配套件、外协件而发生的相关费用。　　（　　）
2. 相对成本控制是以预定成本限额为目标，绝对成本控制是以使成本最小化为目标。
　　　　　　　　　　　　　　　　　　　　　　　　　　　　　　　　　（　　）
3. 一个完整的招标采购包括招标、投标、开标、评标、决标和签订合同。（　　）
4. 采购效果是为了实现预先确定的目标、计划耗费和实现耗费之间的关系。（　　）
5. 采购是指通过商品交换和物流手段从资源市场取得资源的过程。　　　（　　）

四、简答题

1. 特忆高公司是一家生产汽车挡风玻璃的公司，由于原料采购不利导致公司产量下降，业绩下滑。请你为该公司提供一些采购建议，并谈谈你对采购工作重要性的认识。

2. 威尔士公司是一家生产电器和电子仪器的公司，由于采购负担过重，通常从订货到发货需要 3 个月，远不能满足生产的需要。由于库存严重不足，公司顾客由于到货拖延而向公司投诉，公司信誉下降。如果你被聘为该公司销售部经理，你将如何改善公司目前存在的采购问题？

五、实训题

1. 红豆商院生产实训中心经过初选确定了 3 家供应商作为未来可能的战略合作伙伴，现在通过专家组综合评价最终确定一家供应商进行合作，主要考虑的因素及其权重为质量(0.25)、价格(0.25)、交货准时性(0.2)、技术能力(0.15)、财务状况(0.15)，专家给每家供应商的各项指标打分情况如表 2-14 所示。请问：该制造商应选择哪家供应商？

2. 京东商院仓配客中心有一种原材料年需求量为 30 000 件。有 3 家供应商可以提供该种原材料，但其价格不同，所提供的原材料的质量也有所不同。如果原材料有缺陷，可以处理成合格品使用，每个有缺陷的原材料处理成本为 4 元。另外，这 3 家供应商要求的最小采购批量均不相同，库存费用按库存价值的 18% 计算，不考虑订购费用。供应商原材料情况见表 2-15。试问：

表 2-14 专家对 3 家供应商的评分值

专家	评价指标	A供应商	B供应商	C供应商
张三	质量	8	6	5
	价格	7	5	7
	交货准时性	10	7	10
	技术能力	6	8	6
	财务状况	7	5	8
李四	质量	10	9	8
	价格	10	5	10
	交货准时性	8	7	9
	技术能力	10	9	9
	财务状况	7	5	5
王五	质量	8	6	5
	价格	10	8	8
	交货准时性	8	7	10
	技术能力	5	8	6
	财务状况	10	5	5

(1) 如果仅以价格为标准,选择哪家供应商?
(2) 如果考虑价格、质量水平两个因素,又选择哪家供应商?
(3) 综合考虑价格、质量水平、起订批量三个因素又选择哪家供应商?

表 2-15 供应商原材料情况表

供应商	价格/(元/件)	合格品率/%	起订批量/件
A	9.2	80	2 000
B	10.1	90	5 000
C	10.4	95	3 000

单元案例

顺丰速运集团使用电子采购管理系统的案例分析

顺丰速运(集团)有限公司于 1993 年成立,总部设在深圳,是一家主要经营国内、国际快递及相关业务。

自成立以来,顺丰始终专注于服务质量的提升,不断满足市场的需求,在大中华地区(包括港、澳、台地区)建立了庞大的信息采集、市场开发、物流配送、快件收派等业务机构,建立服务客户的全国性网络,同时,也积极拓展国际件服务,目前已开通新加坡、韩国、马来西亚、日本及美国业务。

长期以来，顺丰不断投入资金加强公司的基础建设，积极研发和引进具有高科技含量的信息技术与设备，不断提升作业自动化水平，实现了对快件流转全过程、全环节的信息监控、跟踪、查询及资源调度工作，促进了快递网络的不断优化，确保了服务质量的稳步提升，奠定了业内客户服务高满意度的领先地位。

顺丰速运公司的快速发展，对采购部的工作也提出了进行改革的要求，为了适应今后高速发展的运营模式，并且借此机会进一步提升采购部门的管理水平，特提出实现电子采购系统的项目实施计划，顺丰速运公司实施网上物资采购，能为企业有效地节省采购成本，提高采购效率。为达到提升企业整体的竞争力，电子采购也带来了一些借鉴和思考。

顺丰的采购业务层实现了统一的"依法采购、优质服务、规范操作、廉洁高效"。顺丰通过有效手段，降低企业的采购成本，如实现"网上询比价、网上竞价、网上电子招标"。

时至今日，信息技术的发展已打破了传统的采购模式，形成了基于互联网的电子商务采购模式。主要有以下几种采购方式。

网上普通采购：通过互联网实现订单生成、下达和履行。

网上询价采购：供需双方通过互联网进行信息交互，实现比质比价，形成直接的采购交易。

网上竞价采购：通过互联网发布采购需求信息，通过供应商的网上竞价来实现物资采购价格的最优化。

网上招标采购：通过互联网实现对电子招标活动全过程的网上操作，实现"公开、公平、公正"的三公原则。

随着互联网的迅猛发展，企业可充分利用先进的互联网技术，电子采购将是解决和优化企业采购管理问题的一个有效手段，电子化采购管理的新课题已展现在眼前，它的具体内容如下。

（1）实现阳光采购，规范企业采购操作，简化流程，依法采购，促进采购工作的廉洁和高效。

（2）搭建企业电子化采购环境，实现多种企业采购方式。

（3）实现采购全过程的网上作业，如网上申报、审核、发布采购公告、询价、监管等信息均通过电子化平台进行处理，在提高采购效率的同时，实现交易过程的公开、公正、便捷、透明。

（4）实现企业采购工作的全方位管理，实现电子化的供应商管理、合同管理、库存管理一体的采购管理信息化工作平台。

电子采购管理系统，帮企业节省采购成本，提高采购效率。

（资料来源：顺丰速运集团-物流行业使用电子采购管理系统的案例分析. https://www.sohu.com/a/287989657_635976）

问题：

1. 案例中所述的电子采购管理系统给顺丰带来了哪些优势？
2. 电子化采购管理给物流行业带来的变化有哪些？

单元 3

生产数据分析与生产管理

◆ 学习目标
◆ 单元结构
◆ 学习内容
　基础知识
　任务 3.1　主生产计划制订
　任务 3.2　甘特图法生产过程控制
◆ 单元习题
◆ 单元案例

学习目标

通过本单元学习,你应该达到以下目标。

知识目标:

1. 了解现代生产管理技术。

2. 理解生产数据管理内涵。

3. 掌握主生产计划(MPS)内涵。

4. 理解甘特图法内涵。

技能目标:

1. 能根据客户需求订单分析企业生产粗能力,制订主生产计划,进而制订物料需求计划、采购计划和生产作业计划。

2. 能运用 Excel 工具制作生产进度甘特图。

思政目标:

1. 树立严格遵守生产法规的自律性。

2. 树立保证数据安全的自觉性。

单元结构

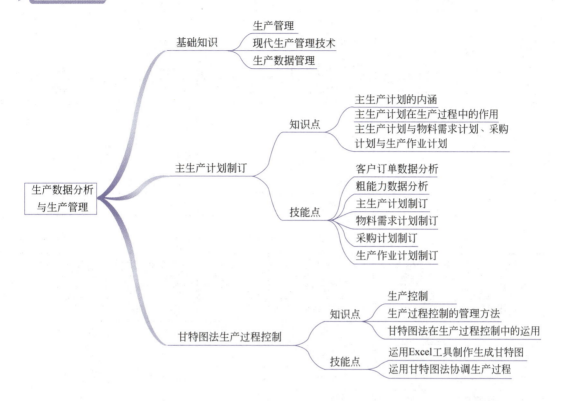

学习内容

导入案例

生产数据分析
与生产管理

我国通用航空生产作业数据分析

民航局相关数据显示,2018 年全国 422 家经营性通用航空企业中,实际开展相关生产经营作业的企业有 1 103 家,生产经营作业共 26 种(含"其他",下同)、595 010 小时、1 417 714 架次。主要生产作业数据如下。

1. 作业企业

2018 年我国经营性通用航空 26 种,主要生产作业实际开展相应作业(小时数不为零)的企业数数据见表 3-1。

2. 作业小时

2018 年我国经营性通用航空 26 种主要生产作业小时数数据见表 3-2。

3. 作业架次

2018 年我国经营性通用航空 26 种主要生产作业架次数据见表 3-3。

表 3-1　2018 年我国经营性通航生产作业实际作业企业数

作业名称	实际作业企业数	作业名称	实际作业企业数	作业名称	实际作业企业数
航空摄影	88	气象探测	3	航空器代管	25
航空探矿	12	城市消防	0	空中游览	111
空中巡查	72	直升机引航	3	包机飞行	61
石油服务	3	海洋监测	3	医疗救护	19
电力作业	7	渔业飞行	2	跳伞飞行	11
直升机外载荷	9	科学实验	34	个人娱乐飞行	14
人工降水	16	空中拍照	35	执照培训	97
航空护林	42	空中广告	70	其他	286
航空喷洒（撒）	74	航空表演	6	合　计	1 103

表 3-2　2018 年我国经营性通航生产作业小时数

作业名称	小时数	作业名称	小时数	作业名称	小时数
航空摄影	17 350	气象探测	1 921	航空器代管	21 688
航空探矿	4 648	城市消防	0	空中游览	16 434
空中巡查	28 429	直升机引航	2 984	包机飞行	22 053
石油服务	37 926	海洋监测	525	医疗救护	2 156
电力作业	3 140	渔业飞行	236	跳伞飞行	3 316
直升机外载荷	517	科学实验	2 307	个人娱乐飞行	2 709
人工降水	9 732	空中拍照	949	执照培训	295 476
航空护林	17 923	空中广告	2 634	其他	58 319
航空喷洒（撒）	41 570	航空表演	68	合　计	595 010

表 3-3　2018 年我国经营性通航生产作业架次数

作业名称	架次数	作业名称	架次数	作业名称	架次数
航空摄影	6 352	气象探测	1 842	航空器代管	8 658
航空探矿	1 458	城市消防	0	空中游览	74 352
空中巡查	19 661	直升机引航	5 365	包机飞行	14 987
石油服务	46 217	海洋监测	218	医疗救护	3 537
电力作业	1 211	渔业飞行	153	跳伞飞行	5 085
直升机外载荷	903	科学实验	1 083	个人娱乐飞行	16 622
人工降水	6 319	空中拍照	916	执照培训	908 035
航空护林	15 835	空中广告	9 543	其他	161 767
航空喷洒（撒）	107 444	航空表演	151	合　计	1 417 714

4. 平均作业时间

2018年我国经营性通用航空26种主要生产作业平均每架次作业时间数据见表3-4。平均作业时间是反映作业平均用时长短的统计性指标,为方便起见,这里以分钟为单位。

表 3-4　2018 年我国经营性通航生产作业平均作业时间　　　　单位：分钟

作业名称	平均作业时间	作业名称	平均作业时间	作业名称	平均作业时间
航空摄影	164	气象探测	63	航空器代管	150
航空探矿	191	城市消防	0	空中游览	13
空中巡查	87	直升机引航	33	包机飞行	88
石油服务	49	海洋监测	144	医疗救护	37
电力作业	156	渔业飞行	93	跳伞飞行	39
直升机外载荷	34	科学实验	128	个人娱乐飞行	10
人工降水	92	空中拍照	62	执照培训	20
航空护林	68	空中广告	17	其他	22
航空喷洒(撒)	23	航空表演	27	合　计	1 810

5. 消费人数

消费类作业,是新兴作业的典型代表,发展潜力巨大,是通航经营性生产的生力军。表3-5为2018年我国5种消费类通航生产作业数据。由表3-5可知,5种作业年飞行共4万多小时、11万多架次、近30万人,平均每架次2.6人。

表 3-5　2018 年我国 5 种消费类通航生产作业数据

作业名称	小时数	架次数	人数	平均人数
空中游览	16 434	74 352	177 985	2.5
包机飞行	22 053	14 987	73 234	5
医疗救护	2 156	3 537	4 612	1.3
跳伞飞行	3 316	5 085	22 668	4.5
个人娱乐飞行	2 709	16 622	16 622	1
小　计	46 668	114 583	295 121	2.6

(资料来源：吕宜宏,孙卫国. 我国通用航空生产作业数据分析. http://www.chinacpda.com/jishu/19606.html)

问题：请对2018年我国通用航空生产作业数据进行统计和分析。

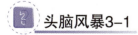

你了解哪些现代生产管理技术？

基础知识

一、生产管理

(一) 生产管理的概念

生产管理(production management, PM)是对企业生产系统的设置和运行的各项管理工作的总称,又称生产控制。生产管理是以产品生产的整体水平提高为核心,关注生产管理能力提高、客户需求导向的及时交付能力提高等,最终体现在高效、低耗、灵活、准时地生产合格产品,是产品质量提升、为客户提供满意服务、实现智能制造不可或缺的支撑。

(二) 生产管理的目标

(1) 低耗。人力、物力、财力消耗最少,实现低成本、低价格。

(2) 准时。在用户需要的时间,按用户需要的数量,提供所需的产品和服务。

(3) 灵活。能很快适应市场变化,生产不同品种和新品种。

(4) 高效。缩短订货、提货周期,迅速满足用户需要。

(5) 高品质和满意服务。产品和服务质量达到顾客满意水平。

(三) 生产管理的内容

(1) 生产组织,即选择厂址,布置工厂,组织生产线,实行劳动定额和劳动组织,设置生产管理系统等。通过生产组织工作,按照企业目标的要求,设置技术上可行、经济上合算、物质技术条件和环境条件允许的生产系统。

(2) 生产计划,即编制生产计划、生产技术准备计划和生产作业计划等。

(3) 生产控制,即控制生产进度、生产库存、生产质量和生产成本等。通过生产计划工作,制订生产系统优化运行的方案。通过生产控制工作,及时有效地调节企业生产过程内外的各种关系,使生产系统的运行符合既定生产计划的要求,实现预期生产的品种、质量、产量、出产期限和生产成本的目标。

(4) 交付管理。根据生产计划安排,对客户产品交付异常情况进行及时有效的处理,保证客户产品交付正常。

二、现代生产管理技术

20世纪80年代起,经济全球化,市场竞争日趋势激烈,消费呈现出主体化、个性化和多样化。为了对急剧变化的市场做出快速反应,企业不断探索新的生产管理方式和技术,如工业工程、精益生产、敏捷制造等新技术、新模式,向客户提供满意的产品和服务。现代生产管理阶段,出现的主要管理技术有物料需求计划、制造资源计划、企业资源计划等。

(一) 物料需求计划

物料需求计划(material requirement planning, MRP)是根据顾客订单需求或市场需求预测数据,计算出构成成品的原材料、零部件的相关需求,将最终产品的计划(主生产计划)转化为零部件、原材料的生产进度及采购日程,进而排出零部件的生产进度计划、采购计划等,见图3-1。

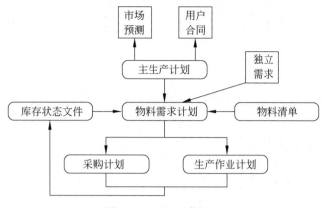

图 3-1　MRP 工作原理

基本思想：在需要的时间，向需要的部门，按照需要的数量，提供该部门所需要的物料。

基本目标：最大限度地减少库存，降低库存成本。

工作流程：从主生产计划出发，按照产品结构展开，推算每个零部件和原材料的需求量，并根据现有库存和生产/采购过程所需的提前期，最终确定具体的生产投放和物料采购时间。

回答主要问题：需要什么、需要多少、何时需要。

(二) 制造资源计划

制造资源计划(manufacturing resource planning, MRP Ⅱ)是以物料需求计划(MRP)为核心，基于采购、库存、生产、销售、财务等整体最优，对企业的各种制造资源和生产经营各环节(产、供、销、财等)实行合理有效的计划、组织、控制和协调，达到既能连续均衡生产，又能最大限度地降低各种物品的库存量，进而提高企业生产效益。

一般来说，MRP Ⅱ 包括三个子系统：一是计划控制子系统，包括生产规划、主生产计划、粗能力平衡计划、物料需求计划、能力需求计划、生产作业计划、采购计划等；二是物流管理子系统，包括库存管理、物料采购供应、市场营销等；三是财务管理子系统，包括各类往来账目、库存资金占用情况和成本核算等企业经营情况，如图3-2所示。

相比于 MRP，MRP Ⅱ 系统具有如下特征。

(1) 管理信息的系统性。集企业产供销财于一体，对企业资源进行统一的计划和控制，实现企业的整体优化。

(2) 计划的可执行性。计划下达前对生产能力进行粗评估，并根据生产过程反馈信息及时调整，保证计划有效性和可执行性。

(3) 数据共享性。数据规范化、标准化，在统一数据库支持下，数据传输、共享及时、准确和完整。

(4) 动态应变性。能够根据环境变化及时做出响应，及时决策调整，保证生产良性运行。

(三) 企业资源计划

企业资源计划(enterprise resource planning, ERP)是 MRP Ⅱ 下一代的以供应链为核心

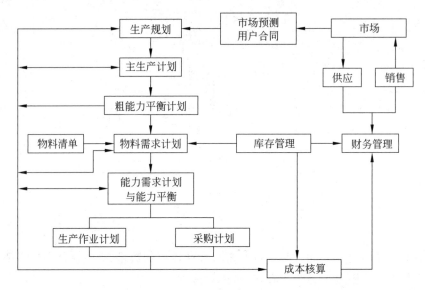

图 3-2 MRP Ⅱ 工作原理

的制造业系统和资源计划。它通过前馈的物流和反馈的信息流、资金流,把客户需求、企业内制造活动以及供应商的制造资源整合在一起。除 MRP Ⅱ 已有的生产资源计划、制造、财务、销售、采购等功能外,还有质量管理,实验室管理,业务流程管理,产品数据管理,存货、分销与运输管理,人力资源管理和定期报告系统。

ERP 系统包括四方面的内容:生产控制(计划、制造)、物流管理(分销、采购、库存管理)、财务管理(会计核算、财务管理)和人力资源管理。四大系统间有相应的接口,能够很好地整合在一起来对企业进行管理。不同企业开发的 ERP 系统软件,模块不同,但不外乎以上几个部分。ERP 工作原理如图 3-3 所示。

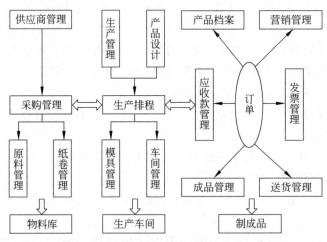

图 3-3 ERP 工作原理

ERP 的核心目的就是实现对整个供应链的有效管理,主要体现于以下三个方面。
(1) 管理整个供应链资源。现代企业竞争不是单一企业间的竞争,而是一个企业供应链之间的竞争。企业仅依赖自身资源不可能有效地参与市场竞争,还必须把与生产经营有关各方,如供应商、制造工厂、分销网络、客户等纳入供应链中,以获得竞争优势。ERP 系统实现了对整个企业供应链的管理,适应了企业在知识经济时代市场竞争的需要。

(2) 同步精益敏捷生产。ERP 系统混合精益生产和敏捷制造的思想,进行"同步工程"的混合生产方式管理。企业按大批量生产方式组织生产时,把客户、销售代理商、供应商、协作单位作为利益共享的合作伙伴关系,这种合作伙伴关系组成了一个企业的供应链,这即是精益生产的核心思想。同时,企业遇有特定的市场和产品需求,而企业的基本合作伙伴不一定能满足新产品开发生产的要求,企业会组织一个由特定的供应商和销售渠道组成的短期或一次性供应链,形成"虚拟工厂",用最短的时间将新产品打入市场,时刻保持产品的高质量、多样化和灵活性,这即是"敏捷制造"的核心思想。

(3) 事先计划与事中控制。ERP 系统中的计划体系主要包括主生产计划、物料需求计划、能力计划、采购计划、销售执行计划、利润计划、财务预算和人力资源计划等,而且这些计划功能与价值控制功能已完全集成到整个供应链系统中。ERP 系统通过定义事务处理(transaction)相关的会计核算科目与核算方式,以便在事务处理发生的同时自动生成会计核算分录,保证了资金流与物流的同步记录和数据的一致性,从而根据财务资金现状,追溯资金的来龙去脉,并进一步追溯所发生的相关业务活动,改变了资金信息滞后于物料信息的状况,便于实现事中控制和实时做出决策。

企业面临的是一个越来越激烈的竞争环境,ERP 却由于具有更多的功能逐渐被企业重视。它可为企业提供投资管理、风险分析、跨国家跨地区的集团型企业信息集成、获利分析、销售分析、市场预测、决策信息分析、促销与分销、售后服务与维护、全面质量管理、运输管理、人力资源管理、项目管理以及利用 Internet 实现电子商务等 MRP Ⅱ不具备的功能,企业能利用这些工具来扩大经营管理范围,紧跟瞬息万变的市场动态,参与国际大市场的竞争,获得丰厚的回报。

ERP 中的生产管理

 教学互动3-1

制造执行管理系统(MES)、客户关系管理(CRM)、供应商关系管理(SRM)在 ERP 中起到什么作用?

(四)精益生产

精益生产(lean production,LP)是通过消除生产全过程的一切浪费,以持续地改善制造系统,实现客户最大满意的一组原则、观念和技术。它是在"丰田生产系统"基础上发展来的,但在范围、理念和应用上都超出了丰田生产系统。精益思想适合用于解决与时间有关的问题,如交付期、准时率、周期等。

(五)准时制生产

准时制生产(just in time,JIT)是精益生产的典型代表和终极目标,它是通过不断消除浪费、降低库存、减少不良率、缩短制造周期时间等具体要求来实现的。JIT 是将必要的零件以必要的数量在必要的时间送到生产线,并且只将所需要的零件以所需要的数量在正好需

现代生产管理技术

要的时间送到生产现场。这是为适应20世纪60年代消费需要变得多样化、个性化而建立的一种生产体系及为此生产体系服务的物流体系。所以准时生产制的出发点就是不断消除浪费,减少库存,进行持续的循环式的改进。

三、生产数据管理

生产数据是指与生产活动相关的数据,包括以下几类:一是原料数据,如原料名称、品种、购进时间、数量、重量、质量等级、保质期、库存量等;二是设备数据,如设备名称、型号、技术参数、检修档案等;三是工艺数据,如工艺指标、工艺参数、生产原始记录、操作记录、分析化验记录等;四是产品数据,如产量、质量、销售量、出库量、库存量等。此外,还有财务数据、绩效考核数据,如生产成本核算、消耗核算等。

要实施智能制造,数据是基础。采集大量来自生产现场、物联网、互联网的数据,并且准确及时地传输数据,数据又得以可视共享,企业就可以实现精准运营管理和供应链协同制造,就可以实现智能制造了。对上述生产数据进行分析管理,可以更精准地实施供应商管理、采购管理,可以强化生产过程信息传递与共享、生产过程协调、生产成本控制等,促进生产过程优化和改进。

目前已有专门的生产数据管理系统,集生产信息采集、存储、传输、统计、分析、发布于一体的完整信息系统。通过该管理系统,可以实时采集生产数据,方便各级管理者了解和掌控生产运行情况,及时调整和优化生产作业,提升生产质量和效率。

课程思政

大数据隐私问题的伦理反思与应对

数据的共享与挖掘不可避免,数据共享背后的问题值得我们深思:当数据涉及个人隐私时如何共享这些数据才是道德的?简而言之,这一道德律令强调的是尊重。这可以通过提高数据用途透明度,调整个人隐私观,寻求合理的伦理决策点,搭建共同价值平台等方式来实现。

1. 提高数据使用中的价值透明度

尽管对于技术是中立的还是负载价值的是学者们持续讨论的议题,技术乐观主义者和悲观主义者都有各自的观点,但笔者认为技术是负载价值的。在使用大数据技术的过程中,无论是工程设计过程还是产品的使用过程都暗含着价值,但是使用者往往不知情。消费者在进行购物行为时往往不会注意到其个人信息已经被收集和利用,这就需要组织在使用不同数据过程中提高其负载价值的透明度。承认和尊重人们对未知的恐惧,明确告知用户哪些数据被收集和使用,可能被使用的范围,数据用途的价值倾向,以及需要承担的风险,这符合与道德决策相关的自主原则、知情同意原则。康德及其他哲学家强调,人之为人的要素之一便是自决的能力。将选择权赋予个人,有助于在大数据的应用中减少风险推论的冒险性。为了增加可行性和控制成本,使用涉及个人数据的具体操作中,可以以公告或邮件的形式通知个人,同时保留个人拒绝的权利至少是要求匿名的权利,并保证在使用数据时语境的完整性。

2. 调整个人的隐私观

大数据时代,既然个人的隐私观是产生隐私问题的重要原因之一,那么促进社会中的主体增强隐私意识,调整隐私观念是解决问题的必由之路。增强隐私意识有助于形成适合自身的隐私观,达到隐私行为与观念的统一,减少矛盾的形成。增强隐私意识还有助于在使用大数据相关产品的同时注重隐私保护。例如,有选择地使用软件;在分享文字、照片时尽量避免敏感的个人信息;当公司行为侵犯到个人隐私时具有维权意识。当然目前个人的选择权还是相对弱势的,这需要个人在大数据时代调整自己的隐私观,使观念与时代相适应,并不断寻求更能保护自身隐私的行为方式。

3. 搭建共同价值平台

组织与个人具有共同的价值,有助于减少在行动中涉及隐私问题时因利益多样性而产生的矛盾。在大数据产品设计和服务过程中,将个人价值与组织价值相结合,使各方在隐私问题上达成初步共识。这要求各方在行动时聚焦如何解决问题,而不是将时间浪费在通过道德界定解决哪些问题。一方面提高组织与组织中成员价值的一致性,有助于降低成员与组织之间在隐私问题上的矛盾,提高工作效率;另一方面提高组织中管理者、工程师与用户价值的一致性,在产品设计时考虑到用户的可接受程度,生产出符合共同价值的产品,以减少涉及隐私问题时产生的矛盾。

4. 寻求合理的伦理决策点

在大数据产品设计的过程中,伦理决策点尤为重要,它将影响到对数据使用的深入程度。组织和个人通过调查与协商寻找利益平衡的伦理决策点,达到观念的一致,将成为缓解这种问题的可行之路。由于作为决策主体的组织和个人往往都从自身的利益出发,很难客观地进行决策,可以引入第三方机构客观调研,共同寻找伦理决策点。第一,进行深入道德调查,通过问卷及用户同意书等方式展开伦理对话,得知其他人是怎么认为的。第二,分析调查结果,进行处理和评估,明确要设计的产品是否与已确定的价值观相符,用户可接受的范围。第三,结合双方的需求达到价值可接受。第四,告知决策结果,如何分享和使用这些数据。第三方机构进一步发展,将可能成为个人数据代理机构,即个人授权第三方机构帮助管理其个人数据。目前还没有成熟的具备这种能力的机构,往往是组织自身在充当这个角色,发展成熟的第三方机构是客观要求。

(资料来源:薛孚,陈红兵. 大数据隐私伦理问题研究. 自然辩证法研究,2015(2))

 行业观察

生产数据管理

产品数据管理的产生

随着计算机及信息产业的飞速发展,形形色色的数据正在以令人难以想象的速度急剧膨胀,对今天的企业形成了巨大的压力。数据种类繁多,数据检索困难,数据流向不明,数据缺乏安全性,数据无法共享等,更为严重的情况是数据泛滥或称"数据失控"。许多制造企业已经意识到:实现生产大数据的有序管理将成为在未来的竞争中保持领先地位的关键因素。

产品数据管理(product data management,PDM)正是在这一背景下应运而生的一个新的管理思想和技术。根据百度百科的资料，PDM 可以定义为：面向制造企业，以软件技术为基础，以产品为管理核心，实现对产品相关的数据、过程、资源一体化集成管理的技术。PDM 的核心思想是设计数据的有序、设计过程的优化和资源的共享，从而规范产品生命周期管理，保持产品数据的一致性和可跟踪性，如图 3-4 所示。

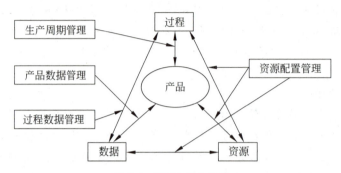

图 3-4　PDM 核心思想

PDM 进行信息管理的两条主线是静态的产品结构和动态的产品设计流程。PDM 在系统工程思想的指导下，用整体优化的观念对产品设计数据和设计过程进行描述。国际上许多大企业正逐渐将 PDM 作为支持经营过程重组、并行工程、ISO 9000 质量认证，从而保持企业竞争力的关键技术。国外已有许多著名的 PDM 软件，如 SDRC 公司的 Metaphase、EDS 公司的 IMAN、PTC 公司的 Winchill、IBM 公司的 Product Manager、CV 公司的 Optegra 等，它们基本上代表了现今在 PDM 技术上的最高水平。

产品数据管理

教学互动3-2

精益生产(LP)、准时制生产(JIT)、物料需求计划(MRP)、制造资源计划(MRPⅡ)、企业资源计划(ERP)等现代生产管理技术的共性是什么？

任务 3.1　主生产计划制订

3.1.1　主生产计划的内涵

主生产计划(master production schedule,MPS)是物料需求计划(MRP)、制造资源计划(MRPⅡ)、企业资源计划(ERP)实施的关键内容。主生产计划说明的是，面向顾客订单需求，在可用资源约束条件下，确定企业在一定时间内，生产什么、生产多少、何时生产，以对接顾客需求什么，需求多少，何时需求。它将企业生产计划转化为具体的产品制造计划，确定每一个最终产品在每一个具体时间段的生产数量。根据主生产计划，可以制订物料需求计划、采购计划与车间作业计划。主生产计划的共享水平与执行质量决定了企业或供应链的生产进度与节奏。

3.1.2 主生产计划在生产过程中的作用

主生产计划(MPS)在物料需求计划、制造资源计划、企业资源计划中,都是一个重要的计划层次。例如,在物料需求计划(MRP)中,主生产计划是关于"将要生产什么"的一种描述,它根据客户需求或预测,把销售与运作规划中的产品系列具体化,确定出厂产品,使之成为展开物料需求计划(MRP)与粗能力计划(RCCP)运算的主要依据,它起着承上启下,从宏观计划向微观过渡的作用。

MPS 的重要作用:主生产计划的质量将大大影响企业的生产组织工作和资源的利用。若主生产计划的质量欠佳,则会造成以下影响。

(1) 将会影响工厂资源的利用,或是超负荷使用,或是大量劳动力或设备的闲置。
(2) 将可能出现很多紧急订单,或造成大量在制品积压,占用大量资金。
(3) 将会降低对用户的服务水平。
(4) 最终将失去整个计划编制系统的可靠性,不能及时交货,造成经济损失,失去客户,影响市场的占有率。

3.1.3 主生产计划与物料需求计划、采购计划与生产作业计划

MRP 的计划方式就是追踪需求,主生产计划在 MRP 系统中是一个上下、内外交叉的枢纽。从图 3-5 中可以看出,根据顾客需求或预测需求,制订主生产计划,并行运行粗能力计划。明确了按时段平衡供求后的主生产计划,才能运行下一个计划层次——物料需求计划,进而运行采购计划和生产作业计划。

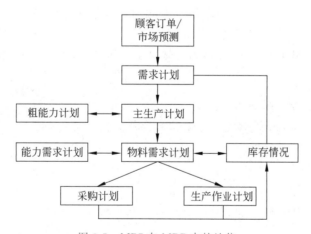

图 3-5 MPS 在 MRP 中的地位

一个有效的主生产计划是生产对客户需求的一种承诺,它充分利用企业资源,协调生产与市场,实现生产计划大纲中所表达的企业经营目标。主生产计划在计划管理中起"龙头"作用,它决定了后续的所有计划及制造行为的目标。它既可以视作短期内物料需求计划、零件采购计划、车间生产计划的依据,也可以视作长期内估计企业生产能力、仓储能力、技术人员、资金等资源需求的依据。

主生产计划

教学互动3-3

为什么要先有主生产计划,再制订物料需求计划、采购计划等后续计划?

 技能点

1. 客户订单需求分析:分析订单的产品数量、提交时间、质量和柔性等要求。
2. 粗能力数据分析:面向客户订单,分析效率最低的关键工序,分析产能和交货期。
3. 主生产计划制订:列出产品结构清单(BOM)和横向时间、纵向活动的产品形成层级框架,列出每一层产品或零部件名称、组成零部件的数值、相应的提前期(包括生产提前期和订货提前期)。
4. 物料需求计划制订:根据主生产计划表中净需求量、需求时间制订。
5. 采购计划制订:根据主生产计划表中下订单数量、时间制订。
6. 生产作业计划制订:根据主生产计划表中零部件或成品的生产或产出时间制订。

三森达公司主生产计划与采购计划制订

三森达公司鞋业生产高档手工皮鞋,核心能力为缝制工艺,鞋面、鞋底的原材料均从供应商处专门定制,前置期分别为2天、1天,缝制鞋子需要2天。现公司收到两张订单,分别要求在第5天送20双畅销A款女鞋,第7天送40双同款女鞋。公司存货中有2双成品、40个鞋面和12个鞋底(缝制成型时加工为左右脚)。

问题:企业要实现JIT生产,应该如何组织生产、订购零部件而保证订单按时交付呢?

一、实训任务分析

整体解决方案的框架思路如下。
(1) 分析订单时间、数量、质量需求等依自身产能能否满足需求。
(2) 分解产品的物料清单。
(3) 制订主生产计划。
(4) 根据主生产计划制订物料需求计划。
(5) 根据主生产计划制订采购计划和生产作业计划。

二、实训步骤

1. 进行订单分析

第5天送20双畅销A款女鞋,第7天送40双同款女鞋。产能、交货期是否可行?

(1) 关于产能。示例中并未说明产能约束,因此可以默认产能可行。

(2) 关于交货期。鞋面、鞋底前置期分别为2天、1天,缝制鞋子需要2天。鞋面的前置期较长,为2天,订单最少4天即能交付,第一张订单第5天送货,没有问题,第二张订单第7天交货,更没有问题。

经过上述粗能力估算,可以接受订单,接下来就可进入下面的步骤。

假设终端消费者为供应链末端分析订单产品的数量需求、时间需求,分层向供应链前端推导。

2. 列出物料清单

一双皮鞋需要 2 只鞋面、2 只鞋底,其结构如图 3-6 所示。

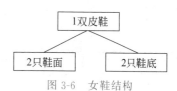

图 3-6 女鞋结构

3. 制订主生产计划

在 Excel 中搭出横向时间、纵向活动的层级框架,见表 3-6。

表 3-6 主生产计划结构

3. 制订主生产计划							
工序 0: 2 天	皮鞋						
周次	第1天	第2天	第3天	第4天	第5天	第6天	第7天
订单需求							
存货							
净需求							
开始缝制							
工序 1-1: 1 天	鞋底						
周次	第1天	第2天	第3天	第4天	第5天	第6天	第7天
总需求							
存货							
净需求							
下订单							
工序 1-2: 2 天	鞋面						
周次	第1天	第2天	第3天	第4天	第5天	第6天	第7天
总需求							
存货							
净需求							
下订单							

从最终成品的末端工序 0 层往前端工序推进,推导列出每层的产品或物料需求量、存货量、净需求量,以及相应的开始时间。

(1) 分析末端工序 0 的开始时间和净需求量。

① 本工序净需求量 = 订单需求量 - 库存量

② 本工序开始时间 = 订单需求时间 - (加工时间 + 订购提前期)

(2) 分析本工序开始时间和净需求量:根据后一工序开始时间、所需材料或零部件,确定本工序开始时间、所需材料或零部件的需求量。

① 本工序净需求量 = 后一工序净需求量 - 本工序库存量

② 本工序开始时间 = 后一工序开始时间 - (本工序加工时间 + 本工序订购提前期)

先看第一张需求 20 双的订单,根据题目条件,依次推导计算净需求,开始缝制时间;再分别推导出鞋底、鞋面的净需求数据,从而计算出下订单数量和时间。

(3) 重复步骤(1)、(2),直到最前端工序。

(4) 形成主生产计划,见表3-7。

表3-7 订单1主生产计划

3. 制订主生产计划

工序0:2天	皮鞋						
周次	第1天	第2天	第3天	第4天	第5天	第6天	第7天
订单需求					20		
存货					2		
净需求					18		
开始缝制			18				

工序1-1:1天	鞋底						
周次	第1天	第2天	第3天	第4天	第5天	第6天	第7天
总需求			36				
存货			12				
净需求			24				
下订单		24					

工序1-2:2天	鞋面						
周次	第1天	第2天	第3天	第4天	第5天	第6天	第7天
总需求			36				
存货			40				
净需求			0				
下订单			0				

同理,可得第二张40双皮鞋订单的生产计划分解过程。这里,鞋面的净需求计算结果为36-40=-4,则净需求视为0。这样,包含两张订单的主生产计划就形成了,见表3-8。

表3-8 两张订单主生产计划

3. 制订主生产计划

工序0:2天	皮鞋						
周次	第1天	第2天	第3天	第4天	第5天	第6天	第7天
订单需求					20		40
存货					2		
净需求					18		
开始缝制			18		40		

续表

工序 1-1：1 天			鞋底				
周次	第1天	第2天	第3天	第4天	第5天	第6天	第7天
总需求			36		80		
存货			12		0		
净需求			24		80		
下订单		24			80		
工序 1-2：2 天			鞋面				
周次	第1天	第2天	第3天	第4天	第5天	第6天	第7天
总需求			36		80		
存货			40	4	4		
净需求			0		76		
下订单			76				

4. 根据主生产计划，制订物料需求计划

物料需求计划见表 3-9。

表 3-9 两张订单物料需求计划

4.制订物料需求计划							
周次	第1天	第2天	第3天	第4天	第5天	第6天	第7天
鞋底			24		80		
鞋面					76		

5. 根据主生产计划，制订采购计划

同理，可制订采购计划，即鞋底和鞋面的下订单数量和时间，见表 3-10。

表 3-10 两张订单采购计划

5.制订采购计划							
周次	第1天	第2天	第3天	第4天	第5天	第6天	第7天
鞋底		24		80			
鞋面			76				

6. 根据主生产计划，制订生产（车间）作业计划

同时，可制订生产（车间）作业计划，如表 3-11 所示。

表 3-11 两张订单生产作业计划

6.制订生产作业计划							
周次	第1天	第2天	第3天	第4天	第5天	第6天	第7天
开始缝制			18		40		

按照以上采购计划、生产作业计划执行，就能向客户按时提交所需产品。

实训演练3-1

波音787产品主生产计划与采购计划制订

主生产计划制订

图3-7为波音787的全球供应链生产商分布情况,波音公司65%以上零部件外包,主要承担组装和供应商管理工作,波音公司组装飞机需要3个月,机头、机身2(蓝色)、机身3(黄色)、机尾和机翼的前置期分别为2个月、4个月、3个月、3个月、2个月,其中机翼、机尾购进后还需在整机组装前先期组装调试2个月。现公司收到3张订单,分别要求在第6个月、9个月、10个月各交付1驾飞机。波音公司要实现JIT生产并准时交付,应该如何组织生产、订购零部件才能保证订单按时交付呢?

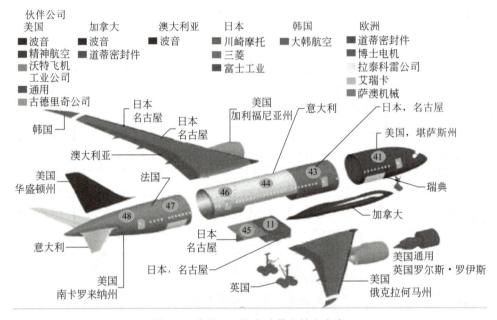

图3-7 波音787的全球供应链生产商

实训提示:

分析订单时间、数量、质量、需求等依自身产能能否满足需求。机尾订购前置期为3个月,先期组装需2个月,整机组装需3个月,共计至少需8个月,即如现在承接订单,至少8个月以后才能交付。故第6个月交付的订单承接不了,只能承接第9个月、第10个月的订单。具体分析步骤参见实训示例3-1。

课后思考3-1

主生产计划是企业物料需求计划和采购计划的基础。如果供应链企业都能按顾客需求订单排出主生产计划,然后按此执行,是否可以实现供应链的JIT运作?

任务3.2　甘特图法生产过程控制

头脑风暴3-2

你听说过甘特图吗？它有什么作用？

知识点

3.2.1　生产控制

生产控制是指在生产作业计划执行过程中，对有关产品的数量和生产进度进行控制。即通过监督检查，及时发现差异，采取措施予以调节，减少或消除这些差异，保证生产活动有序进行。生产作业控制是生产控制的组成部分，是实现生产计划和生产作业计划的重要手段。生产作业控制的主要内容包括生产进度控制、在制品控制、生产调度等。

1. 生产进度控制

（1）投产前控制。投产前控制是生产过程控制的开始，主要指投产前的各项准备工作控制，包括技术、物资、设备、动力、劳动力等的准备，以保证投产后整个生产过程能均衡协调、连续进行。

（2）产中控制。产中控制即投入产出控制，是在投料运行后对生产过程的控制。它具体分为投入控制和产出控制两个方面。投入控制是指按计划要求对产品开始投入的日期、数量、品种的控制，是预先性控制。产出控制是指对产品（包括零件、部门）出产日期、生产提前期、出产数量、出产均衡性和成套性的控制。

2. 在制品控制

在制品控制是对生产过程中各个环节的在制品实施和账目进行控制。做好这一控制工作，不仅对实现生产作业计划有重要作用，而且有利于减少在制品积压、节约流动资金、提高经济效益。在制品控制主要包括车间内流转的在制品控制和跨车间协作工序的在制品流转的控制。进行在制品控制要求建立并严格执行在制品出、入库制度和手续，定期清点，发现问题及时调整。

3. 生产调度

生产调度是以生产作业计划为依据，及时了解和把握生产活动进展情况，组织和动员各方面的力量，灵活、迅速地处理生产中出现的矛盾和问题，协调各环节的工作，使生产得以顺利进行。生产调度主要有以下几方面内容。

（1）依据生产作业计划下达指令去检查生产各个环节的执行情况。

（2）检查、督促生产之前的作业准备工作。

（3）根据生产的实际需要，做好劳动力的调配工作，保证设备的正常运转。

（4）做好运输的日常调度工作，及时处理解决供应出现的问题。

（5）及时掌握动力的供应和保证情况，出现问题，及时处理。

生产作业控制

(6)组织好本企业一级和车间级的生产调度会,协调车间之间、工段之间、班级之间生产问题,克服困难,解决矛盾。

3.2.2 生产过程控制的管理方法

1. 生产进度管理的方法

(1)现场观察记录的方法。在工作现场观察员工作业状况,用数字记录核对生产预计与实际的产量差异,掌握生产进度状况的方法。

(2)每日作业进度表的方法。批量生产的产品的生产周期在一天以上,且生产的产品具有同样的重复性,就可以利用一日作业进度表的方法,每天或每小时的实际生产数与计划数进行对比,以便生产管理人员能及时采取相应对策。

2. 生产进度跟踪手段

生产进度最常用的跟踪手段是生产部门定期编制生产报表。生产计划部门对各生产部门提交上来的生产报表进行系统分析,编制生产进度跟踪表,从而得知目前产品生产进度的实际情况。常用生产报表主要有生产日报表、生产月报表、生产进度跟踪表等。

3. 进度控制的改进措施

通过生产进度跟踪表,知道实际产品生产进度如何。如果产品生产进度跟不上,就要对落后的原因进行分析。落后的原因主要从人力、机器设备、材料、工作方法、客户的订单量等方面去分析,进而制定并落实改进措施。

(1)事前防范。合理安排生产日程,充分考虑以下因素。

① 交货期。客户交货期靠前的产品要优先安排生产。

② 客户。公司重要的客户要优先安排生产,并安排专人重点管理其产品。

③ 瓶颈。通过各部门协调,克服生产流程中的瓶颈,防止生产过程阻塞。

(2)事中改进。针对生产进度落后的情况,分析其落后原因,并制定相应的改进措施。

① 协调人力、机器设备、材料、保证不待工、待料。

② 做好生产订单管理,尽量避免突发性更改。

③ 改善工作方法,提高员工工作效率。

④ 必要时延长员工工作时间或增加人力。

⑤ 协调出货计划,对紧急订单的追加要和业务部协调生产周期。

⑥ 针对生产设备不足,今后生产量稳定的情况可考虑增加影响生产瓶颈环节的设备。

生产进度控制过程中的管理方法和措施

生产计划部在明确进度控制的改进措施后,应制订进度改善计划表并下达各部门实施。

3.2.3 甘特图法在生产过程控制中的运用

1. 甘特图内涵

甘特图(Gantt chart)又称为横道图、条状图(barchart)。其通过条状图来显示项目、进度和其他与时间相关的系统进展的内在关系随着时间进展的情况。即以数据可视的图示方式通过活动列表和时间刻度,形象地表示出任何特定项目的活动顺序与持续时间,是产品主生产计划 MPS 的输出形式之一,以

甘特图法

1910 年提出者亨利·L.甘特（Henrry L.Gantt）先生的名字命名。甘特图具有以下三个含义。

(1) 以图形或表格的形式显示活动。
(2) 现在是一种通用的显示进度的方法。
(3) 构造时应包括实际日历和持续时间。

2. 甘特图工作思路

甘特图内在思想简单，基本上是一个线条图，横轴表示时间，纵轴表示活动（项目）。甘特图是在生产计划执行过程中对有关产品生产的数量和期限进行控制，对比计划与实际执行，可以用于单个项目的计划与进度控制，做出作业工序及每道工序的进度安排。

3. 甘特图应用情况

生产计划进度图是 20 世纪早期管理思想的一次革命，甘特图是典型代表，它直观地表明任务计划在什么时候进行，已经做了哪些工作，还剩下哪些工作要做，还需要多长时间完成等，具有简单、醒目和便于编制等特点，在企业管理工作中被广泛应用。

 技能点

1. 了解手工制作甘特图的方法。
2. 会用 Excel 表制作生成甘特图。
3. 能运用甘特图法协调生产过程。

 实训示例3-2

京东仓配客无锡商院店建设进程控制

京东仓配客无锡商院店建设项目进度如表 3-12 所示。

表 3-12　京东仓配客无锡商院店建设项目进度

阶段任务	开始时间	任务时长/天
项目决策	4月10日	5
访问调查	4月15日	3
实地执行	4月18日	9
数据录入	4月22日	6
数据分析	4月25日	5
撰写方案	4月28日	10

根据上述资料，运用甘特图法表示建设项目进度。

一、实训任务分析

整体解决方案的框架思路如下。
(1) 生成堆积条形图。
(2) 甘特图制作。
(3) 修饰甘特图。

重点在第(2)步。不同 Excel 版本,图表工具的位置和结构不一。

二、实训步骤

1. 生成堆积条形图

(1) 选中相关数据,见图 3-8。

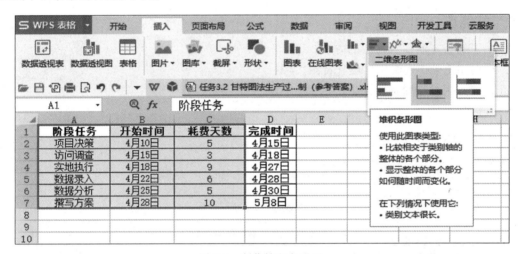

图 3-8 选中相关数据

(2) 选择"插入"→"图表"→"条形图"→"堆积条形图"选项,单击"确定"按钮,见图 3-9,生成堆积条形图,见图 3-10。

图 3-9 制作堆积条形图

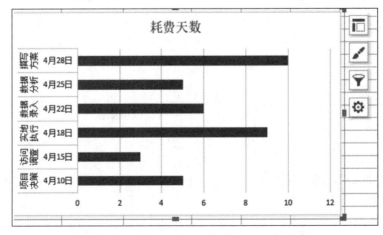

图 3-10 生成堆积条形图

2. 甘特图制作

(1) 甘特图的项目任务轴(纵向)生成。

① 选中生成的图表,选择"图表工具"→"选择数据"选项,如图 3-11 所示。

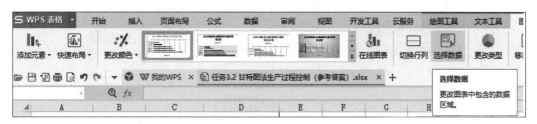

图 3-11　修饰堆积条形图

② 进入"编辑数据源"对话框,单击"轴标签(分类)"的修改按钮,修改"轴标签区域"为甘特图项目列,如图 3-12～图 3-15 所示。

图 3-12　编辑数据源

图 3-13　编辑数据源轴标签区域(1)

图 3-14　编辑数据源轴标签区域(2)

③ 选中项目任务轴,右击,在弹出的快捷菜单中选择"设置坐标轴格式"选项,勾选"逆序类别"选项,关闭对话框,如图 3-16 所示。

(2) 甘特图的开始时间轴(横向)生成。

① 进入"编辑数据源"对话框,单击"图例项(系列)"的增加按钮(见图 3-17),打开"编辑数据系列"对话框,在"系列名称"中选择"开始时间"所在单元格,"系列值"选择项目任务的"开始时间"单元格,单击"确定"按钮(见图 3-18)返回"编辑数据源"对话框,将"开始时间"调至"耗费天数"前面,如图 3-19 所示。

图 3-15　编辑数据源轴标签区域(3)

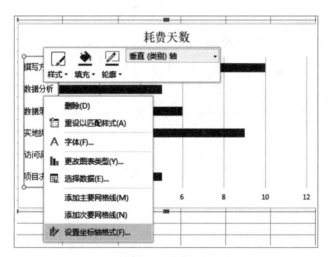

图 3-16　逆序调整

图 3-17　设置开始时间(1)

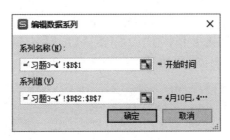

图 3-18 设置开始时间(2)

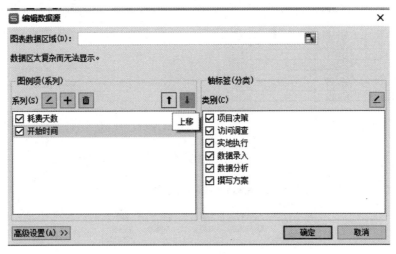

图 3-19 设置开始时间和进度

② 选中"开始时间"单元格,查看其数值,形成甘特图,如图 3-20 所示。

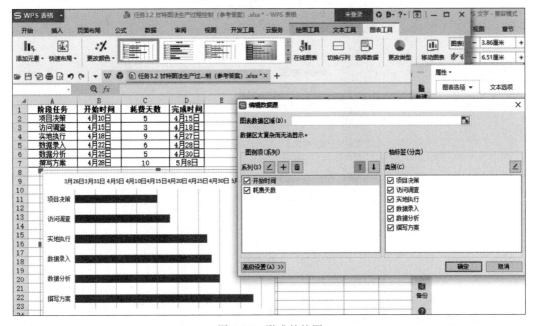

图 3-20 形成甘特图

③ 选中开始时间轴序列（见图 3-21），右击，在弹出的快捷菜单中选择"设置坐标轴格式"选项，选择"坐标轴选项"选项卡中的"边界"选项，在"最小值"文本框中输入第一阶段开始日期（数值型），如图 3-22 所示，生成图 3-23 所示初步甘特图。

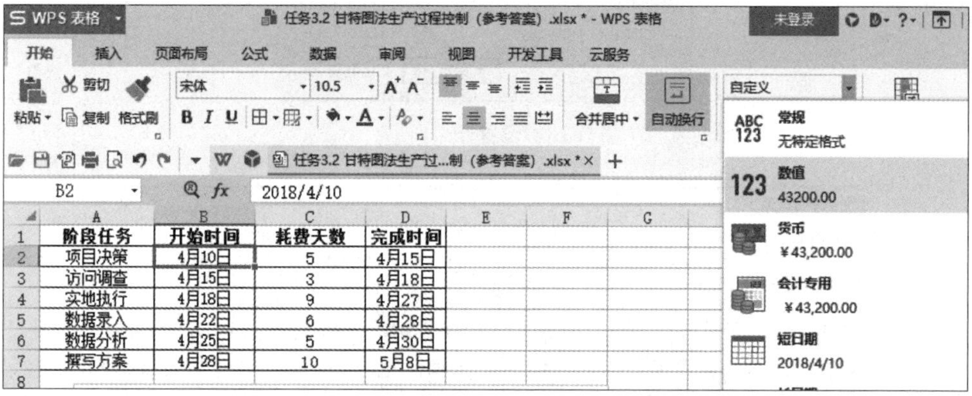

图 3-21 设置开始日期(1)

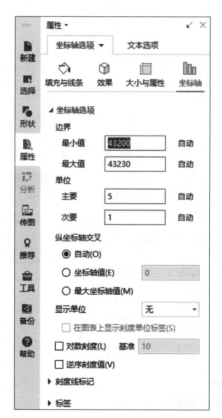

图 3-22 设置开始日期(2)

3. 修饰甘特图

（1）非甘特图必须部分格式处理。

选中相关序列，右击，在弹出的快捷菜单中选择"设置数据系列格式"（见图 3-24），选择

单元3 生产数据分析与生产管理

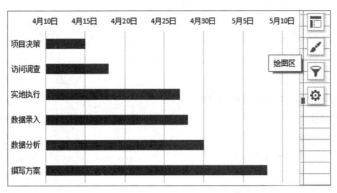

图 3-23 生成初步甘特图

"系列选项"选项卡中的"填充与线条"选项,选择"无填充"单选项,关闭窗口,如图 3-25 所示。

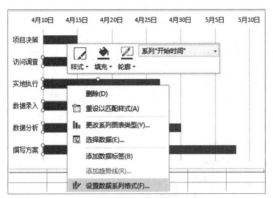

图 3-24 甘特图格式处理

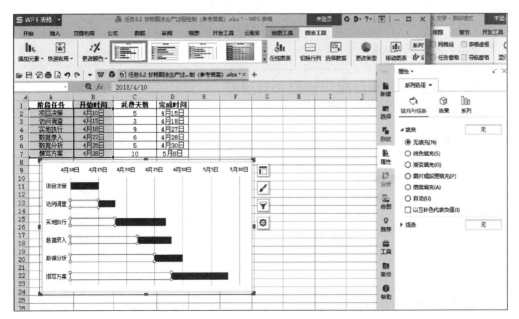

图 3-25 形成甘特图

(2)图表标题的修饰或增加。

将图表标题改为"京东仓配客无锡商院店建设项目进度",如图3-26所示。

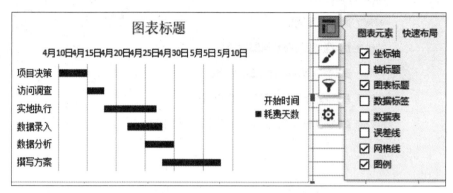

图3-26　图表标题修饰

去除"开始时间"图例,如图3-27所示。

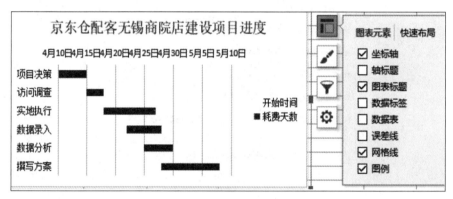

图3-27　图例修饰

甘特图制作完成,如图3-28所示。

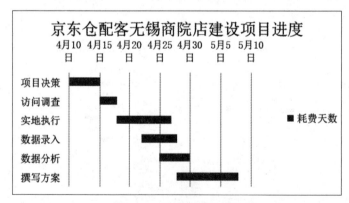

图3-28　甘特图制作完成

甘特图法生产过程控制

甘特图可作为项目执行看板,对项目执行过程进行透明化管理,以便项目组所有人可以及时掌握项目进展和管理现状,从而能够快速制定并实施应对措施。

实训演练3-2

MU公司新产品开发过程控制

MU公司2019年度开发新产品,主要活动需要天数和起始天数:产品设计3天,1天;工艺编制2天,4天;原材料、外购件采购5天,4天;工艺装备制造3天,6天;零件加工2天,9天;产品装配2天,11天。其中产品设计已经完成,原材料、外购件采购都已开始1天。假设9月1日起开始设计。

试根据上述资料,运用甘特图法做新产品设计、生产计划表。

实训提示:

本任务需要将上述资料转化为纵向活动、横向时间的二维表,再按实训示例3-2所示步骤操作。

课后思考3-2

甘特图的应用有局限性吗?

单元习题

一、单选题

1. 准时制生产(JIT)代表了日本( )过程中的管理思想。
   A. 重复性生产　　B. 单件生产　　C. 小批量生产　　D. 流程型生产
2. 计算机集成制造系统(CIMS)的两个支撑系统是指计算机网络和( )。
   A. 数据库系统　　　　　　　B. 决策支持系统
   C. 操作系统　　　　　　　　D. 管理信息系统
3. 准时制生产(JIT)的生产现场是一种( )生产方式。
   A. 推动　　　B. 拉动　　　C. 推—拉结合　　　D. 计划型
4. 精益生产的核心是( )。
   A. 并行工程　　B. 敏捷制造　　C. MRP　　D. JIT
5. 在MRP基础上,将经营、财务、生产管理子系统相结合,形成( )系统。
   A. 闭环物料需求计划　　　　B. 企业资源计划
   C. 制造资源计划　　　　　　D. 物料需求计划
6. 甘特图是一种( )。
   A. 线条图　　B. 饼状图　　C. 树状图　　D. 折线图
   E. 点状图

二、多选题

1. 生产管理要完成自己的任务,就需要做许多方面的工作,其内容概括起来包括( )。
   A. 生产系统设计　　　　　　B. 生产活动计划
   C. 生产活动组织　　　　　　D. 生产活动控制

2. 敏捷制造(agile manufacturing,AM)是美国为重振其在制造业中的领导地位而提出的一种新的制造模式。它有以下特点(　　)。

　　A. 从产品开发到产品生产周期的全过程满足用户要求

　　B. 采用多变的动态组织结构

　　C. 战略着眼点在于长期获取经济效益

　　D. 建立新型的标准基础结构,实现技术、管理和人的集成

　　E. 最大限度地调动、发挥人的作用

3. (　　)是现代生产管理技术或理念。

　　A. 精益生产　　　　B. 准时制生产　　　　C. 手工生产　　　　D. 企业资源计划

　　E. 制造资源计划

4. 生产管理关注的三大问题是(　　)。

　　A. 价格　　　　　　B. 交货期　　　　　　C. 质量　　　　　　D. 成本

　　E. 大批量生产

5. 甘特图的主要优点是(　　)。

　　A. 能反映每一工作的起止时间

　　B. 能反映日历时间

　　C. 能反映工作之间的相互关系

　　D. 能反映项目的进展状况

三、判断题

1. 精益生产是在"丰田生产系统"基础上发展来的,但在范围、理念和应用上都超出了丰田生产系统。(　　)

2. 精益思想适用于解决任何相关生产管理的问题。(　　)

3. 准时制生产与精益生产一脉相承,是精益生产的典型代表、终极目标。(　　)

4. 物料需求计划是制造资源计划的升级,而企业资源计划又是制造资源计划的升级完善。(　　)

5. 主生产计划是 MRP、ERP 实施的关键内容,它的共享水平与执行质量决定了企业和供应链生产进度与节奏。(　　)

四、实训题

1. 森博公司利用买进的部件组装有一个桌面和 4 个腿的餐桌。桌面和桌腿的前置期分别为 2 周和 3 周,组装桌子的前置期为 1 周。现公司收到两张订单,分别要求在第 5 周送 20 张桌子,第 7 周送 40 张。公司存货中有 2 张成品餐桌、40 个桌腿和 22 个桌面。企业要实现 JIT 生产,应该如何组织生产、订购零部件而保证订单按时交付呢?

2. 艾瑞克公司利用买进的车架、车轮、车把组装自行车,车架、车轮、车把的前置期分别为 2 天、3 天和 2 天,组装自行车的前置期为 1 天。公司预测第 5 天的自行车需求为 50 辆,第 8 天的自行车需求为 30 辆。公司存货中有 5 辆成品自行车、10 个车架、20 个车轮和 10 个车把。那么,应该如何组织生产、订购零部件呢?请制订详细主生产计划、采购计划和生产作业计划。

3. 红豆树集团和无锡商院拟校企共建生产性实训基地——红豆商院生产实训中心,拟

在3月1日成立工作组,3月7日前完成建设方案初稿,3月12日方案论证完毕,3月20日完成物资采购,3月30日硬件改造完成,4月5日文化布置完毕,4月8日接受验收。具体需要花费的时间如表3-13所示。

表3-13 红豆商院生产实训中心建设计划

阶段工作	结束时间	耗费天数
成立工作组	3月1日	5
撰写实施方案	3月7日	6
方案论证	3月12日	6
物资采购	3月20日	8
硬件改造	3月30日	18
文化布置	4月5日	11
接受验收	4月8日	3

试根据上述资料,请运用甘特图法表示建设项目进度。

4. 某大学物流管理专业学生小张和小王临近实习,他们打算合伙创业,开设京东派。他们拟了京东派开店计划,试制作甘特图帮助他们了解开店进程,见表3-14。

表3-14 京东派开店计划

活动内容	开始时间	需要天数	完成时间
选址,环境调研	4月2日	5	4月7日
市场环境/潜力分析	4月7日	3	4月10日
向京东物流申请	4月10日	7	4月17日
店面布局设计	4月10日	5	4月15日
店面装修	4月13日	12	4月25日
设备、器材购置并布置	4月10日	5	4月15日
人员招聘、培训	4月10日	5	4月15日
试营业	4月20日	11	5月1日
开业典礼	5月1日	1	5月2日

> 单元案例

如何让"计划"赶上"变化"?

生产计划和物料控制(PMC)部门是一家工厂的"心脏",是企业生产及物料运作的总调度和命脉,直接决定工厂出货产量的高低,更是影响到生产、采购、仓管、品控、设计等部门的有效运转,其制度和流程决定了一家企业的盈利与成败。

很多企业在生产过程中存在着诸多问题。例如,销售随意承诺,计划频繁变更;车间各自为政,PMC形同虚设;没有备料计划,天天加班等料;供应商不给力,采购管控不到位;生产异常无人问津;订单尾数难处理等,这些问题导致企业的利润下降,甚至亏损,所以,如何让生产计划顺利进行,是企业良性运转的关键。

生产计划管理的意义主要有6个方面。

(1) 每天的生产有计划地进行。

(2) 每天的来料有计划地进行。

(3) 生产进度有管制。

(4) 物料进度有管制。

(5) 交期、效率、库存能够有效控制。

(6) 从接单到出货,整个过程都能够做到"知"简言之,生产计划的意义就是让生产计划从无序走向有序,最终走向智能。

现在很多企业存在订单管理、生产计划、物料计划、采购管理、仓库管理、生产进度管理、生产现场异常管理等,处于"无明"状态,导致生产无序,生产不稳定,交期、效率、成本都不受控。这一切问题的根就是——"无明"!

为什么大家不去做产前计划呢?难道企业就没有想过要改变现状吗?不是的。企业也做了不少的改变,引进了很多西方先进的管理工具,如 ISO、KPI、ERP、QCC、6-SIGMA、QFD 等,这些表单工具基本涵盖了从工作效率到产品交期再到提升品质的各个方面,这些方法在企业里都有,但企业为什么仍然面对大量的欠料、订单、交期、库存、效率等问题?因为这些工具在企业里水土不服。为什么会水土不服?因为企业的人如果喜欢随意,喜欢投机取巧,不喜欢受约束,这些工具就不可能在企业运用得好。表单工具解决的只是事情,人的意识不改变,人的习性不改变,学习再多的管理工具都没用。

生产现状的问题主要有以下两个方面。

1. 非稳定态的生产

(1) 订单交期变更,如提前或延后。

(2) 产品工艺变更。

(3) 急单、插单不断。

(4) 供应商交期延误、来料异常。

(5) 设备、模具、工艺、品质异常不断。

(6) 人员不稳定,如请假、流失、自离等。

2. 内部管理

(1) 部门缺失或者没有发挥作用。

(2) 订单评审管理粗放或是缺失,订单处在"无明"状态。

(3) 计划管理粗放,大多数没有日生产计划。

(4) 产前的排查管理缺失,特别是物料的排查。

(5) 生产进度管理粗放,工具缺失,具体的进度"无明"。

(6) 大多数没有每天的生产协调,对于真正需要解决的问题异常不清楚。

(资料来源:如何让"计划"赶上"变化"? https://www.jianshu.com/p/b4d200c02a0d)

问题:

1. 案例中所述的生产现状的问题真正的"因"在哪里?

2. 要真正解决问题,问题的根是什么?

单元 4

库存数据分析与库存管理

◆ 学习目标
◆ 单元结构
◆ 学习内容
　基础知识
　任务 4.1　ABC 库存管理分类法
　任务 4.2　经济订货批量
　任务 4.3　订货方法
◆ 单元习题
◆ 单元案例

学习目标

通过本单元学习,你应该达到以下目标。

知识目标:

1. 了解 ABC 库存管理分类法。
2. 理解经济订购批量的内涵。
3. 掌握经济订购批量的计算方法。
4. 理解订货方法的内涵。

技能目标:

1. 能根据客户库存数量,制定 ABC 库存管理分类表。
2. 能运用 Excel 工具对不同库存商品进行库存管理 ABC 分类。
3. 能对不可缺货、缺货、价格折扣下的经济订购批量进行求解。
4. 能利用所学经济订购批量模型,解决定期订货与定量订货问题。

思政目标:

1. 库存作业是供应链管理过程中唯一的静态环节,养成供应链数据分析的全局观与系统观。
2. 养成绿色仓储观,实现仓储节能环保,提高仓储效率,节约仓储成本。

单元结构

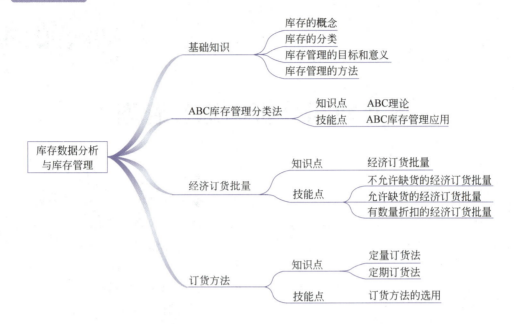

学习内容

导入案例

库存数据分析
与库存管理

心怡科技的智慧物流

2004年成立至今,心怡科技股份有限公司(简称心怡科技)始终坚持"让科技物流为商家创造价值"的企业使命,深耕互联网和人工智能技术,致力于构建一站式供应链生态系统。经过十多年的耕耘和努力,心怡科技已发展成为国家高新技术企业、国家5A级物流企业,率先进入供应链服务领域的大数据时代。

心怡科技在国内共设有88个RDC(区域分拨)中心,仓配网络覆盖全国超过350个城市,388个全球供应链网络,逾200万平方米的仓储面积,日峰值订单处理能力达4 000万件,心怡科技每天撬动千亿级消费市场,已成为大数据时代下智能仓配领域的行业翘楚。

心怡科技把握仓储发展的脉搏,在社会各界广泛关注的无人仓方面建树颇丰。这主要得益于以下几个方面的原因:首先,从需求来看,电商行业存在海量订单、高SKU、高时效要求、多频次小批量等特点,传统仓库的粗放型管理模式难以满足复杂场景下的订单生产,制约着电商的发展,倒逼仓库转型升级;其次,从成本来说,随着我国人口红利正在慢慢减退、人力成本上升、土地成本上涨,订单生产成本不断提高,物流行业的人员流失率高,电商的各种大促不断,经常需要招聘临时工,这些都给仓库运营管理带来很大的挑战,也增加了很多管理成本,"机器换人""空间省地"等战略应运而生;再次,从技术出发,科技创新正在席卷全球,大数据、人工智能、云计算、运筹优化等技术的蓬勃发展,给各行各业带来了智能化升级的动力,智能仓储、智慧物流等概念相继出现;最后,从政策考虑,近年来物流业相关政策的密集出台,政策扶持力度不断加大,物流业迎来前所未有的发展机遇。在需求、成本、技术和政策等多方面的综合作用下,"无人仓"的出现和发展势在必行。无人仓软件主要分两类:仓库管理系统(WMS)和仓储控制系统(warehouse control system,WCS)。

心怡科技利用"大数据"和"互联网+"技术创新智慧物流模式,采用企业自主研发并拥有知识产权的 WMS、WCS、OMS、TMS 等系统,从纵向打通线上线下的信息通道,为商家赋能;横向则整合国内外资源,实现货物全球通。通过全渠道、全链路的订单和库存精细化管理,为客户提供更加快速、便捷和个性化的仓配一体化优质服务。

仓储控制系统包括拣选指引系统、路由控制系统、通信管理、设备监控系统、效能分析等。通过 WCS 驱动设备工作,工作效率的高低取决于系统背后的决策系统,即无人仓的智慧大脑,而支撑智慧大脑高效决策的是各类智能优化算法,可以说,算法是无人仓技术的核心与灵魂所在。

(资料来源:心怡科技官网. http://www.alog.com/about.html)

问题:

1. "无人仓"的出现和发展需要哪些条件?

2. 通过《走进科学》栏目组关于心怡科技的《智慧物流》专栏的学习,谈谈高科技库存作业管理流程和对管理技术的感性认识。

《智慧物流》(上)

《智慧物流》(下)

头脑风暴4-1

观看视频《智慧物流》,讨论库存管理中的科学技术和管理技巧应用情况,以及主要的库存数据分析管理技术。

课程思政

绿色仓储

绿色仓储是指以环境污染小、货物损失少、运输成本低等为特征的仓储。仓储本身对周围环境产生影响。例如,保管、操作不当引起货品损坏、变质、泄漏等。另外,仓库布局不合理也会导致运输次数的增加或运输迂回。

所谓绿色仓储管理,就是要求仓库环保评价达标,仓库管理科学,仓库布局合理,减少运输里程,节约运输成本。

1. 绿色仓储的要点

实施绿色仓储管理可以紧紧围绕绿色仓储的以下特征进行。

(1)降低仓储对环境的污染。仓库建设前应当进行环境影响评价,充分考虑仓库建设和运营对所在地区的环境影响。对于易燃、易爆商品,不应放置在居民区;有害物质仓库不应放置在重要水源地附近等。采用集中库存的方法,减少对周围环境的辐射面,降低仓储系统本身对环境的不利影响。要特别注意防止有毒化学品,放射性商品,易燃、易爆商品的泄漏和污染。

(2)保障储存货物的质量与数量。采用环保产品对存储货物进行杀菌,如最新研制的臭氧技术。臭氧是绿色环保的气体,对杀菌、保鲜都有好处。应加强科学养护,采取现代化的储存保养技术,加强日常的检查与防盗措施,保障存货的数量和质量。

(3)合理进行仓库空间布局。降低仓储货物运输成本,要求对仓库进行合理布局。布局过于密集,会增加运输的次数,增加资源消耗;布局过于松散,则会降低运输的效率,增加空载率。只有合理的"黄金"布局才能使仓库货物运输成本最低。

2. 绿色仓储的作用

从系统观出发,合理设置仓储网络及各种设施,对仓储物资进行科学保管和养护,可提高仓容利用率,加速货物周转,杜绝危险品,防止易燃、易爆、易腐物品的事故发生。具体来说,就是在仓储布局上要合理,以节约运输成本。

(1)提高运输效率。仓储和运输是一对紧密相连的运输环节,仓库布局的好坏将直接影响运输的成本和效率。合理地选择仓库的地址和有效地安排仓库的使用空间,在一定程度上能提高运输的效率,减少空车率,提高满载率,有效降低运输的费用,从而提高企业的竞争力。

(2)有效保护商品。绿色仓储要求在储存商品的过程中,严格按照商品本身的特征和要求进行存放、装卸和搬运,以此来减少商品在储存和搬运的过程中造成的商品破坏,节约资源。

(3)保护环境。在仓库选址和建设过程中,充分考虑环境因素,避免因为仓库的建设和货物的存储破坏环境。同时绿色仓储可有效保护商品,这对保护环境也有一定的意义,它可以避免遭破坏的商品被随意丢弃和不当处理而造成对环境的破坏。

(资料来源:李亦亮. 现代物流管理基础. 2009)

一、库存的概念

库存是指为了满足人类社会各个领域对物资或产品等不同的需求而进行的储备活动。在企业生产中,许多未来的需求变化是人们无法预测或难以全部预测到的,人们不得不采用一些必要的方法和手段应对外界变化,库存就是出于种种目的的考虑而设立和存在的。设置库存的目的是防止短缺,库存无论对制造业还是服务业都十分重要。传统上,制造业库存是指生产制造企业为实现产成品生产所需要的原材料、备件、低值易耗品及在制品、产成品等资源。在服务业中,库存一般指用于销售的有形商品及用于管理服务的耗用品。

二、库存的分类

一般情况下,库存可按以下不同的标准进行分类。

(一) 按经营过程分类

从经营过程的角度可将库存分为经常库存、安全库存(或缓冲库存)、生产加工库存、季节性库存、积压库存和投资库存。

(1) 经常库存是指企业在正常经营环境下为满足日常需要而建立的库存。

(2) 安全库存(或缓冲库存)是指为防止不确定因素的影响而准备的缓冲库存,如大量突然发货、交货期突然延期等。一般情况下,安全库存几乎占零售业库存的1/3。

(3) 生产加工库存是指处于加工状态以及为了生产的需要暂时处于储存状态的零部件、半成品或成品。

(4) 季节性库存是指为了满足特定季节中出现的特定需要而建立的库存,或指对季节性生产的原材料在生产的季节大量收购所建立的库存。

(5) 积压库存是指因物品变质不再有效用的库存,或没有市场销路而卖不出去的商品库存。

(6) 投资库存不是为了满足目前的需求,而是出于其他原因,如由于价格上涨、物料短缺或是为了预防罢工等囤积的库存。

(二) 按库存功能分类

从库存功能可分为基本库存和中转库存。

(1) 基本库存。基本库存是指补给生产过程中产生的库存。由于生产过程对原材料的需求是源源不断的,因此就必须有一定数量的库存以便满足生产供应,保障生产所需。

(2) 中转库存。中转库存是指正在转移或者等待转移的、已经装载在运输工具上的货物。中转库存是实现补给订货所必需的库存,在今天越来越受到企业的关注。在企业生产经营中,中转库存一般是小批量、高频率的运输与传递,在存货中的比例逐渐增大。

三、库存管理的目标和意义

库存管理也称库存控制,是指对生产、经营全过程的各种半成品、产成品及其他资源进行预测、计划、执行、控制和监督,使其储备保持在经济合理的水平上的行为。库存控制是使用控制库存的方法,得到更高盈利的商业手段。库存控制是仓储管理的一个重要组成部分。在库存管理过程中,企业应把握好衡量的尺度,处理好服务成本、短缺成本、订货成本、库存持有成本等各成本之间的关系,以求达到企业的库存管理目标。通过库存管理,以满足客户服务需求为前提,对企业的库存水平进行控制管理,尽可能降低库存水平,提高物流系统的效率,以增强企业的竞争力。

(一) 库存管理的目标

库存管理的目标:在满足需求的前提下,降低库存水平,提高客户服务质量,即在企业资源约束下,以最合理的成本为客户提供性价比高的服务。库存管理就是要实现库存成本最低、库存保障程度最高、资金最少、快捷提供等目标。

库存控制有两个关键考核指标(KPI):库存周转率和客户满意度。库存周转率是指在某一时间段内库存货物周转的次数,是反映库存周转快慢程度的指标。周转率越大,表明销售情况越好。提高库存周转率就直接提高了资金使用效率,有利于企业降低资金成本、增加销售额。在物料保质期及资金允许的条件下，可以适当增加库存控制目标天数，以保证合理的库存；反之，则可以适当减少库存控制目标天数。

客户满意度研究，旨在通过连续性的定量研究，获得消费者对特定服务的满意度、消费缺陷等指标的评价，实现价值最大化。客户满意度对于任何一家企业来说都至关重要。库存管理企业一直在寻找新的方法（防止库存不足、预测季节性需求、提高订单履行率、缩短交货时间、设定可持续定价）来改善客户服务，这是基于以下知识：满意度高的客户忠诚度较高，他们通常是长期收入来源。

（二）库存控制意义

(1) 在保证企业生产、经营需求的前提下，使库存量保持在合理的水平上。
(2) 掌握库存量动态，适时、适量提出订货，避免超储或缺货。
(3) 减少库存空间占用，降低库存总费用。
(4) 控制库存资金占用，加速资金周转。

四、库存管理的方法

库存管理的方法包括传统库存管理方法和现代库存管理方法两大类。

（一）传统库存管理方法

传统库存管理所要求的是既保证供应而又使储备量最小，同时做到用时不缺货。传统库存管理的方法一般包括 ABC 分类法、经济订货批量法、定量订货法、定期订货法等。

（二）现代库存管理方法

随着企业生产目标、组织结构、生产方式的变化，传统库存管理方法受到挑战，出现了新的现代库存管理方法。多主体共享供应链相关库存、生产数据，实现各方库存合理准确，从而实现供应链库存水平最优。

牛 鞭 效 应

"牛鞭效应"是经济学上的一个术语，是指供应链上的一种需求变异放大现象，是信息流从最终客户端向原始供应商端传递时，无法有效地实现信息共享，使信息扭曲而逐级放大，导致了需求信息出现越来越大的波动，此信息扭曲的放大作用在图形上很像一个甩起的牛鞭，因此被形象地称为"牛鞭效应"，见图 4-1。

图 4-1 牛鞭效应

"牛鞭效应"是市场营销中普遍存在的高风险现象,是销售商与供应商在需求预测修正、订货批量决策、价格波动、短缺博弈、库存责任失衡和应对环境变异等方面博弈的结果,增大了供应商的生产、供应、库存管理和市场营销的不稳定性。企业可以从6个方面规避或化解需求放大变异的影响:订货分级管理;加强入库管理,合理分担库存责任;缩短提前期,实行外包服务;规避短缺情况下的博弈行为;参考历史资料,适当减量修正,分批发送;缩短回款期限。

教学互动4-1

"牛鞭效应"对库存管理有什么影响?

(1) 供应商管理库存(vendor managed inventory,VMI)。它是一种以用户和供应商双方都获得最低成本为目的,在一个共同的协议下由供应商管理库存,并不断监督协议执行情况和修正协议内容,使库存管理得到持续改进的合作性策略。这种库存管理策略打破了传统的各自为政的库存管理模式。它体现了供应链的集成化管理思想,适应市场变化的要求,是一种新的、有代表性的库存管理思想。目前VMI在分销链中的作用十分重要,因此被越来越多的人重视。VMI管理模式是从快速响应(quick response,QR)和有效客户响应(efficient customer response,ECR)基础上发展而来,其核心思想是供应商通过共享用户企业的当前库存和实际耗用数据,按照实际的消耗模型、消耗趋势和补货策略进行有实际根据的补货。由此,交易双方都变革了传统的独立预测模式,尽最大可能地减少由于独立预测的不确定性导致的商流、物流和信息流的浪费,降低了供应链的总成本。

(2) 客户管理库存(custom management inventory,CMI)。简单地讲,预售企业在拜访客户时关注客户的库存,帮助客户保持合理库存量,减少即期、过期产品出现,并根据产品的流速和库存量提出合理的进货量建议,就是客户库存管理。

(3) 联合库存管理(joint managed inventory,JMI)。它是供应商与客户同时参与、共同制订库存计划,实现利益共享与风险分担的供应链库存管理策略。目的是解决供应链系统中由于各企业相互独立运作库存模式所导致的需求放大现象,提高供应链的效率。

课程思政

苏宁物流的"春城计划"

绿色快递站、绿色仓库……"青城计划2.0"来袭,苏宁物流"双11"大招频发,激烈的物流战场,绿色快递掀起千层浪!

继北京上线绿色快递站后,苏宁物流"青城计划"正式落地北京,这也是"青城计划"继海口、无锡之后,全面推广落地的第三个城市。与此同时,苏宁物流还宣布升级"青城计划2.0",全国推进绿色快递"9999"行动。

一、北京苏宁物流破题绿色快递

全国快递业务量突破600亿件,彰显了快递业的巨大活力和潜力。与此同时,在全国已经蔚然成风的绿色快递行动正逐步上升为全民参与的社会"热潮"。

国家邮政局在2019年实施"9571工程"的基础上,将快递业环保治理工作目标升级为

"9792",而北京更是"从严"绿色物流,推出"9899"工程,即到2020年年底,全市实现45mm下"瘦身胶带"封装比例90%以上;电商快件不再二次包装率力争达到80%;循环中转袋基本实现全覆盖;所有网络型品牌寄递企业具备条件的网点设置标准包装废弃物回收装置,按照规范封装操作比例、符合标准的包装材料应用比例达到95%以上。

北京苏宁物流紧紧围绕"9899"工程,大力推进绿色快递发展! 截至目前,苏宁物流在北京及周边地区42mm、45mm胶带封装比例达到99%,十字形、草字形等标准打包法实现全面应用;电商快件不再二次包装率95%;循环中转袋基本取代编织袋;末端回收装置90%覆盖分拨中心、末端快递站;同时,一联单、减量化填充物、共享快递盒、循环保温箱等绿色包装产品,预计2020年年底前可达90%。

二、"青城计划"落地北京

国家邮政局、北京市政府、北京市邮政管理局等相关部门在多次调研与走访苏宁物流绿色环保工作中,给予了高度认可。建设绿色北京,与苏宁物流"青城计划"一脉相承,长期以来的绿色坚持,也为"青城计划"落地北京打下坚实的基础。

"双11"前夕,苏宁物流率先在北京上线绿色快递站,对快递末端站点进行一次服务＋绿色的创新改造与升级,完善绿色自提、绿色寄件、绿色回收等服务,打造绿色、便捷、高效的一站式末端服务新体验。周边用户纷纷点赞"最环保快递站",同时也为行业探索末端绿色化发展道路提供了全新方向。

北京"青城计划"的落地路径,除全市推广绿色快递站外,苏宁物流将进一步完善北京以及周边物流基地、分拨中心的绿色化改造,推进多元化仓储科学布局和智慧科技武装仓库,提高物流效率。同时,大力推进新能源车替代燃油车,加速充电桩建设,不断优化智能化运输路由调度系统,借助大数据和智能路径优化算法提升物流效能,节约碳排放,将北京打造成苏宁绿色版图上闪耀的"绿色快递城市"。

三、以技术与效率驱动绿色新升级

苏宁物流宣布升级的"青城计划2.0"战略,以技术创新与效率提升驱动全国物流基础设施绿色化升级,打造绿色"新基建"降低物流运营成本,助力全国绿色物流快递城市常态化、普及化,创造绿色新未来!

2020年"818"期间,苏宁物流宣布升级"百川2025"计划,到2025年,在京津冀、长江经济带发展、粤港澳大湾区等全国核心经济带,仓储基础设施布局扩增到2 000万平方米。目前,全国在建的20余个大型物流基地,苏宁物流坚持可持续发展战略,立足经济带顶层设计,引入苏宁智慧物流运营系统、全流程智能化设备,打造智慧物流基础设施,全方位提升物流整体效率。

当前,国家邮政局还在全国选取北京、河北、辽宁、江苏等十个省(市)部署开展邮政业绿色网点和绿色分拨中心建设试点工作。针对绿色末端,"青城计划2.0"将向全国推广"9999"行动,预计到2021年年底,42mm以下"超级瘦身胶带"封装比例99%;电商快件不再二次包装率99%;可循环中转袋使用率90%;回收体系覆盖全国超99个城市。与此同时,苏宁物流和天天快递两网加速融合进程中,新升级的全国40＋分拨中心,都将纳入绿色治理。

(资料来源:绿色快递站、绿色仓库……"青城计划2.0"来袭,苏宁物流"双11"大招频发! https://www.sohu.com/a/426399589_168370)

任务 4.1　ABC 库存管理分类法

头脑风暴4-2

你了解哪些库存管理技术？

知识点

4.1.1　ABC 分类法的概念

ABC 分类管理法

意大利经济学家帕累托在研究财富的社会分配时得出一个重要结论：80%的财富掌握在20%的人手中，即关键少数和次要多数的规律。后来人们发现这一规律普遍存在于社会的各个领域，将这一现象称为帕累托现象。帕累托现象在企业经营管理中，表现为企业多数的利润由少数品种的产品贡献。因此，对这些少数产品管理的好坏就成为企业经营成败的关键，有必要在实施库存管理时对各类产品分出主次，并根据不同情况分别对待，突出重点。

其核心思想：在事物的众多影响或组成因素中分清主次，识别出少数的，但对事物起决定作用的关键因素，和识别出多数的，但对事物影响较少的次要因素。

一般来说，企业的存货品种较多，有些企业的存货甚至达到数万种，其需求量和单价各不相同，年占用金额也各不相同。有些存货在整个库存存货中的品种数量所占比重较大，但其价值在全部存货中所占比重较小，而有些存货则相反。在进行存货管理时，若都采用平均的控制力度，既不科学，也不经济。对那些年占用金额大的库存品，由于其占用企业的资金量较大，对企业经营的影响也较大，因此需要进行特别的重视和管理；而对占用企业资金不大的存货，可做一般控制，分类管理思想就是在此基础上产生的。

这个基本原理是根据库存货物中存在少数货物占用大部分资金，而大多数货物却占用很少资金的现象，利用库存与资金占用之间这种规律，对库存货物按其消耗数量，价值大小，进行分类排队。企业将数量少、价值大的一类称为 A 类；数量大、价值小的一类称为 C 类；介于 A 类与 C 类中间的为 B 类，然后分别采用不同的管理方法对其进行控制，即为 ABC 分类法。ABC 分类法，全称应为 ABC 分类库存控制法，又称货物重点管理法。

4.1.2　ABC 分类法的原则与比例界定

ABC 分类管理法（理论）

ABC 类别的划分，并没有一个固定的标准，每个企业都可以按照各自的具体情况来确定。三类划分的界限也由不同的具体情况而定。分类的操作方法十分简单，只需掌握全部库存的品种标志、年平均用量、单位成本，再经过算术运算即可完成。一般来说，企业按照年度货币占用量将库存分为三类。

（1）A 类商品。其价值占库存总值的 70%～80%，品种数通常为总品种数的 5%～15%。

(2) B类商品。其价值占库存总值的15%～25%，品种数通常为总品种数的20%～30%。

(3) C类商品。其价值占库存总值的5%～10%，品种数通常为总品种数的60%～70%。

另外，ABC分类还可以按照销售量、销售额、订货提前期、缺货成本等指标进行库存分类。通过分类，可为每一类物资的库存制定相应的管理策略，实施有针对性的控制。

4.1.3 ABC分类法的基本程序

1. 开展分析

ABC三类存货的划分主要有两个标准：金额标准和品种数量标准。金额标准是最基本的分类法，而品种数量标准可以作为参考。

ABC分类管理法（实践）

这是"区别主次"的过程，它包括以下步骤。

(1) 收集数据。确定构成某一管理问题的特征值因素，收集相应的特征数据。以库存控制为例，对库存物品的销售额（库存价值、库存金额）进行分类，则应收集物品销售量、物品单价等特征数据。

(2) 进行ABC分类。根据一定分类标准进行ABC分类，列出ABC分析表。各类因素的划分标准，并无严格规定。习惯上按主要特征值的累计百分数分类，标准见上文"ABC分类法的标准"。ABC分析表的栏目构成如表4-1所示。

表4-1 ABC分析表

物品编号①	占用库存资金/元②	占用库存资金额百分数③	占用库存资金额累计百分数④	物品品种数/个⑤	占用库存品种百分数⑥	占用库存品种累计百分数⑦

注：占用资金＝物品单价×平均库存。

(3) 计算整理。对收集的数据进行加工，并按要求进行计算，包括计算特征数值，特征数值占总计特征数值的百分数，累计百分数；因素数目及其占总因素数目的百分数，累计百分数。按下述步骤完成制表。

① 将按"处理数据"计算出的资金占用额填入第②栏，并将第②栏中的数据由高至低排序。

② 计算占用库存资金额百分数，填入第③栏；计算占用库存资金额累计百分数，填入第④栏；计算占用库存品种百分数，填入第⑥栏；计算占用库存品种累计百分数，填入第⑦栏。

(4) 绘制ABC分析图。以累计因素（占用资金数）百分数为纵坐标，累计主要特征值（库存品种数）百分数为横坐标，按ABC分析表所列的对应关系，在坐标图上取点，并将各点连成曲线，即绘制成如图4-2所示的ABC分析图。或利用ABC分析曲线对应的数据，按ABC分析表确定A、B、C三类的方法，在图4-2上表明A、B、C三类，制成ABC分析图。

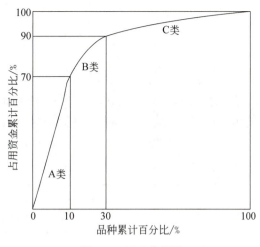

图 4-2　ABC 分析图

2. 实施对策

这是"分类管理"的过程。根据 ABC 分类结果，权衡管理力量和经济效果，制定 ABC 分类管理标准表，对三类对象进行有区别的管理。

（1）A 类库存品。这类库存品品种虽然较少，但其占用的金额较大，是日常控制的重点，需要最严格的管理。必须对这类库存品保持完整的库存记录，建立完善的库存盘点制度，记录要准确，掌握该类存货的收、发、结存情况，严格按科学的方法计算确定每个品种的经济订货量、保险储备量，经常进行检查和盘点，严格控制库存水平，防止缺货。

（2）B 类库存品。这类库存品属于一般的品种，对它的管理介于 A 类和 C 类之间。原则上也要求计算经济批量和保险储备量，但不必像 A 类存货那样严格，库存检查和盘点周期可以比 A 类物资更长一些，通常的做法是将若干物品合并在一起订购。

（3）C 类库存品。这类库存品的种类数虽多，但占用的金额较少，管理办法较简单，不必专门计算存货量，视企业情况规定存货量的上下限，也可适当增加每次订货量，实行简单控制。对这类库存品通常订购 6 个月或 1 年的需求量，期间不需要保持完整的库存记录，但也必须定期进行库存检查和盘点。

 技能点

1. 能根据客户库存数量，制定 ABC 库存管理分类表。
2. 能运用 Excel 工具对不同库存商品进行库存管理 ABC 分类。
3. 能运用 ABC 库存管理方法为企业解决重点物资管理问题。
4. 能运用 ABC 库存管理法中不同分类的库存商品进行合理的库存管理。

头脑风暴4-3

ABC 分类管理法的思想可以用在哪些地方？

实训示例4-1

JD小型企业库存分类

JD小型企业拥有10项库存品,各种库存品的年需求量、单价见表4-2。为了加强库存品的管理,企业计划采用ABC库存管理法。假如企业决定按价值占比70%左右、品种占比20%为A类物品,品种占比30%为B类物品,其他为C类物品来建立ABC库存分析系统。

表4-2 JD小型企业库存需求情况表

存品名称	a	b	c	d	e	f	g	h	i	j
年需求量/kg	9 000	95 000	4 000	50 000	1 000	125 000	20 000	20 000	5 000	2 500
单价/(元/kg)	8	8	4	4	10	5	5	8	5	7

问题:要实现ABC分类库存管理,该企业应如何进行分类?

一、实训任务分析

Excel中,根据表列出各种存货品的金额,并进行大小排列,计算各种库存品的金额百分比和数量百分比,然后进行分类。根据ABC分类,进一步编制ABC分类表。

(1) 收集数据(已收集)。

(2) 明确分类标准。

(3) 计算占用库存资金额、金额百分比、金额累计百分比、物品品种数、品种百分比、品种累计百分比等相关中间变量。

(4) 根据分类标准进行ABC分类。

(5) 根据以上数据,绘制曲线图。(可选)

二、实训步骤

(1) 收集数据。这里假设数据已收集。根据题意,制定如表4-3所示的表格,列出收集数据。

表4-3 ABC分类法制定表格

物品编号	年需求量/kg	单位价格/(元/kg)	占用库存资金额/元	金额百分比/%	累计百分比/%	物品品种数/个	品种百分比/%	累计百分比/%	类别
a	9 000	8.00							
b	95 000	8.00							
c	4 000	4.00							
d	50 000	4.00							
e	1 000	10.00							
f	125 000	5.00							
g	20 000	5.00							

续表

物品编号	年需求量/kg	单位价格/(元/kg)	占用库存资金额/元	金额百分比/%	累计百分比/%	物品品种数/个	品种百分比/%	累计百分比/%	类别
h	20 000	8.00							
i	5 000	5.00							
j	2 500	7.00							
合　计									

（2）列出分类标准。价值占比 70% 左右、品种占比 20% 为 A 类物品，品种占比 30% 为 B 类物品，其他为 C 类物品。

（3）计算相关中间变量。

① 计算占用库存资金额。在 Excel 中计算各种物品占用库存资金额，由年需求量与单位价格相乘得到，a 物品的占用库存资金额的计算公式如图 4-3 所示，在单元格 D11 中输入占用库存资金额公式。

图 4-3　ABC 分类法计算整理(1)

运用自动填充工具，可求出其他物品的占用库存资金额，如图 4-4 所示中的 D11:D20 列。运用函数"=SUM()"求出占用库存资金的总和 1 985 500，公式见图 4-4 单元格 D21。

图 4-4　ABC 分类法计算整理(2)

② 按金额排序、计算金额百分比。首先，运用"排序"工具，对"占用库存资金额"进行由高到低的降序排序。接着，求出各个物品所占用库存资金占总资金的百分比。计算结果见图 4-5。当然，也可先计算每个物品的金额百分比，再按"占用库存资金额"或"金额百分比"排序。

	A	B	C	D	E	F
10	物品编号	年需求量/kg	单位价格/(元/kg)	占用库存资金金额/元	金额百分比/%	累计百分比/%
11	b	95 000	8.00	76	=D11/$D$21	
12	f	125 000	5.00	625 000.00	31.478	
13	d	50 000	4.00	200 000.00	10.073	
14	h	20 000	8.00	160 000.00	8.058	
15	g	20 000	5.00	100 000.00	5.037	
16	a	9 000	8.00	72 000.00	3.626	
17	i	5 000	5.00	25 000.00	1.259	
18	j	2 500	7.00	17 500.00	0.881	
19	c	4 000	4.00	16 000.00	0.806	
20	e	1 000	10.00	10 000.00	0.504	
21		合计		1 985 500.00		

图 4-5　ABC 分类法计算整理(3)

这里建议用"绝对地址"格式,公式用法见图 4-5 单元格 E12。每个物品的"金额百分比",即每个"占用库存资金金额"除以占用库存资金金额的合计数。在计算时都会用到单元格 D21 中的 1 985 500.00 元,可以用 D21 的绝对地址格式,这样从第二个物品起,就可以通过填充、复制工具批量完成。当记录数量较大时,优势就会很明显,能大大提高工作效率。

③ 计算金额累计百分比。第一个累计百分比,可以在单元格 F11 中直接输入"=E11",即可得出。第二个累计百分比的计算,可以在图 4-6 所示的 F12 单元格中输入"=E12＋F11",即本期的"占用库存资金金额"加上已有累计百分比。

	A	B	C	D	E	F
10	物品编号	年需求量/kg	单位价格/(元/kg)	占用库存资金金额/元	金额百分比/%	累计百分比/%
11	b	95 000	8.00	760 000.00	38.278	38.278
12	f	125 000	5.00	625 000.00	31.478	=E12+F11
13	d	50 000	4.00	200 000.00	10.073	
14	h	20 000	8.00	160 000.00	8.058	
15	g	20 000	5.00	100 000.00	5.037	
16	a	9 000	8.00	72 000.00	3.626	
17	i	5 000	5.00	25 000.00	1.259	
18	j	2 500	7.00	17 500.00	0.881	
19	c	4 000	4.00	16 000.00	0.806	
20	e	1 000	10.00	10 000.00	0.504	
21		合计		1 985 500.00		

图 4-6　ABC 分类法计算整理(4)

这样,往下物品的累计百分比就可以通过填充、复制工具批量完成。计算结果见图 4-7。

④ 计算物品品种百分比、品种累计百分比。根据列出的物品品种数依次计算物品品种百分比、品种累计百分比。其计算原理和方法参考金额百分比、金额累计百分比的计算过程。计算结果见表 4-4。

	A	B	C	D	E	F
10	物品编号	年需求量/kg	单位价格/(元/kg)	占用库存资金额/元	金额百分比/%	累计百分比/%
11	b	95 000	8.00	760 000.00	38.278	=E11
12	f	125 000	5.00	625 000.00	31.478	69.756
13	d	50 000	4.00	200 000.00	10.073	79.829
14	h	20 000	8.00	160 000.00	8.058	87.887
15	g	20 000	5.00	100 000.00	5.037	92.924
16	a	9 000	8.00	72 000.00	3.626	96.550
17	i	5 000	5.00	25 000.00	1.259	97.809
18	j	2 500	7.00	17 500.00	0.881	98.691
19	c	4 000	4.00	16 000.00	0.806	99.496
20	e	1 000	10.00	10 000.00	0.504	100.000
21		合 计		1 985 500.00		

图 4-7 ABC 分类法计算整理(5)

表 4-4 ABC 分类法计算整理

物品编号	年需求量/kg	单位价格/(元/kg)	占用库存资金额/元	金额百分比/%	累计百分比/%	物品品种数/个	品种数百分比/%	累计百分比/%	类别
b	95 000	8.00	760 000	38.278	38.278	1	10.000	10.000	A
f	125 000	5.00	625 000	31.478	69.756	1	10.000	20.000	A
d	50 000	4.00	200 000	10.073	79.829	1	10.000	30.000	B
h	20 000	8.00	160 000	8.058	87.887	1	10.000	40.000	B
g	20 000	5.00	100 000	5.037	92.924	1	10.000	50.000	B
a	9 000	8.00	72 000	3.626	96.550	1	10.000	60.000	C
i	5 000	5.00	25 000	1.259	97.809	1	10.000	70.000	C
j	2 500	7.00	17 500	0.881	98.691	1	10.000	80.000	C
c	4 000	4.00	16 000	0.806	99.496	1	10.000	90.000	C
e	1 000	10.00	10 000	0.504	100.000	1	10.000	100.000	C
SUM			1 985 500			10			

(4) 根据分类标准进行 ABC 分类。价值占比 70% 左右、品种占比 20% 为 A 类物品，品种占比 30% 为 B 类物品，其他为 C 类物品。得到表 4-4 中最后一列的分类结果：b、f 为 A 类物品，d、h、g 为 B 类物品，a、i、j、c、e 为 C 类物品。可以进一步整理分析，包括格式的调整优化，形成更清晰的 ABC 分析表，见表 4-5。

表 4-5 ABC 分类分析表

类别	占用库存资金额分类标准/%	占用库存资金/元	占用库存资金额百分比/%	占用库存资金额累计百分比/%	品种数/个	品种百分比/%	累计百分比/%
A	20.00	1 385 000	69.76	69.76	2	20.00	20.00
B	30.00	460 000	23.17	92.92	3	30.00	50.00
C	50.00	140 500	7.08	100.00	5	50.00	100.00

(5)绘制曲线图。为了直观地对比分析各种物品的库存结构,可根据表4-4的"金额百分比"数据绘制折线图。如图4-8所示,10个物品的金额占比一目了然,各类商品占比差异明显,A类商品b、f占比相当高,C类商品a、i、j、c、e占比相当低。

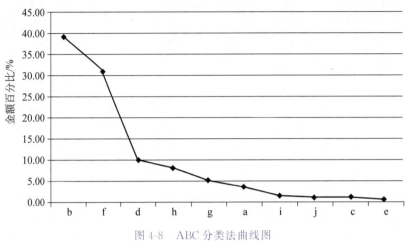

图4-8　ABC分类法曲线图

实训演练4-1

红豆商院生产实训中心20项库存品分类

红豆商院生产实训中心20项库存品,各种库存品的年需求量、单价见表4-6。为了加强库存品的管理,该企业计划采用ABC库存管理法。假如该企业决定按10%的A类物品、25%的B类物品、65%的C类物品来建立ABC库存分析系统,则应如何进行分类?

表4-6　红豆商院生产实训中心20项库存品数据

物品编号	W001	W002	W003	W004	W005	W006	W007	W008	W009	W010
年需求量/kg	5	75	2	2 000	700	1	250	10 000	400	650
单价/元	210	15	3 010	5	80	18 000	10	5	30	25
物品编号	W011	W012	W013	W014	W015	W016	W017	W018	W019	W020
年需求量/kg	10	25	90	200	50	1 500	150	20	350	65
单价/元	8	60	110	950	80	140	10	50	20	75

实训提示:

依次计算物品库存金额、按物品库存金额排序、对金额求累计和、求累计百分比,按分类标准划分ABC类别。具体分析步骤参见实训示例4-1。

任务 4.2 经济订货批量

头脑风暴4-4

制订采购计划时,只要公司有钱,采购量越大越好,这样可以减少采购次数、量大还能有优惠的价格。这种说法对吗?

知识点

4.2.1 经济订货批量的概念

订货批量概念是根据订货成本来平衡维持存货的成本。订货批量越大,平均存货就越大,相应地,每年的维持成本也越高。然而,订货批量越大,每一计划期需要的订货次数就越少,订货成本也就越低。维持存货的年度总成本最低的点代表经济订货批量。

经济订货批量(economic order quantity,EOQ)是通过平衡订货成本、保管成本等相关成本因素,确定一个最佳的订货批量,来实现最低总库存成本的方法。它是指通过费用分析求得库存总费用最小时的每次订购批量,用以解决独立需求物品的库存控制问题。经济订货批量既能满足生产经营活动的正常进行,又使存货耗费的总成本最低,于是 EOQ 在实际中得到了广泛的应用。

4.2.2 经济订货批量的基本原理

在企业固定周期内(通常以年为单位周期)消耗量固定的情况下,一次订货量越大,平均存货就越大,订货次数就越少,每年花费的订货成本就越低。因此,从订货费用的角度看,订货批量越大越好。但是,订货批量的加大必然使库存保管费用增加,所以从保管费的角度看,订货批量越小越好。在库存管理中,订货费与保管费呈现此消彼长的关系,这时要考虑的问题就是:应该订多少货。正确的订货数量可以使与订货次数有关的成本和与订单订货量有关的成本达到最好的平衡。当这两种成本恰当地平衡时,总成本最小。这时所得订货量就叫作经济批量,或称经济订货量(EOQ)。

经济订货批量模型中的年度总成本主要包括以下四项成本,它们的关系如图 4-9 所示。

1. 订货成本

订货成本又称订货费,是指订货过程中发生的与订货有关的全部费用,包括管理费、采购人员工资、差旅费、订货手续费、通信费、招待费以及订货人员工资等。订货成本可分为固定性订货成本和变动性订货成本两部分。

固定性订货成本是指与采购次数和数量没有直接联系的,用于维持采购部门正常活动所需要的有关费用,如采购部门管理费、采购人员工资等。

变动性订货成本是指与订货数量的多少无关,在年需求一定的情况下,订货次数越多,则每次订货量越小,全年订货成本越大。费用主要包括差旅费、通信费、手续费、运输费、跟踪订单的成本等。

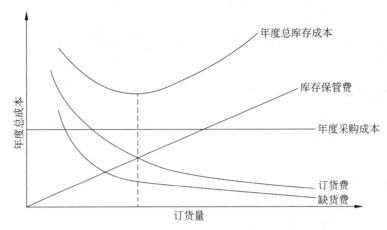

图 4-9 经济订货批量模型

2. 存储成本

存储成本又称为持有成本、库存保管费,是指存货在储存过程中发生的费用。存储成本包括货物占用资金应付的利息、货物损坏变质的支出、仓库折旧费、维修费、仓储费、保险费、仓库保管人员工资等费用。

存储成本按照其与存货的数量和时间关系,分为固定性存储成本和变动性存储成本两部分。固定性存储成本是指在一定时期内总额相对稳定,与存货数量和时间无关的存储费用,如仓库折旧费、仓库人员工资等。变动性存储成本是指总额随着存货数量和时间的变动而变动的有关费用,如仓储费、占用资金的利息等。平均存货等于订货批量的一半。

3. 采购成本

采购成本又称进货与购买成本,是指在采购过程中所发生的费用,包括所购物资的买价和采购费用。该成本取决于进货的数量和进货的单位成本。

4. 缺货成本

缺货成本又称缺货费,是指当存储供不应求时引起的损失,如失去销售机会的损失、停工待料的损失、临时采购造成的额外费用以及延期交货不能履行合同而缴纳的罚款等。从缺货损失的角度考虑,存储量越大,缺货的可能性就越小,缺货成本也就越低。

EOQ 模型公式

综上所述,EOQ 是用于解决独立需求库存控制问题的一种模型,基本公式为

年度总库存成本 = 年度采购成本 + 年度订货费 + 年度库存保管费 + 年度缺货费

即

$$TC = DP + \frac{DC}{Q} + \frac{QK}{2} + \frac{VH}{2} \qquad (4-1)$$

式中 TC——年度总库存成本;

D——年需求量;

Q——每次订货批量;

C——每次订货费;

P——产品价格；
K——单位产品年保管费；
V——年度缺货量；
H——缺少单位产品的年度损失。

4.2.3 经济订货批量的确定

由于假设条件不同，经济订货批量的具体形式也有区别，下面主要介绍经济订货批量的三种形式。

1. 不允许缺货的经济订货批量

EOQ 模型 1：不缺货条件下经济订货批量模型

为了确定经济订货批量，先做如下一些假设如下。

(1) 需求量已知，年需求量为固定常数。
(2) 库存的需求率为常量。
(3) 订货提前期不变。
(4) 订货费与订货批量无关。
(5) 所有费用是库存量的线性函数。
(6) 全部订货一次交付，库存补充过程瞬间完成。
(7) 无数量折扣。

不允许缺货的情况下，年度总库存成本由三部分组成，用公式表示为

$$TC = DP + \frac{DC}{Q} + \frac{QK}{2} \tag{4-2}$$

通过式(4-3)~式(4-5)求解年度总库存成本 TC 最小时的 Q 值。

$$\frac{dTC}{dQ} = -\frac{DC}{Q^2} + \frac{K}{2} \tag{4-3}$$

$$\frac{dTC}{dQ} = 0 \tag{4-4}$$

$$-\frac{DC}{Q^2} + \frac{K}{2} = 0 \tag{4-5}$$

推导出要求的 TC 最小值，经济批量，即采购数量 Q^* 为

$$EOQ = Q^* = \sqrt{\frac{2DC}{K}} = \sqrt{\frac{2DC}{PF}} \tag{4-6}$$

式中 F——单位产品年保管费占单位产品比例。

进而可以求得年度订货次数 N：

$$N = \frac{D}{Q^*} \tag{4-7}$$

年度订货周期 T 也可以得出：

$$T = \frac{360}{N} \tag{4-8}$$

这里默认一年按 360 天计，也可以根据题意确定。

2. 允许缺货的经济订货批量

实际工作中,企业的生产活动都是不均衡的,往往会由于生产或其他原因而临时增大用量。同时,企业从订货到货物到达有一个时间间隔,供货单位有时会因为各种原因而延期发货,从而不可避免地发生缺货。这时年度库存总成本为

EOQ 模型 2:缺货条件下经济订货批量模型

年度总库存成本＝年度采购成本＋年度库存保管费
　　　　　　　＋年度订货费＋年度缺货费

用公式表示为

$$TC = DP + \frac{DC}{Q^*} + \frac{Q^* K}{2} + \frac{VH}{2} \tag{4-9}$$

这里要求的批量 Q^* 就是使年度总库存成本最小的订购批量。通过整理可得到式(4-10):

$$Q^* = \sqrt{\frac{2DC}{K}} \times \sqrt{\frac{H+K}{H}} \tag{4-10}$$

3. 有数量折扣的经济订货批量

前面两种形式是在物品采购单价不变的情况下进行的,但现实中为了鼓励购买者大批量采购通常采用数量折扣的办法,即购买者买进商品达到一定数量时可享受一定程度的价格优惠,一次订购量越多,折扣就越大。数量折扣对购买者的影响是:增加采购量,减少了采购成本,并由于采购量增大而减少了采购次数,从而降低了订货成本;但大量购买必然增加储备,增加了储存成本。因此,在有数量折扣的情况下,经济订购量应是采购成本、库存保管费、订货费之和达到最低水平的订货量。

EOQ 模型 3:价格折扣条件下经济订货批量模型

由于订货批量达到价格折扣后,价格折扣点形成了成本函数的间断点,使总成本曲线不连续,不能像无价格折扣时那样用一阶导数来求出最低成本点。较简单的方法是采用相关成本比较法,通过计算对比不同单价下的相关成本,选出相关成本最低的订货量作为经济订货批量。经济订货批量模型是目前大多数企业最常采用的货物订购方式。该模型适用于整批间隔进货、不允许缺货、价格折扣等情况的存储问题模型。

 技能点

1. 理解经济订购批量模型含义。
2. 能运用经济订购批量模型求解不允许缺货条件下的经济批量。
3. 能运用经济订购批量模型求解允许缺货条件下的经济批量。
4. 能运用经济订购批量模型求解有数量折扣条件下的经济批量。

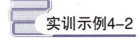 实训示例4-2

京瑞公司的经济订购批量

(不允许缺货情况)

京瑞公司对工业酒精的年需求量为 3 600 箱,每箱 900 元,单位产品年保管费为 8 元,

每次订货成本为 400 元,求该产品的经济批量、订货次数、订货周期和订货总成本。

一、实训任务分析

理解经济订购批量的公式中每个参数、变量的含义。根据题意,找出公式参数和题中已知条件的对应关系。

(1) 分析问题,选择适用模型。
(2) 分析已知条件,核参数。
(3) 计算经济批量(最小值)。
(4) 计算订货次数。
(5) 计算订货周期。
(6) 计算年度总库存成本。

二、实训步骤

(1) 分析问题,选择适用模型。根据题目意思,该问题是不允许缺货情况下的经济订购批量问题。选择模型 $Q^* = \sqrt{\dfrac{2DC}{K}}$。

(2) 分析已知条件,核参数 $D = 3\,600, P = 900, K = 8, C = 400$。

(3) 计算经济批量。$Q^* = \sqrt{\dfrac{2 \times 3\,600 \times 400}{8}} = 600$。在 Excel 表中计算时,设置参数、运用公式可参考图 4-10。

(4) 计算经济订货次数。$N = D/Q^* = 3\,600 \div 600 = 6(次)$。在 Excel 表中计算可参考图 4-11。

(5) 计算订货周期。$T = 360/N = 360 \div 6 = 60(天)$。在 Excel 表中计算可参考图 4-12。

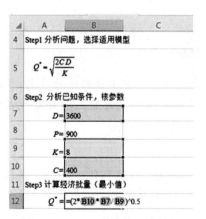

图 4-10　Excel 中计算经济批量

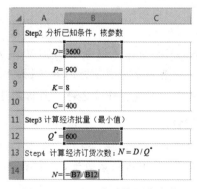

图 4-11　Excel 中计算订货次数

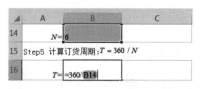

图 4-12　Excel 中计算订货周期

则该产品的经济批量为 600 箱,经济订货次数 6 次,订货周期 60 天。

(6) 计算年度总库存成本。经济订购批量下的年度总库存成本,$TC=DP+\dfrac{DC}{Q^*}+\dfrac{Q^*K}{2}=$ $900\times3\,600+400\times3\,600\div600+8\times600\div2=3\,244\,800$(元)。在 Excel 表中的计算公式可参考图 4-13。

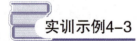

图 4-13　Excel 中计算年度总成本

实训演练4-2

Jaydeep 公司经济批量确定

Jaydeep 公司每年以每个单位 30 美元的价格采购 6 000 个单位的某种产品,处理订单和组织订货要产生 125 美元的费用,每个单位的产品所产生的利息费用和存储成本加起来需要 6 美元。问题:针对这种产品的最佳订货政策是什么?

实训提示:

第一步,分析问题,选择适用模型;第二步,分析已知条件,核参数;第三步,根据公式计算经济批量(最小值);第四步,计算订货次数;第五步,计算订货周期。具体步骤参见实训示例 4-2。

实训示例4-3

京瑞公司经济订货批量确定

(允许缺货情况)

京瑞公司对工业酒精的年需求量为 3 600 箱,每箱 900 元,单位产品年保管费为 8 元,每次订货成本为 400 元。假设该产品单位年度缺货成本为 1 元,年平均缺货率为 5%。若其他条件不变,求解允许缺货的经济批量、订货次数、订货周期和订货总成本。

一、实训任务分析

理解经济订购批量的公式中每个参数、变量的含义。根据题意,找出公式参数和题中已知条件的对应关系,然后根据公式计算。

(1) 分析问题,选择适用模型。
(2) 分析已知条件,核参数。
(3) 计算经济批量(最小值)。
(4) 计算订货次数。
(5) 计算订货周期。
(6) 计算年度总库存成本。

二、实训步骤

(1) 分析问题,选择适用模型:$Q^* = \sqrt{\dfrac{2DC}{K}} \times \sqrt{\dfrac{H+K}{H}}$。

(2) 分析已知条件,核参数 $D=3\,600, P=900, K=8, C=400, H=1$。

(3) 计算经济批量(最小值)。$Q^* = \sqrt{\dfrac{2DC}{K}} \times \sqrt{\dfrac{H+K}{H}} = \sqrt{\dfrac{2 \times 3\,600 \times 400}{8}} \times \sqrt{\dfrac{1+8}{1}} = 1\,800$(箱)。Excel 中计算经济批量的过程见图 4-14。

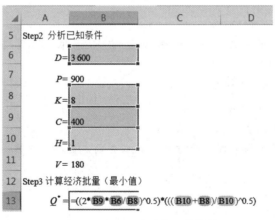

图 4-14 Excel 中计算经济批量

(4) 计算经济订货次数。$N = D/Q^* = 3\,600 \div 1\,800 = 2$(次)。

(5) 计算订货周期。$T = 360/N = 360 \div 2 = 180$(天)。

(6) 计算年度总库存成本。$TC = DP + \dfrac{DC}{Q^*} + \dfrac{Q^* K}{2} + \dfrac{VH}{2} = 3\,248\,090$(元)。其中,$V = D \times 0.05 = 3\,600 \times 0.05 = 180$(箱)。

该产品的经济批量为 1 800 箱,经济订货次数为 2 次,订货周期为 180 天,年度总库存成本为 3 248 090 元。

实训演练4-3

苏锡电子设备厂经济订货批量确定

苏锡电子设备厂对一种元件的需求量为2 000件/年,订货提前期为零,每次订货费为25元,该元件每件成本为50元,年存储费用为成本的20%。如发生缺货,可在下批货到达时补上,但缺货损失费为每年每件10元,要求计算经济订货批量。

实训提示:

第一步,分析问题,选择适用模型;第二步,分析已知条件,核参数;第三步,根据公式计算经济批量。具体步骤参见实训示例4-3。

实训示例4-4

顺丰商院物流配送中心经济批量订购

(考虑价格折扣的EOQ)

顺丰商院物流配送中心维修部每年大约使用816箱液体清洁剂。订货成本为12元,库存成本是每年每箱4元,新价目表表明,少于50箱的订货成本为每箱20元,50~79箱的是每箱18元,80~99箱的是每箱17元,更大的订货则是每箱16元。请考虑价格折扣,确定经济批量、订货次数、订货周期和订货总成本。

一、实训任务分析

理解经济订货批量的公式中每个参数、变量的含义。根据题意,找出公式参数和题中已知条件的对应关系,然后根据公式计算。

(1) 分析问题,选择适用模型。

(2) 分析已知条件,核参数。

(3) 计算常态经济批量。

(4) 计算不同数量折扣条件下的订货总成本并确定最小总成本:

$$TC = DP + \frac{DC}{Q^*} + \frac{Q^* K}{2}$$

① 计算常态经济批量下的订货总成本。

② 价格优惠档下限数量条件下的订货总成本。

③ 根据最小订货总成本确定最终经济批量。

(5) 计算订货次数 $N = D/Q^*$。

(6) 计算订货周期 $T = 360/N$。

二、实训步骤

(1) 分析问题,选择适用模型。$Q^* = \sqrt{\dfrac{2DC}{K}}$。

(2) 分析已知条件,核参数 $D = 816, K = 4, C = 12$。

$$P = \begin{cases} 20 & Q < 50 \\ 18 & 50 \leqslant Q \leqslant 79 \\ 17 & 80 \leqslant Q \leqslant 99 \\ 16 & Q \geqslant 100 \end{cases}$$

(3) 计算常态经济批量。Excel 公式实现如图 4-15 所示。

$$Q^* = \sqrt{\frac{2DC}{K}} = \sqrt{\frac{2 \times 816 \times 12}{4}} = 70(箱)(取整)$$

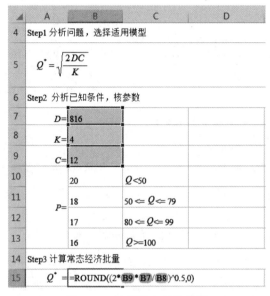

图 4-15 计算常态经济批量

这里，用到四舍五入取整函数"＝ROUND(A1,0)"。

(4) 计算不同数量折扣条件下的订货总成本并确定最小总成本：

$$TC = DP + \frac{DC}{Q^*} + \frac{Q^* K}{2}$$

① 计算常态经济批量下的订货总成本。Excel 公式实现见图 4-16 中的单元格 B18。

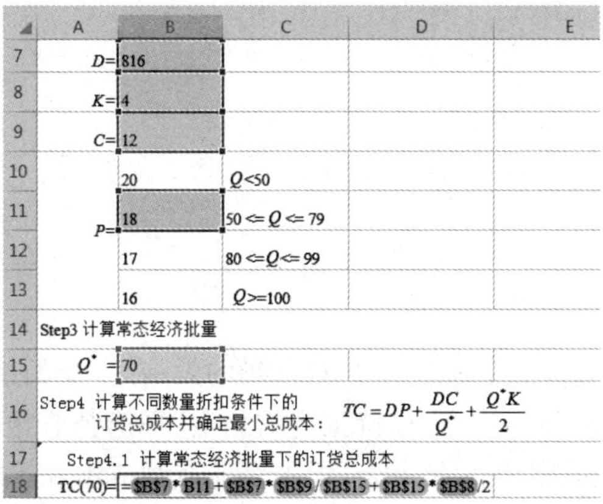

图 4-16 计算常态经济批量下的订货总成本

② 计算价格优惠、数量条件下的订货总成本。Excel 公式实现见图 4-17 中的单元格 B20、B21。

③ 根据最小订货总成本确定最终经济批量。

由于 $TC(70)=14\,967.886$，$TC(80)=14\,151.886$，$TC(100)=13\,335.886$，$TC(100)<TC(80)<TC(70)$，则 $Q^*=100$（件）。

（5）计算订货次数 $N=D/Q^*$。Excel 实现公式见图 4-18。

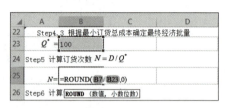

图 4-17 计算价格优惠、数量条件下订货总成本

图 4-18 计算订货次数并取整

根据公式 $N=D/Q^*$ 计算并取整，得出 $N=8$（次）。

（6）计算订货周期 $T=360/N$。

由公式可得：$T=360/N=360\div 8=45$（天）。即每 45 天订货一次。

实训演练4-4

锡商仓库经济订货批量确定

锡商仓库一产品年需要量为 3 600 箱，每箱 900 元。当一次订货量达到 1 000 箱时可获得 2% 的折扣，一次订货量达到 1 500 箱时可获得 3% 的折扣，单位产品年保管费为 8 元，每次订货成本为 400 元，求该产品的经济订货批量。

实训提示：

第一步，分析问题，选择适用 EOQ 模型；第二步，分析已知条件，核参数；第三步，根据公式计算经济批量。具体步骤参见实训示例 4-4。

任务 4.3　订货方法

头脑风暴4-5

你知道企业订货方法有哪些？说说它们各自的适应点？

知识点

自从有了生产，就有了库存物品。库存对市场的发展、企业的正常运作与发展起了非常重要的作用，如维持销售产品的稳定、维持生产的稳定、平衡企业物流、平衡流通资金的占用等，但也存在着弊端，如占用企业大量资金、增加企业产品成本和管理成本、掩盖企业管理问题等。

为了缩短订货提前期、防止短缺、分摊成本,企业将经常使用的、设备停工损失大和单价较低的零件需经常保持一定储备量的库存。这些库存的订货方式可分为三种。

4.3.1 定量订货法

定量订货法是指当库存量下降到预定的最低库存数量(订货点)时,按规定数量(一般以经济批量为标准)进行订货补充的一种库存控制方法。如图 4-19 所示,当库存量下降到订货点时,企业马上按预先确定的订货量发出货物订单,经提前期订货,库存水平得到补充。定量订货法主要靠控制订货点和订货批量两个参数来控制订货进货,因此采用定量订货方式必须预先确定订货点和订货批量。

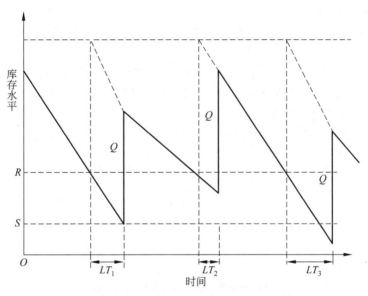

图 4-19　定量订货法

LT—提前期;R—订货点;Q—订货批量;S—安全库存量

1. 订货点和订货量

根据影响订货点的三个因素,即订货提前期、平均需求量、安全库存来确定订货点,具体方法如下。

(1) 在需求和订货提前期确定的情况下,企业不需要设立安全库存,订货点可通过式(4-11)求解得到。

$$Q = \frac{LT \times D}{360} \quad (4\text{-}11)$$

定量订货法

式中　Q——订货点数量;

　　　LT——订货提前期;

　　　D——全年需求量。

经济管理中,在计算收益、成本时通常会将全年天数确定为 365 天或 360 天。这里,假设一年按 360 天计。

(2) 在需求和订货提前期都不确定的情况下,订购点量等于提前期需求量加上安全库存量,见式(4-12)确认。

$$Q = Q^{TP} + S \tag{4-12}$$

$$Q^{TP} = Q^P \times LT \tag{4-13}$$

$$S = (Q^M - Q^P) \times LT \tag{4-14}$$

式中　S——安全库存量;

　　　Q^M——预计日最大消耗量;

　　　Q^P——平均日需求量;

　　　LT——订货提前期;

　　　Q^{TP}——提前期需求量;

　　　Q——订购点量。

此时的订购点量也可由预计日最大消耗量乘以订货提前期得到,见式(4-15)。

$$Q = Q^M \times LT \tag{4-15}$$

（3）确定订货批量。在定量订货法中,对于每一品种的商品每次订货批量都是相同的,所以每个品种都要制定一个订货批量,通常取经济订货批量（EOQ）为订货批量。

2. 定量订货法的作业程序

定量订货法的一般作业程序如图4-20所示。

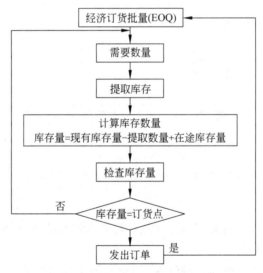

图4-20　定量订货法的一般作业程序

3. 定量订货法的优缺点

定量订货法的优点是:由于每次订货之前都要详细检查和盘点库存,判断是否降低到订货点,因此可以动态了解和掌握库存变化情况。由于每次订货数量固定,且是预先确定好的经济订货批量,因此该方法运用起来十分简便。

定量订货法的缺点是:经常对库存进行详细检查和盘点,工作量大且需花费大量时间,从而增加了库存保管维持成本,可以使用"双堆法"来解决。所谓双堆法,就是将某商品库存分为两堆:一堆为经济库存;另一堆为订货点库存,当消耗完订货点库存就开始订货,并使用经济库存,不断重复操作。这样可以减少库存盘点的次数,方便可靠。该方法要求对每个品种单独进行订货作业,因此会增加订货成本和运输成本。

4. 定量订货法的适用性

以下几种情况比较适合采用定量订货方式。

（1）存储物资具备进行连续检查的条件。

（2）价值虽低但需求数量大的物资以及不便于少量采购的物资。

（3）易于采购的物资。

（4）价格昂贵的物资。

4.3.2 定期订货法

定期订货法是指按预先确定的订货间隔期进行订货补充库存的一种库存控制方式。企业根据过去的经验或经营目标预先确定一个订货间隔期,每经过一个订货间隔期就进行订货,每次订货数量都不同。定期订货法的原理是:预先确定一个订货周期和最高库存量,周期性检查库存,根据最高库存量、实际库存、在途订货量和待出库商品数量,计算出每次订货批量,发出订货指令,组织订货,如图4-21所示。

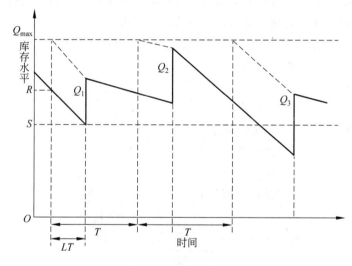

图 4-21 定期订货法

LT—提前期;R—订货点;Q—订货量;S—安全库存量;Q_{max}—最高库存量;T—订货周期

1. 订货周期、最高库存量及订货量

定期订货法是基于时间的订货控制方法。它通过设定订货周期和最高库存量从而达到库存控制的目的。因此,定期订货法需要确定订货周期、最高库存量以及订货量。

（1）订货周期的确定。定期订货法中,订货周期决定着订货的时机,相当于定量订货法的订货点。订货周期表现为订货间隔期。定量订货法的订货间隔期可能不等,而定期订货法的订货间隔期总是相等的。

$$T^* = \sqrt{\frac{2C}{KD}} \qquad (4-16)$$

式中　C——每次订货成本;

　　　K——单位货物的年保管费用;

D——单位时间内库存商品需求量(销售量);

T^*——经济订货周期。

订货间隔的长短直接决定着最高库存量的大小,即库存水平的高低,因而决定了库存成本的多少。订货周期不能过长,否则就会使库存水平过高;订货周期也不能过短,否则订货批次太多会增加订货费用。

严格来说,定期订货法订货周期的制定应该使在采用该订货周期订货过程中发生的年度总成本最低。一般情况下,用经济订货周期公式来计算订货周期 T。

(2) 最高库存量的确定。定期订货法的最高库存量计算公式为

$$Q_{\max} = \bar{d}(T+LT) + S \tag{4-17}$$

式中　$Q_{\max}$——最高库存量;

$\bar{d}$——$T+LT$ 期间的库存需求量平均值;

LT——平均订货提前期;

S——安全库存量。

(3) 订货量的确定。定期订货法每次的订货数量是不固定的,订货批量的多少都是由当时实际库存量的大小决定的。每次订货量的计算公式为

$$Q_i = Q_{\max} - Q_{ni} - Q_{ki} + Q_{mi} \tag{4-18}$$

式中　Q_i——第 i 次订货的订货量;

$Q_{\max}$——最高库存量;

Q_{ni}——第 i 次订货点的在途到货量;

Q_{ki}——第 i 次订货点的实际库存量;

Q_{mi}——第 i 次订货点的待出库货物数量。

2. 定期订货法的作业程序

图 4-22 所示是定期订货法的一般作业程序。

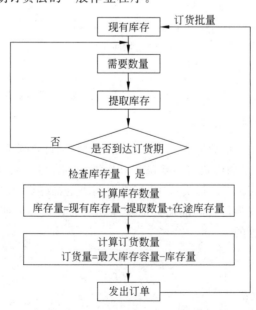

图 4-22　定期订货法的一般作业程序

3. 定期订货法的优缺点

定期订货法的优点：由于订货间隔期间确定，因而多种货物可同时进行采购，这样不仅可以降低订单处理成本，还可降低运输成本；这种方式不需要经常检查和盘点库存，可节省这方面的费用。

定期订货法的缺点：为了应对需求的突然变动，需要较大的库存。

4. 定期订货法的适用范围

定期订货法的订货时间固定，每次订货量不固定。根据这种特点，定期订货法适合在以下几种情况下采用。

（1）需要定期盘点、采购或生产的物资。
（2）具有相同供应来源的物资。
（3）多种商品一起采购可以节省运输费用的物品。
（4）供货渠道较少或外包给物流企业供应的物资。

综上来说，结合定期订货法和定量订货法的概念，两者区别如表 4-7 所示。

表 4-7 定期订货法与定量订货法的对比

订货法名称	定期订货法	定量订货法
订货数量	每次订货数量变化	每次订货数量保持不变
订货时间	订货间隔期不变	订货间隔期变化
库存检查	在订货周期到来时检查库存	随时进行货物库存状况检查和记录
订货成本	较低	较高
订货种类	多品种统一进行订货	每个货物品种单独进行订货作业
订货对象	B 类及 C 类货物	A 类货物，有时也可采用 B 类货物
缺货	在整个订货间隔内以及提前订货期间内均可能发生缺货	缺货情况只是发生在已经订货但货物还未收到的提前订货期间内

4.3.3 逐个补充订货方式

对模块化产品，维修是对模块进行更换，将故障单元替换为合格品，待故障单元修复后（故障单元往往要离机修理）再安排使用。这些备件是供现场维修用的，应有一定的储备量，但应尽量减少其库存量，所以采取用去一个后就订购一个的方式。这就是逐个补充订货方式。

定期订货法

 教学互动4-2

什么是供应商管理库存(VMI)、客户管理库存(CMI)、联合库存管理(JMI)？

 技能点

1. 理解定量订购批量公式的适用性，能运用公式计算安全库存量、订购点量。
2. 理解在需求和订货提前期确定的情况下，选用合适公式计算安全库存量、订购点量。

3. 在需求和订货提前期不确定的情况下,能够分析选用公式计算安全库存量、订购点量。

实训示例4-5

360企业库存管理

360企业某种物资的平均提前期为10天,平均日正常需要量为50个,预计日最大耗用量为80个。问:安全库存量、订购点量分别是多少?

一、实训任务分析

理解定量订货法中安全库存量、订货点以及经济订购批量的公式中每个参数、变量的含义。根据题意,找出公式参数和题中已知条件的对应关系,然后根据公式计算。

(1)分析问题,确定订购订货方法。
(2)分析已知条件,核参数。
(3)根据题目和公式,展开计算。

二、实训步骤

(1)分析问题,选择适用公式,选择定量订货法。这是一个需求和订货提前期都不确定的情况,因此选用如下一组公式:

$$Q = Q^{TP} + S, Q^{TP} = Q^P \times LT, S = (Q^M - Q^P) \times LT$$

(2)分析已知条件,核参数。
① 预计日最大消耗量:$Q^M = 80$。
② 平均日需求量:$Q^P = 50$。
③ 平均提前期:$LT = 10$。

(3)根据题目和公式,展开计算。
① 安全库存量 $S = (Q^M - Q^P) \times LT = (80 - 50) \times 10 = 300$(个)。
② 提前期需求量 $Q^{TP} = Q^P \times LT = 50 \times 10 = 500$(个)。
③ 订购点量 $Q = Q^{TP} + S = 500 + 300 = 800$(个)或者 $Q = Q^M \times LT = 80 \times 10 = 800$(个)。

安全库存量、订购点量分别是300个、800个。

实训演练4-5

红豆商院商务中心订货决策

红豆商院商务中心牛奶进货的平均提前期为7天,平均日销售量为60箱,预计日最大耗用量为100箱。问:牛奶的安全库存量、订购点量分别是多少?

实训提示:

第一步,分析问题,选择适用模型;第二步,分析已知条件,核参数;第三步,根据公式计算经济批量。具体步骤参见实训示例4-5。

> **单元习题**

一、单选题

1. 企业的两种常见订货方式为定量订货方式和(　　)。
   A. 循环订货方式　　　　　　B. JIT 订货方式
   C. 看板订货方式　　　　　　D. 定期订货方式

2. 定期订货方式的(　　)。
   A. 订货周期相同,每次订货数量不同
   B. 订货周期相同,每次订货数量相同
   C. 订货周期不同,每次订货数量不同
   D. 订货周期不同,每次订货数量相同

3. ABC 分类法是(　　)首创的。
   A. 帕累托　　　　　　　　　B. 戴克
   C. 约瑟夫·朱兰　　　　　　D. 彼得·德鲁克

4. ABC 分类法包括下述步骤,请选择它们正确的顺序。(　　)
   (1) 将物品按年耗用金额从大到小进行排序
   (2) 计算各种物品占用资金额占全部库存占用资金额的百分比进行累计
   (3) 按照分类标准进行分类,确定 ABC 三类物品
   A. (2)→(3)→(1)　　　　　　B. (1)→(3)→(2)
   C. (3)→(1)→(2)　　　　　　D. (1)→(2)→(3)

5. 在定量订货法中,库存控制的关键因素是(　　)。
   A. 两次订货之间的时间间隔
   B. 补货期间的库存水平
   C. 订货点和订货批量
   D. 订货提前期和安全库存量

6. 企业在途库存的多少取决于(　　)。
   A. 运输时间和该时间内的平均需求
   B. 订货周期和该时间内的总需求
   C. 订货提前期和运输规模
   D. 运输时间和运输规模

7. 定量订货法比较适合于(　　)。
   A. 市场上供应变化大的物资的管理
   B. 高价值、供货渠道窄的物资的管理
   C. 市场上随时可能采购到的物资的管理
   D. 低价值、需求量小,但需求稳定的物资的管理

8. 按照控制对象价值的不同或重要程度的不同进行分类,A 类存货的(　　)。
   A. 品种种类占总品种数的比例约为 10%,价值占存货总价值的比例约为 70%
   B. 品种种类占总品种数的比例约为 20%,价值占存货总价值的比例约为 20%

C. 品种种类占总品种数的比例约为70％,价值占存货总价值的比例约为10％

D. 品种种类占总品种数的比例约为70％,价值占存货总价值的比例约为70％

9. 库存在企业中的作用之一是可以平衡(　　)。
　　A. 价格和订货周期的波动　　　　　B. 订货量和订货点的波动
　　C. 采购和运输的波动　　　　　　　D. 供应与需求的波动

二、多选题

1. EOQ假设前提包括(　　)。
　　A. 需求已知
　　B. 存货单位成本已知,且不变
　　C. 交货周期为约定的日期
　　D. 采购价格和在订货成本随着订货数量大小而变化

2. 影响定量订货法中订货点的因素有(　　)。
　　A. 订货提前期　　B. 平均需求量　　C. 订货量　　D. 安全库存

3. 定期订货法要预先确定(　　)。
　　A. 订货提前期　　B. 订货周期　　C. 订货量　　D. 最高库存量

4. 库存在企业中的作用有(　　)。
　　A. 库存使企业能够实现规模经济
　　B. 库存能够平衡供给与需求
　　C. 库存在供应链中起缓冲器的作用
　　D. 库存能够消除供需双方在地理位置上的差异
　　E. 库存能够预防不确定性的、随机的需求变动以及订货周期的不确定性

5. 在以下关于库存管理目标的描述中,正确的描述是(　　)。
　　A. 指定一个标准的库存水平,使库存占用的资金带来的收益比投入其他领域的更高
　　B. 决定一个合适的库存水平,使库存占用的资金带来的收益比投入其他领域的更高
　　C. 在达到顾客期望的服务水平的前提下,尽量将库存成本减少到可以接受的水平
　　D. 在企业现有资源的约束下,以最合理的成本为用户提供所期望水平的服务

三、判断题

1. ABC库存分类管理法又称为重点管理法。其基本点是将企业存货分为A、B、C三类。其中A类是数量少而价值高的项目。　　　　　　　　　　　　　　　　　(　　)

2. EOQ假设前提有采购价格和订货成本随着订货数量大小而变化。　　(　　)

3. 定量订货法关注的两个点：订货批量和订货点。　　　　　　　　　(　　)

4. 定期订货法适用于ABC分类管理中B、C类商品,而不适用于A类商品。(　　)

5. 在ABC分类的库存策略中,A类存货的库存控制策略是严密控制,随时检查。
　　　　　　　　　　　　　　　　　　　　　　　　　　　　　　　(　　)

四、实训题

1. 苏商电子设备厂对一种元件的需求量为2 000件/年,订货提前期为零,每次订货费为25元,该元件每件成本为50元,年存储费用为成本的20％。请计算该元件经济订货批量。

2. 锡商企业每年需要耗用物资 14 400 件，该物资的单价为 0.40 元，存储费率为 25%，每次的订货成本为 20 元，本题中一年工作时间按 350 天计算，订货提前期为 7 天。请问经济订货批量是多少？

3. 尚树企业某种物资的经济订购批量为 750t，订购间隔期为 25 天，订货提前期为 5 天，平均每日正常需求量为 20t，预计日最大耗用量为 40t，订购日的实际库存量为 600t，订货余额为 100t，请计算订购量。

4. 尚德电子设备厂对一种元件的需求量为 20 000 件/年，订货提前期为零，每次订货费为 8 元，该元件每件成本为 50 元，年存储费用为成本的 16%。如发生缺货，可在下批货到达时补上，但缺货损失费为每年每件 1 元，要求计算经济订货批量。

5. 尚能企业计划生产 A、B 两种产品，耗用甲材料的单耗分别为 10kg 和 20kg，产量分别为 1 000 件和 500 件，甲材料的计划单价为 10 元，每次采购费用为 1 600 元，单位材料的年保管费为其价值的 40%。

试求：①甲材料的经济订货批量。②如果每次进货量为 5 000kg 以上，可享受 2% 的折扣，此时经济批量是多少？

6. 尚数仓库一产品年需要量为 3 600 箱，每箱 900 元。当一次订货量达到 1 000 箱时可获得 3% 的折扣，一次订货量达到 1 500 箱时可获得 5% 的折扣，单位产品年保管费为 6 元，每次订货成本为 300 元，求解：①该产品的经济订货批量，此时总成本是多少？②考虑一次订货 1 000 箱时数量折扣的总成本？③考虑一次订货 1 500 箱时数量折扣的总成本？

单元案例

ABC 分类法在安科公司的应用

安科公司按销售额的大小，将其经营的 26 种产品排序，划分为 ABC 类。排序在前 3 位的产品占到总销售额的 97%，因此，把它们归为 A 类产品；第 4、5、6、7 种产品每种产品的销售额为 0.1%～0.5%，把它们归为 B 类；其余的 21 种产品（共占销售额的 1%），将其归为 C 类。

安科公司在对产品进行 ABC 分类以后，该公司又对其客户按照购买量进行了分类。发现在 69 个客户中，前 5 位的客户购买量占全部购买量的 75%，将这 5 个客户定为 A 类客户；到第 25 位客户时，其购买量已达到 95%。因此，把第 6 到第 25 的客户归为 B 类，其他的第 26～69 位客户归为 C 类。对于 A 类客户，实行供应商管理库存，一直与他们保持密切的联系，随时掌握他们的库存状况；对于 B 类客户，基本上可以用历史购买纪录，以需求预测作为订货的依据；而对于 C 类客户，有的是新客户，有的一年也只购买一次，因此，只在每次订货数量上多加一些，或者用安全库存进行调节。

问题：

1. ABC 分类的依据是什么？
2. ABC 分类以后，安科公司库存管理可能会有什么效果？

单元 5

配送数据分析与资源调配

◆ 学习目标
◆ 单元结构
◆ 学习内容
　　基础知识
　　任务 5.1　运输资源调配问题
　　任务 5.2　配送人员/任务指派问题
　　任务 5.3　配送人员排班问题
◆ 单元习题
◆ 单元案例

学习目标

通过本单元学习,你应该达到以下目标。

知识目标:

1. 理解运输资源调配问题。
2. 理解配送人员/配送任务调配问题。
3. 理解配送人员排班等问题。
4. 理解线性规划问题的基本数学模型含义。
5. 理解 0-1 整数规划模型含义。

技能目标:

1. 能够建立运输资源调配问题模型并运用 Excel 工具求解。
2. 能够建立配送人员/配送任务调配问题模型并运用 Excel 工具求解。
3. 能够建立配送人员排班问题模型并运用 Excel 工具求解。

思政目标:

1. 养成绿色包装、绿色配送的理念。
2. 知晓整体最优化配送系统可以大大减少对环境的损害。

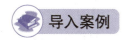

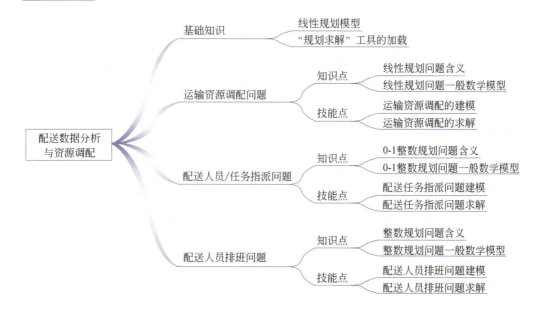

学习内容

导入案例

配送数据分析
与配送管理

物流企业联手拓宽绿色通道快速运送救援物资

2020年2月14日16时47分,中国邮政航空公司一架由北京起飞的货运专机顺利抵达武汉天河机场,所载物资为国家发改委接收的中国建设银行多伦多分行、巴西分行为武汉采购的医用防护服、口罩、手套等,总重14.5t。

疫情发生以来,中国邮政作为快递"国家队",第一时间打通捐助物资运输通道,逆风而行,与时间赛跑。为保障防疫和救援物资运输畅通,中国邮政集团公司公开承诺:春节期间"邮政服务不中断、救援捐助免费办"。对地方政府、公益组织、企事业单位和医疗器械生产企业,以及个人用户寄往武汉市政府指定接收的红十字会机构的捐赠物资,中国邮政提供全程运输和配送服务,免收运费。

1月27日和1月29日,中国邮政分别开通"广州—武汉""北京—武汉"防疫医疗救援物资的"空中绿色通道"。截至2月14日,中国邮政累计执行运输防疫医疗物资专机15架次,"空中绿色通道"累计运输防疫医疗物资180.5t。

抗击疫情,人人有责。国内众多民营物流企业,与"国家队"并肩作战。1月25日起,中国邮政、顺丰速运、京东物流等13家企业开通了防疫和救援物资的绿色通道。

顺丰航空临时增开"深圳—武汉""杭州—武汉""北京—武汉"三个流向的货运航班,并将飞机运力由载量较小的 B757-200 替换为 B767-300,航线运能随即提升 1 倍。1 月 24 日至 2 月 13 日,顺丰航空累计执行航班 76 个,运输防疫物资 1 638t,全网运输 5 520 万件包裹至湖北。为有效消除道路限行和小区封闭等因素的影响,顺丰速运通过无人机配送等举措,努力提高配送效率。

"感谢京东心系医疗救助一线,以最快的速度将急需医疗物资送达武汉!"2 月 3 日,钟南山院士得知京东物流仅用一天时间就将自己团队捐赠的 100 台呼吸机从广州运至武汉,亲自执笔致谢京东物流。

据了解,京东物流接到运输任务后,紧急协调铁路运力,采用铁路公路联合运输的方式,以最快的速度将该批呼吸机义务送达武汉。截至 2 月 13 日,京东物流累计承运医疗应急物资约 3 000 万件、近 1 万吨,同时向全国消费者供应了 1.2 亿件、超 16 万吨的米面粮油等生活用品,保障城乡居民日常生活需求。

国内的疫情,同样牵动着全球华人华侨的心。为将海内外捐赠的疫情防控物资及时配送到重点疫情地区,众多快递企业充分发挥自身优势,让全球物资驰援疫区的"动脉"一路畅通。

1 月 25 日,菜鸟物流联合各快递公司开通全球绿色通道,向国内及境外机构、组织开放。截至 2 月 11 日,国内外已有超 1.6 万个捐赠咨询电话涌入,菜鸟物流绿色通道已将来自全球 29 个国家、地区的救援物资运往国内。

圆通速递通过旗下国际公司从德国、澳大利亚、韩国等国家采购近 200 万件紧缺防疫物资,捐赠给国内多地医疗机构和红十字会,并利用航空网络从越南胡志明、韩国首尔、韩国仁川、日本福冈等地向国内紧急运送海外采购物资。

截至 2 月 13 日,全国邮政行业揽收包裹 8.5 亿件,投递包裹 5.8 亿件。邮政企业、快递企业承运、寄递疫情防控物资累计 16 153t,包裹 6 977 万件,发运车辆 5 359 辆次、货运航班 167 架次。(中央纪委国家监委网站张梓健)

(资料来源:物流企业联手拓宽绿色通道快速运送救援物资. http://news.sina.com.cn/c/2020-02-17/doc-iimxyqvz3452288.shtml)

问题:2020 年年初疫情暴发后,中国物流企业是如何联手拓宽绿色通道快速配送救援物资的?

头脑风暴5-1

你听说过线性规划模型吗?是谁首次提出来的?

"规划求解"工具的使用

加载"规划求解"工具的方法

基础知识

一、线性规划模型

1960年,苏联学者康托洛维奇以《最佳资源利用的经济计算》一文获诺贝尔奖。从此线性规划方法用来解决企业的生产经营活动问题并取得了良好的效果。目前,大多数计算中心都有线性规划的商用计算机程序可供使用。线性规划已发展成为物流系统现代化管理的有力工具之一。

(一) 线性规划的定义

线性规划(linear programming,LP)是运筹学的一个重要分支。1947年,美国数学家丹齐格(George Bernard Dantzig)在研究美国空军资源配置问题时,提出了求解线性规划问题的一般解法——单纯形法(simplex method),从而为线性规划这门学科奠定了基础,使求解大规模决策问题成为可能。

线性规划模型由一个目标函数和若干个约束方程组成,目标函数和约束方程是线性函数。用线性规划来求解的典型问题有运输资源调配问题、人员任务分配问题、人员分工问题,以及网络最大流、最短路的问题等。

(二) 线性规划问题的数学模型

现实世界中人们关心、研究的实际对象通常称为原型。模型是指将某一部分信息隐藏,提炼而构造的原型替代物。数学模型则是对现实世界的一个特定对象,为达到一定目的,依据内在规律做出必要的简化假设,并运用适当数学工具得到的一个数学结构。

一般线性规划求解模型是由一个目标函数、一组约束条件组成,目标函数和约束条件是线性函数,决策变量一阶,可以表示为式(5-1)。

$$\max/\min Z = c_1 x_1 + c_2 x_2 + \cdots + c_n x_n$$

$$\text{s.t.} \begin{cases} a_{11} x_1 + a_{12} x_2 + \cdots + a_{1n} x_n = b_1 \\ a_{21} x_1 + a_{22} x_2 + \cdots + a_{2n} x_n = b_2 \\ \quad \vdots \\ a_{m1} x_1 + a_{m2} x_2 + \cdots + a_{mn} x_n = b_n \\ x_1, x_2, \cdots, x_n \geqslant 0 \end{cases} \quad (5\text{-}1)$$

目标函数中:Z 为目标值,c 为价值常量,x 为决策变量。

约束条件中:a 为技术常量,b 为资源约束常量。

"s.t."是"subject to"的缩写,表示"在……约束条件之下",或者说"约束为……"。目标函数达到最大值/最小值的可行解$(x_1, x_2, \cdots, x_n)$称为最优解。

(三) 规划问题建模步骤

建立线性规划问题的数学模型一般要经过以下三个步骤。

(1) 确定决策变量。根据影响所要达到目标的因素来确定决策变量。对于一个决策问题,首先要明确的是:要我们决策什么?也就是说,有哪些可供选择方案。一般情况下,一个决策问题总应有一个以上可供选择的方案。因此可以将其设置为变量,并以变量的不同取值来表示可供选择的各个不同方案,这些假设的变量就是决策变量。

例如,在一个运输资源调度问题中,要决策将某几个城市生产出来的商品,运往另外几个城市进行销售。现实中,已知从这几个生产城市到销售城市的运输价格,形成一个矩阵数组,同时每个生产商品的城市有生产能力限制、销售商品的城市有销售能力限制。在这个运输资源调度问题中,决策变量就是哪个生产城市向哪个销售城市运输多少商品,决策目标就是最终使总运输费用最少。

一个决策问题到底要设多少个决策变量,取决于决策问题本身,但所有假设的决策变量及其取不同的值,应反映并包含该决策问题中所有可供选择的方案,以免在建模计算分析过程中,遗漏最优的决策方案。少设一个决策变量,实际上就意味着这个变量取值为零。而多一个决策变量,则其取值可以是零,也可以不为零,这大大增加了可供选择的决策方案,增加了决策问题更多的机会与选择。但是,过多的决策变量,会使数学模型复杂、计算困难,所以必须在两者之间做出合理恰当的选择。

(2)建立目标函数。由决策变量和所有达到目的之间的函数关系确定目标函数。作为一个决策问题,在决策者的心目中,必然会有各种决策的目标,如希望产品产量最大、利润最大、成本最低等。而这些目标实现的好坏,取决于采用的决策方案。因此决策目标是决策方案的函数,也就是决策变量的函数,即目标函数。建立数学模型的第二步,就是要对每个决策目标,建立目标函数,找到目标值与决策变量之间的数量关系。在本单元线性规划中,讨论的数学模型只含一个目标函数,且函数关系是线性的。

(3)确定约束条件。一个决策问题的决策目标一般不可能无限制地被优化。在其实现优化的过程中,必然会受到有关外界条件的制约。例如一个利润最大化的决策目标,就可能受制于资源和市场容量的限制等;一个成本最小化的决策目标,就可能受制于一定的产量要求等。这些限制用数学语言表述出来就是约束条件。在一个决策问题中,增加一个约束条件,往往会给决策目标带来影响,当然也可能没有影响。没有影响的约束条件就成为多余的条件。相反,如果遗漏了一个或几个约束条件,则可能使计算出的最优目标最终无法得以实现,因为它不能满足那些遗漏的约束条件。因此,在建立决策问题的数学模型时,必须要全面地考虑所有与决策目标有关的约束条件,建立一个完整的数学模型。

二、"规划求解"工具的加载

由于 Excel 2010 默认不加载"规划求解"工具。要使用该功能时,需要手动加载"规划求解"工具,下面将详细地讲解加载"规划求解"工具的方法。

(1)进入 Excel 主界面。选择主界面左上角的"文件"选项卡,选择"选项"选项,如图 5-1 所示。

(2)弹出"Excel 选项"对话框,选择"加载项"选项,选择"规划求解加载项"选项,在"管理"下拉列表中选择"Excel 加载项"选项(一般默认情况下不用选择),然后单击如图 5-2 所示的"转到"按钮,打开"加载宏"对话框,在"可用加载宏"列表框中选择"规划求解加载项",

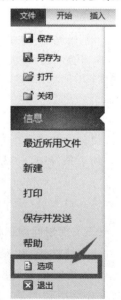

图 5-1 功能位置

单击"确定"按钮,如图 5-3 所示。

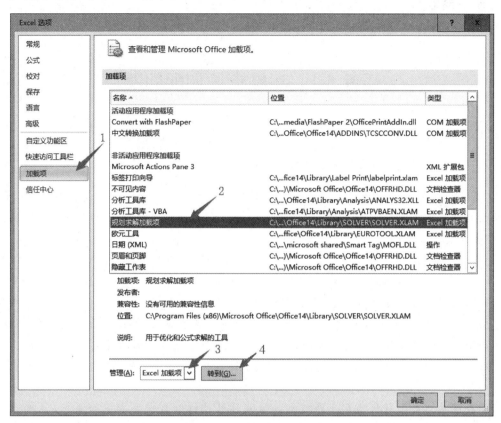

图 5-2　规划求解加载项加载位置

图 5-3　规划求解加载项加载

(3) 此时"规划求解"工具便加载完成,就会出现在"规划求解""数据"选项卡中,便可在 Excel 中使用规划求解解决问题了(加载后在每次启动 Excel 2010,都会自动加载该工具)。

> **课后思考5-1**
>
> 线性规划问题数学模型的建立,应该考虑哪些要素?

任务5.1 运输资源调配问题

课程思政

打通农产品运输梗阻 确保"绿色通道"便捷通畅

2020年2月,全国上下正齐心协力打赢新冠肺炎疫情防控阻击战。"菜篮子"的保障情况关系百姓日常生活。记者了解到,连日来,相关部门和地方围绕打通农产品运输梗阻,畅通"绿色通道",正全面加强大米、蔬菜、肉蛋奶等生活必需品运输保畅。

1. "一路绿灯"优先便捷通行

日前,编挂49辆满载3 000t优质大米的货运专列从佳木斯站发出,铁路部门开辟"绿色通道",运抵湖北省孝感市,加强当地生活物资保障。

记者了解到,为全力保障疫情防控物资、生产生活物资运输,黑龙江省交通运输部门严格执行应急防疫物资优先通行政策,在全省开通412条绿色应急保障通道。

防控疫情,保障好粮油蔬菜等重要生活物资运输畅通,守好百姓的"菜篮子""米袋子"至关重要。

国务院应对新型冠状病毒感染肺炎疫情联防联控机制日前发布通知要求,把粮油、蔬菜、肉蛋奶、水产品等农产品纳入疫情防控期间生活必需品保障范围,除必要的对司机快速体温检测外,对运输车辆严格落实不停车、不检查、不收费等优先便捷通行措施。

"交通运输部此前已印发通知,明确将包括农产品在内的重要生活物资纳入应急运输保障范围,要求各级交通运输部门密切关注重要农产品运输,开通'绿色通道'并做好相关运输保障工作。"交通运输部有关负责人说。

据介绍,交通运输部已会同有关部门成立物流保障办公室,实行24小时运转,统筹铁路、公路、水路、民航等运输方式,"一路绿灯",全力保障农产品等物资运输"绿色通道"便捷通畅。

各地也在全力保障农产品运输:湖北省在武汉、鄂州、襄阳三地确定了5个物流园区作为进鄂应急物资道路运输中转调运站,确保外省进鄂道路运输通道畅通;重庆为农产品开辟"绿色通道",确保蔬菜、生猪等"菜篮子"产品出得了村、进得了城、入得了店。

2. 加强统筹协调送货上门

疫情发展之下,出行多有不便,怎么才能把蔬菜水果快速送到老百姓手里是一个大问题。15日一大早,北京新发地百舸湾公司的蔬菜直通车再一次出发,数十辆车将新鲜蔬菜送往海淀、朝阳等地的社区,居民一大早就在家门口买到了新鲜的蔬菜水果。新发地百舸湾公司负责人介绍,为了解决社区居民买菜难问题,对于一些封闭小区,百舸湾提前准备了打包好的蔬菜、水果等箱盒,当天通过社区工作微信群接龙确定好社区需求量,翌日将蔬果按需求包装好送到指定接货处。

"着力破解区域范围之内'最先一公里'起运……以及'最后一公里'末端配送的梗阻问

题,提升生活物资调运能力。"国家发展改革委经贸司官员说。

为切实保障疫情防控应急运输畅通高效,交通运输部已安排部署各省级交通运输主管部门,会同当地商务主管部门,积极主动与当地重点农产品批发市场沟通,协助企业制定保供运输方案,保证"最先一公里"和"最后一公里"运输畅通。

地方有关部门和企业也在探索农产品便捷运输渠道：江西引导生产基地与街道、居委会和社区对接,实行农产品网上订购,统一配送；我国中部地区最大的农产品批发市场河南万邦批发市场,利用自营物流,将新鲜果蔬直接配送到居民小区。

"针对商务部提供的全国重点农产品批发市场名单,交通运输部专门发函,要求各省交通运输部门切实落实有关政策要求,采取有力措施,认真做好粮油、蔬菜、肉蛋奶等农产品运输保障工作。"这位负责人说。

3. 精准对接需求打通运输"堵点"

随着冬小麦陆续返青,一些地方春耕备耕已行动起来,但也有地方因为人员受限和农资运输受阻,农业生产有所滞后。针对当前养殖业存在饲料物资运不进、产品销不出等情况,农业农村部等部门近日联合印发紧急通知,要求尽快打通养殖业所需物资下乡和产品进城进厂的运输通道,不得拦截仔畜、雏禽及种畜禽、饲料原料及产品、畜禽水产品运输车辆。

"全国来看,所有国省道运行基本畅通。不过,受疫情影响,现在运力不足,部分道路尤其是乡村道路封闭,农产品运输过程还存在一些'堵点'。"这位负责人表示,交通运输部多次印发通知,严禁未经批准擅自设卡拦截、断路阻断交通等违法行为,要求地方严格执行农产品运输"绿色通道"制度。

据介绍,对于养殖业饲料运输过程中存在的问题,交通运输部将精准对接需求,主动联系农业农村部畜牧兽医局,建立专门养殖业饲料运输应急保障机制。

交通运输部统计数据显示,截至2月9日24时,物流保障办公室共协调运送鸡苗和蛋鸡约30.6万只；玉米和豆粕等饲料约21 701.48t。

"下一阶段,交通运输部将统筹各种运输方式,及时做好运力对接和保通保畅工作。同时,坚持特事特办,对于农产品运输中存在的部分问题,将实行专人负责、专人分转、专人对接、专人督促落实制度,确保应急运输保障有力。"这位负责人说。

(资料来源：魏玉坤. 打通农产品运输梗阻确保"绿色通道"便捷畅通. http://sn.people.com.cn/GB/n2/2020/0221/c378296-33816496.html)

头脑风暴5-2

运输资源配置可以分哪些情况进行规划求解?

知识点

5.1.1 运输问题的数学模型

运输问题是一类特殊的线性规划问题。它最早是从物资调运中提出来的,但有些其他问题的模型也归结为运输问题。虽然运输问题也是线性规划问题。运输资源配置的方法有多种,可根据客户所需货物、配送中心站点交通线路布局不同而选用不同的方法。简单的运输可采用定向专车运行调度法、循环调度法、交叉调度法等。如果运输任务较重、交通网络较复杂,为合理调度车辆的运行,可运用运筹学中线性规划的方法,如最短路径法、表上作业法、图上作业法等。下面将介绍如何采用线性规划方法建模、用 Excel 中的"规划求解"工具进行求解。

运输资源配置问题的数学模型,可以用以下数学语言描述:

设有某种物资需要从 m 个产地 $A_1, A_2, \cdots, A_m$ 运到 n 个销地 $B_1, B_2, \cdots, B_n$。其中每个产地 A_i 的产量为 $a_i (i=1,2,\cdots,m)$,每个销地 B_j 的销量为 $b_j (j=1,2,\cdots,n)$。设从产地 A_i 到销地 B_j 的单位运价为 $c_{ij} (i=1,2,\cdots,m; j=1,2,\cdots,n)$,问该怎样进行物资调运才能使总费用最少?

这就是由多个产地供应多个销地的品种物资调运问题。根据上述参数的释义,列出表 5-1 所示的已知条件。

表 5-1 产销运价表

销地 产地	B_1	B_2	B_3	B_4	产量
A_1	c_{11}	c_{12}	c_{13}	c_{14}	a_1
A_2	c_{21}	c_{22}	c_{23}	c_{24}	a_2
A_3	c_{31}	c_{32}	c_{33}	c_{34}	a_3
销量	b_1	b_2	b_3	b_4	$\sum a_i$ / $\sum b_j$

表 5-1 中,产量 a_i 的单位为 t、kg、件等;销量 b_j 的单位为 t、kg、件等;运价 c_{ij} 的单位为元/t 等。右下角 $\sum a_i$ 表示各产地产量的总和,即总产量或总供给量;$\sum b_j$ 表示各销地销量的总和,即总销量或总需求量。

令 x_{ij} 表示某物资从发点 A_i 到收点 B_j 的调运量(运输量),可以列出产销调运关系表,见表 5-2。

表 5-2 产销调运关系表

销地 产地	B_1	B_2	B_3	B_4	产量
A_1	x_{11}	x_{12}	x_{13}	x_{14}	a_1
A_2	x_{21}	x_{22}	x_{23}	x_{24}	a_2
A_3	x_{31}	x_{32}	x_{33}	x_{34}	a_3
销量	b_1	b_2	b_3	b_4	$\sum a_i$ / $\sum b_j$

5.1.2 产销运输问题模型建立

如果调运问题的总产量等于总销量,即有 $\sum_{i=1}^{m} a_i = \sum_{j=1}^{n} b_j$,则称该问题为产销平衡的运输问题。否则,称为产销不平衡的运输问题。综合来说有三种情况:一是产销平衡问题;二是产大于销的不平衡问题 $\sum_{i=1}^{m}a_i > \sum_{j=1}^{n}b_j$;三是销大于产的不平衡问题,即 $\sum_{i=1}^{m}a_i < \sum_{j=1}^{n}b_j$。

1. 产销平衡的运输问题建模

当 $\sum a_i = \sum b_j$ 时,是产销平衡的运输问题。此时,总供给量(产出)等于总需求量(销量)。已知从发点 A_i 到收点 B_j 的运价 c_{ij}、物资调运量(运输量)为 x_{ij},结合表5-1、表5-2可以列出表5-3所示的调运关系。

表 5-3 调运关系表

销地 产地	B_1	B_2	B_3	B_4	产量
A_1	c_{11} x_{11}	c_{12} x_{12}	c_{13} x_{13}	c_{14} x_{14}	a_1
A_2	c_{21} x_{21}	c_{22} x_{22}	c_{23} x_{23}	c_{24} x_{24}	a_2
A_3	c_{31} x_{31}	c_{32} x_{32}	c_{33} x_{33}	c_{34} x_{34}	a_3
销量	b_1	b_2	b_3	b_4	$\sum a_i$ / $\sum b_j$

则产销平衡的运输问题求解模型为

$$\min Z = \sum_{i=1}^{m}\sum_{j=1}^{n}c_{ij}x_{ij} \tag{5-2}$$

s.t.

$$\sum_{j=1}^{n}x_{ij}=a_i, \quad i=1,2,\cdots,m$$

$$\sum_{i=1}^{m}x_{ij}=b_j, \quad j=1,2,\cdots,n$$

$$x_{ij}\geqslant 0, \quad i=1,2,\cdots,m;j=1,2,\cdots,n$$

目标函数中,Z 为总运输费用,c 为运价,x 为决策变量。

约束条件中,a 为各产地产量,b 为各销地销量。

目标函数达到最小值的可行解 $(x_1,x_2,\cdots,x_n)$ 称为最优解。

2. 产大于销的不平衡运输问题

当 $\sum a_i > \sum b_j$ 时,是产销不平衡的运输问题。此时,总供给量(产出)大于总需求量(销量)。也就是说,供大于求情况下,需求方可以满足需求,但供给方不可能完全分配,有剩余。相比于平衡运输问题,它的变化在于约束条件设计上,即每个产地分配出去的运输量要小于或等于当地产量。其求解模型为

$$\min Z = \sum_{i=1}^{m}\sum_{j=1}^{n}c_{ij}x_{ij} \tag{5-3}$$

s.t.

$$\sum_{j=1}^{n} x_{ij} \leqslant a_i, \quad i=1,2,\cdots,m$$

$$\sum_{i=1}^{m} x_{ij} = b_j, \quad j=1,2,\cdots,n$$

$$x_{ij} \geqslant 0, \quad i=1,2,\cdots,m; j=1,2,\cdots,n$$

目标函数中,Z 为目标值,c 为价值常量,x 为决策变量。

约束条件中,a 为各产地产量,b 为各销地销量,$\sum_{j=1}^{n} x_{ij} \leqslant a_i$。

目标函数达到最小值的可行解 $(x_1,x_2,\cdots,x_n)$ 称为最优解。

3. 产小于销的不平衡运输问题

当 $\sum a_i < \sum b_j$ 时,也是产销不平衡的运输问题。此时,总供给量(产出)小于总需求量(销量),供小于求。调运时供给方可以满足总运出量等于总供给量,但需求方不可能完全满足,即每个销地接收的运输量要小于或等于当地需求量(销量)。它的求解变化也在于约束条件上,其求解模型为

$$\min Z = \sum_{i=1}^{m}\sum_{j=1}^{n} c_{ij}x_{ij} \tag{5-4}$$

$$\sum_{j=1}^{n} x_{ij} = a_i, \quad i=1,2,\cdots,m$$

$$\sum_{i=1}^{m} x_{ij} \leqslant b_j, \quad j=1,2,\cdots,n$$

$$x_{ij} \geqslant 0, \quad i=1,2,\cdots,m; j=1,2,\cdots,n$$

目标函数中,Z 为目标值,c 为价值常量,x 为决策变量。

约束条件中,a 为各产地产量,b 为各销地销量,$\sum_{i=1}^{m} x_{ij} \leqslant b_j$。

目标函数达到最小值的可行解 $(x_1,x_2,\cdots,x_n)$ 称为最优解。

 技能点

1. 能够运用线性规划模型就"产销平衡"运输资源调配问题建模,运用规划求解工具在 Excel 中实现求解。

2. 能够运用线性规划模型就"产大于销"运输资源调配问题建模,运用规划求解工具在 Excel 中实现求解。

3. 能够运用线性规划模型就"销大于产"运输资源调配问题建模,运用规划求解工具在 Excel 中实现求解。

 实训示例5-1

顺丰商院配送中心物资调运方案

("产销平衡"运输资源调运问题)

已知顺丰商院配送中心在长三角地区所有城市均有配送中心。现无锡、淮阴、南京、南

通四地对春笋有需求，常州、徐州、扬州是春笋的3个产地，各市对春笋的需求量、供给量及各城市间的单位运价如表5-4表示，请为顺丰商院配送中心设计最优调运方案。（运量单位：t，运价单位：百元/t）

表5-4 产销运价和运量表

产地 \ 销地	B_1 无锡	B_2 淮阴	B_3 南京	B_4 南通	产量
A_1 常州	2	11	3	4	7
A_2 徐州	10	3	5	9	5
A_3 扬州	7	8	1	2	7
销量	6	3	4	6	

一、实训任务分析

供给量之和为19t，需求量之和也是19t，这是"产销平衡"运输资源调度问题。知道供求两两各地的运价 c，问如何分配各产地的调出量 x，在保证各供应地产量都能调出、各需求地需求都能得到满足的条件下，使总运输成本 Z 最小。因此，x 是决策变量，$\min Z$ 为目标函数，保证各供应地产量都能调出、各需求地需求都能得到满足，则是主要约束条件。建立模型后，可以在Excel表中建立数据关系，并运用"规划求解"工具进行求解。具体步骤如下：

（1）分析问题，确定决策变量。
（2）分析问题目标，建立目标函数。
（3）分析问题，确定约束条件。
（4）Excel表中建立数据模型，并体现必要的数据关系。
（5）通过"规划求解"工具进行求解。

二、实训步骤

（1）确定决策变量。根据任务分析可知，x 是决策变量，建立一个含12个变量的 3×4 数组，$x_{ij}(i=1,2,\cdots,3; j=1,2,\cdots,4)$。

（2）分析问题目标，建立目标函数。通过表上作业法可将运价 c、决策变量 x（即将分配的运量）直观表示。表5-5中2~4行、2~5列单元格左上角的数据是运价 c，右下角则是决策变量 x。$\min Z$ 为目标函数，它是供求两两各地决策变量 x 和运输价格 c 的乘积和。

表5-5 各地间运价、运量和决策变量表

产地 \ 销地	无锡	淮阴	南京	南通	调出量
常州	2，x_{11}	11，x_{12}	3，x_{13}	4，x_{14}	7
徐州	10，x_{21}	3，x_{22}	5，x_{23}	9，x_{24}	5
扬州	7，x_{31}	8，x_{32}	1，x_{33}	2，x_{34}	7
调入量	6	3	4	6	

根据分析建立目标函数：

$$\min Z = \sum_{i=1}^{m}\sum_{j=1}^{n} c_{ij}x_{ij} = 2x_{11} + 11x_{12} + 3x_{13} + 4x_{14} + 10x_{21} + 3x_{22} \\ + 5x_{23} + 9x_{24} + 7x_{31} + 8x_{32} + x_{33} + 2x_{34}$$

（3）确定约束条件。约束条件分成三类。这是产销平衡问题，因此它的约束条件为：一是每个产地（供给方）调往各销地的调出量之和等于该产地的产量，即产量全部调出；二是每个销地（需求方）从各产地调入的调入量之和等于该销地的需求量，即产量全部调出；三是所有决策变量非负。根据分析，设计约束条件为

$$x_{11} + x_{12} + x_{13} + x_{14} = 7$$
$$x_{21} + x_{22} + x_{23} + x_{24} = 5$$
$$x_{31} + x_{32} + x_{33} + x_{34} = 7$$
$$x_{11} + x_{21} + x_{31} = 6$$
$$x_{12} + x_{22} + x_{32} = 3$$
$$x_{13} + x_{23} + x_{33} = 4$$
$$x_{14} + x_{24} + x_{34} = 6$$
$$x_{ij} \geqslant 0, \quad i=1,2,3; j=1,2,3,4$$

则完整的"产销平衡"运输调配数学模型为：

$$\min Z = \sum_{i=1}^{m}\sum_{j=1}^{n} c_{ij}x_{ij} = 2x_{11} + 11x_{12} + 3x_{13} + 4x_{14} + 10x_{21} + 3x_{22} \\ + 5x_{23} + 9x_{24} + 7x_{31} + 8x_{32} + x_{33} + 2x_{34}$$

s.t.

$$x_{11} + x_{12} + x_{13} + x_{14} = 7$$
$$x_{21} + x_{22} + x_{23} + x_{24} = 5$$
$$x_{31} + x_{32} + x_{33} + x_{34} = 7$$
$$x_{11} + x_{21} + x_{31} = 6$$
$$x_{12} + x_{22} + x_{32} = 3$$
$$x_{13} + x_{23} + x_{33} = 4$$
$$x_{14} + x_{24} + x_{34} = 6$$
$$x_{ij} \geqslant 0, \quad i=1,2,3; j=1,2,3,4$$

（4）Excel 中求解运输调配问题模型。

① 在 Excel 表中建立数据关系框架。规划求解工具中没有"加、减、乘、除"等运算功能，因此，在调用它之前，要在 Excel 中做好相关数据关系。如图 5-4 所示，将单元格 A30：F34 设计为"数据部分"，导入原始数据，这是已知条件。"解决方案"部分，设计了决策变量区域 B39：E41，B37 为目标函数单元格，F39：G41 和 B42：E43 为约束条件关系区域。

a. 设置目标函数。根据模型，目标函数是决策变量数组和运价数组的乘积和。在单元格 B37 中输入＝SUMPRODUCT(B31：E33，B39：E41)，代表单元格 B31：E33 表示的运价数组和单元格 B39：E41 表示的决策变量数组的乘积和。

b. 设置行、列约束条件。在图 5-5 所示的单元格 F39 中输入 SUM(B39：E39)，代表常

图 5-4　求解运输调配问题模型结构

图 5-5　求解运输调配问题模型结构

州分配给 4 个销地的调出量之和,同理,可建立其他 2 个产地的调出量之和,以及 4 个销地的调入量之和的求和公式。F39:F41 是各产地运出量之和,可与 G39:G41 形成一组产量约束条件。同理,B42:E42 是各销地运入量之和,可与 B43:E43 建立一组销量约束条件。

② 运用规划求解工具进行求解。

a. 工具-加载宏。选择规划求解。根据图 5-1～图 5-3 所示的步骤加载"规划求解"工具。在菜单栏中单击"数据"工具栏,选择"规划求解"。

b. 输入目标函数单元格。在"设置目标"单元格中选择或输入"$B$37"。

c. 选择最大值/最小值。在"目标值"中选择"最小值"。

d. 输入可变(决策)单元格区域。在"通过更改可变单元格"中输入"$B$39:$E$41"。

e. 增加约束条件。

单击"遵守约束"中的"添加"按钮,弹出"添加约束"对话框。

首先,添加调出量(行)、调入量(列)约束条件。规划求解中,可以用"$F$39:$F$41=

$G$39:$G$41"和"$B$42:$E$42=$B$43:$E$43"来成组表示二类约束条件。

其次，添加决策变量非负约束条件"$B$39:$E$41≥0"。如果希望求出的解是整数，还可自行添加取整约束。

上述设置见图 5-6。

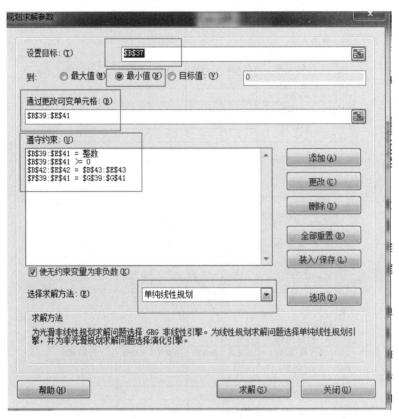

图 5-6　调用"规划求解参数"对话框

单击"求解"按钮，并在下一对话框选择"保存规划求解结果"，即可求得如图 5-7 所示产销调运方案：常州 7t 春笋分别调给无锡 6t、南京 1t；徐州的 5t 春笋分别调给淮阴 3t、南京 2t；扬州的 7t 春笋分别调给南京 1t、南通 6t。从约束条件所示的数据来看，此时所有产地需要调出的商品均已调出，所有销地需要的商品均已调入，产销平衡，目标函数最小总运费为 4 700 元。

	A	B	C	D	E	F	G
37	目标函数	47					
38	产地/销地	B_1无锡	B_2淮阴	B_3南京	B_4南通	行约束	
39	A_1常州	6	0	1	0	7	7
40	A_2徐州	0	3	2	0	5	5
41	A_3扬州	0	0	1	6	7	7
42	列约束	6	3	4	6		
43		6	3	4	6		

图 5-7　产销调运方案

实训演练 5-1

556 配送中心配送方案优化问题

假设 556 配送中心网络在 A_1、A_2、A_3 三个产地设有 M 产品子配送中心,现有 B_1、B_2、B_3、B_4 四个用户需要供货,每个子配送中心的能力以及各用户的需要量、各子配送中心与各用户之间的运输价格如表 5-6 所示。如何安排子配送中心的配送任务,使总体运输成本最小呢?(运量单位:t,运价单位:百元/t)

表 5-6 产销两地供需情况表

需求地 产地	B_1	B_2	B_3	B_4	供给量
A_1	3	2	6	3	10
A_2	5	3	8	2	8
A_3	4	1	2	9	5
需求量	5	7	8	3	

实训提示:

供给量、需求量之和均为 23t,该问题是供需平衡问题。即在完全满足各地供给、需求的条件下,求总运价最低的调运方案。具体求解步骤参考实训示例 5-1。

实训示例 5-2

顺丰商院配送中心物资调运方案

("产大于销"运输资源调运问题)

已知顺丰商院配送中心在长三角地区所有城市均有配送中心。现无锡、淮阴、南京、南通四地对春笋有需求,常州、徐州、扬州是春笋的三个产地,各市对春笋的需求量、供给量及各城市间的单位运价如表 5-7 所示,请为顺丰商院配送中心设计最优调运方案。(运量单位:t,运价单位:百元/t)

表 5-7 产销运价和运量表

销地 产地	B_1 无锡	B_2 淮阴	B_3 南京	B_4 南通	产量
A_1 常州	2	11	3	4	7
A_2 徐州	10	3	5	9	5
A_3 扬州	7	8	1	2	7
销量	2	3	4	6	

一、实训任务分析

供给量(产量)之和为 19t,需求量(销量)之和是 15t,这是"产大于销"的"产销不平衡"

运输资源调运问题。根据前述知识点,"产销不平衡"与"产销平衡"的运输资源调运问题主要区别在约束条件设置上。相比于实训示例 5-1,实训示例 5-2 中,常州的调出量发生了变化,形成"产大于销"的"产销不平衡"局面。此时设计约束条件,优先满足所有销地的需求得到满足。因为两两各地运价不变,决策变量、目标函数设计同实训示例 5-1,即知道供求两两各地的运价 c, x 是决策变量,$minZ$ 为目标函数。在保证各销地需求都能得到满足的条件下,求解如何分配各产地的调出量 x,使总运输成本 Z 最小。

运输资源调配问题建模

具体步骤如下。

(1) 分析问题,确定决策变量。

(2) 分析问题目标,建立目标函数。

(3) 分析问题,确定约束条件。

(4) Excel 表中建立数据模型,并体现必要的数据关系。

(5) 通过"规划求解"工具进行求解。

二、实训步骤

(1) 确定决策变量,建立目标函数,确定约束条件,建立模型:

$$minZ = 2x_{11} + 11x_{12} + 3x_{13} + 4x_{14} + 10x_{21} + 3x_{22} \\ + 5x_{23} + 9x_{24} + 7x_{31} + 8x_{32} + x_{33} + 2x_{34}$$

s.t.

$$x_{11} + x_{12} + x_{13} + x_{14} \leqslant 7$$
$$x_{21} + x_{22} + x_{23} + x_{24} \leqslant 5$$
$$x_{31} + x_{32} + x_{33} + x_{34} \leqslant 7$$
$$x_{11} + x_{21} + x_{31} = 2$$
$$x_{12} + x_{22} + x_{32} = 3$$
$$x_{13} + x_{23} + x_{33} = 4$$
$$x_{14} + x_{24} + x_{34} = 6$$
$$x_{ij} \geqslant 0, \quad i = 1, 2, 3; j = 1, 2, 3, 4$$

(2) Excel 表中建立数据模型。

① 同实训示例 5-1 的步骤,在 Excel 表中建立如图 5-8 所示的数据关系框架,然后设置目标函数,设置行、列约束条件。

② 运用规划求解工具求解。相比于"产销平衡"的调运,在规划求解参数中的设计主要区别在于约束条件。"产大于销"情况下的调运,将用"\$F\$39:\$F\$41≤\$G\$39:\$G\$41"和"\$B\$42:\$E\$42=\$B\$43:\$E\$43"来成组表示产量(行)约束条件中的二类约束条件,见图 5-9。

运输资源调配问题求解

单击"求解"按钮,并在下一对话框选择"保存规划求解结果",即可求得如图 5-10 所示产销调运方案:常州 7t 春笋分别调给无锡 2t、南京 3t,剩余 2t;徐州的 5t 春笋调给淮阴 3t、剩余 2t;扬州的 7t 春笋分别调给南京 1t、南通 6t,无剩余。此时常州、徐州还有剩余,仅有扬州的春笋全部调出,所有销地需要的春笋均已调入,目标函数最小总运费为 3 500 元。

单元 5 配送数据分析与资源调配

	A	B	C	D	E	F	G
29	数据部分						
30	产地/销地	B_1无锡	B_2淮阴	B_3南京	B_4南通	产量	
31	A_1常州	2	11	3	4	7	
32	A_2徐州	10	3	5	9	5	
33	A_3扬州	7	8	1	2	7	
34	销量	2	3	4	6		
35							
36	解决方案						
37	目标函数						
38	产地/销地	B_1无锡	B_2淮阴	B_3南京	B_4南通	行约束	
39	A_1常州						7
40	A_2徐州						5
41	A_3扬州						7
42	列约束						
43		2	3	4	6		

图 5-8 求解运输调配问题模型结构

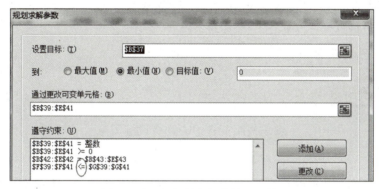

图 5-9 调用"规划求解参数"对话框

	A	B	C	D	E	F	G
37	目标函数	35					
38	产地/销地	B_1无锡	B_2淮阴	B_3南京	B_4南通	行约束	
39	A_1常州	2	0	3	0	5	7
40	A_2徐州	0	3	0	0	3	5
41	A_3扬州	0	0	1	6	7	7
42	列约束	2	3	4	6		
43		2	3	4	6		

图 5-10 产销调运方案

教学互动5-1

根据上述分析,"产大于销"运输资源配置问题,销量的约束条件与以前不一样,那"销大于产"运输资源配置问题,哪个约束条件更加严格一点呢?

实训演练5-2

556配送中心配送方案优化问题

假设556配送中心网络在A_1、A_2、A_3三个产地设有M产品子配送中心,现有B_1、B_2、B_3、B_4四个用户需要供货,每个子配送中心的能力以及各用户的需要量、各子配送中心与各用户之间的运输价格如表5-8所示。如何安排子配送中心的配送任务,使总体运输成本

最小呢？（运量单位：t，运价单位：百元/t）

表5-8 产销两地供需情况表

产地 \ 需求地	B_1	B_2	B_3	B_4	供给量
A_1	3	2	6	3	12
A_2	5	3	8	2	8
A_3	4	1	2	9	5
需求量	5	7	8	3	

实训提示：

供给量之和25，大于需求量之和23，该问题是供大于求的不平衡运输调运问题。即在优先满足各需求地需求量的条件下，求总运价最低的调运方案。具体求解步骤参考实训示例5-2。

实训示例5-3

顺丰商院配送中心物资调运方案

（"销大于产"运输资源调运问题）

已知顺丰商院配送中心在长三角地区所有城市均有配送中心。现无锡、淮阴、南京、南通四地对春笋有需求，常州、徐州、扬州是春笋的三个产地，各市对春笋的需求量、供给量及各城市间的单位运价如表5-9所示，请为顺丰商院配送中心设计最优调运方案。（运量单位：t，运价单位：百元/t）。

表5-9 产销运价表

产地 \ 销地	B_1 无锡	B_2 淮阴	B_3 南京	B_4 南通	产量
A_1 常州	2	11	3	4	6
A_2 徐州	10	3	5	9	5
A_3 扬州	7	8	1	2	7
销量	6	3	4	6	

一、实训任务分析

产量之和为18t，销量之和是19t，这是"销大于产"的"产销不平衡"运输资源调运问题。它的模型构建也是体现在约束条件设置上。此时设计约束条件，优先满足所有产地的春笋全部调运完毕。因此，决策变量、目标函数设计同实训示例5-1、实训示例5-2，即知道供求两两各地的运价 c，x 是决策变量，$\min Z$ 为目标函数。在保证各产地春笋都能调出的条件下，求解如何分配各产地的调出量 x，使总运输成本 Z 最小。

具体步骤如下。

(1) 分析问题,确定决策变量。
(2) 分析问题目标,建立目标函数。
(3) 分析问题,确定约束条件。
(4) Excel 表中建立数据模型,并体现必要的数据关系。
(5) 通过"规划求解"工具进行求解。

二、实训步骤

(1) 确定决策变量,建立目标函数,确定约束条件,建立如下模型。

$$\min Z = 2x_{11} + 11x_{12} + 3x_{13} + 4x_{14} + 10x_{21} + 3x_{22} + 5x_{23} + 9x_{24} + 7x_{31} + 8x_{32} + x_{33} + 2x_{34}$$

s.t.

$$x_{11} + x_{12} + x_{13} + x_{14} = 6$$
$$x_{21} + x_{22} + x_{23} + x_{24} = 5$$
$$x_{31} + x_{32} + x_{33} + x_{34} = 7$$
$$x_{11} + x_{21} + x_{31} \leqslant 6$$
$$x_{12} + x_{22} + x_{32} \leqslant 3$$
$$x_{13} + x_{23} + x_{33} \leqslant 4$$
$$x_{14} + x_{24} + x_{34} \leqslant 6$$
$$x_{ij} \geqslant 0, \quad i = 1,2,3; j = 1,2,3,4$$

(2) Excel 表中建立数据模型。

① 同实训示例 5-1 的步骤,在 Excel 表中建立如图 5-11 所示的数据关系框架,然后设置目标函数、设置行、列约束条件。

	A	B	C	D	E	F	G
29	数据部分						
30	产地/销地	B_1无锡	B_2淮阴	B_3南京	B_4南通	产量	
31	A_1常州	2	11	3	4	6	
32	A_2徐州	10	3	5	9	5	
33	A_3扬州	7	8	1	2	7	
34	销量	6	3	4	6		
35							
36	解决方案						
37	目标函数	0					
38	产地/销地	B_1无锡	B_2淮阴	B_3南京	B_4南通	行约束	
39	A_1常州					6	
40	A_2徐州					5	
41	A_3扬州					7	
42	列约束						
43		6	3	4	6		

图 5-11 求解运输调配问题模型结构

② 运用规划求解工具求解。相比于"产销平衡"的调运,在规划求解参数中的设计主要区别在于约束条件。"产大于销"情况下的调运,将用"＄F＄39:＄F＄41≤＄G＄39:＄G＄41"和"＄B＄42:＄E＄42=＄B＄43:＄E＄43"来成组表示产量(行)约束条件中的二类约束条件,见图 5-12。

单击"求解"按钮,并在下一对话框选择"保存规划求解结果",即可求得如图 5-13 所示

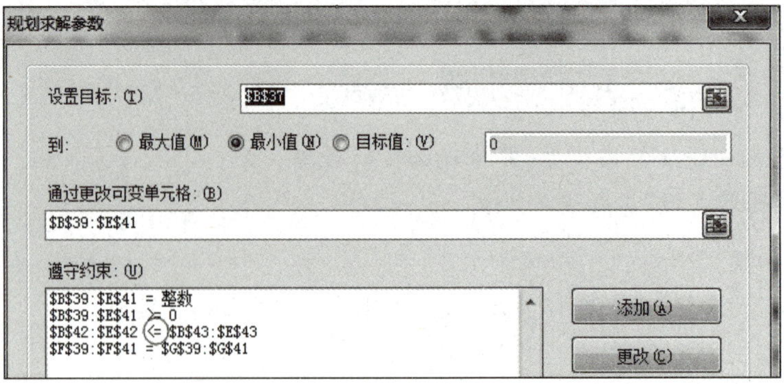

图 5-12 调用“规划求解参数”对话框

产销调运方案：常州 6t 春笋全部调运给无锡；徐州的 5t 春笋分别调给淮阴 3t、南京 2t；扬州的 7t 春笋分别调给南京 2t、南通 5t。此时所有产地的春笋全部调出，销地无锡、淮阴、南京均满足需求，南通差 1t，未能满足需求。目标函数最小总运费为 4 300 元。

	A	B	C	D	E	F	G
37	目标函数	43					
38	产地/销地	B_1无锡	B_2淮阴	B_3南京	B_4南通	行约束	
39	A_1常州	6	0	0	0	6	6
40	A_2徐州	0	3	2	0	5	5
41	A_3扬州	0	0	2	5	7	7
42	列约束	6	3	4	5		
43		6	3	4	6		

图 5-13 产销调运方案

实训演练5-3

556 配送中心配送方案优化问题

假设 556 配送中心网络在 A_1、A_2、A_3 三个产地设有 M 产品子配送中心，现有 B_1、B_2、B_3、B_4 四个用户需要供货，每个子配送中心的能力以及各用户的需求量、各子配送中心与各用户之间的运输价格如表 5-10 所示。如何安排子配送中心的配送任务，使总体运输成本最小呢？（运量单位：t，运价单位：百元/t）

表 5-10 产销两地供需情况表

需求地 产地	B_1	B_2	B_3	B_4	供给量
A_1	3	2	6	3	12
A_2	5	3	8	2	8
A_3	4	1	2	9	5
需求量	8	7	8	3	

实训提示：

供给量之和 25，小于需求量之和 26，该问题是销大于产的不平衡运输调运问题。即在优先满足各产地调出量条件下，求总运价最低的调运方案。具体求解步骤参考实训示例 5-3。

课后思考5-2

Excel 解决运输资源调配问题，一次求解可能得到的不是最优调运方案。如何得到最优解呢？

任务 5.2　配送人员/任务指派问题

0-1 规划

知识点

5.2.1　整数规划的含义

前面讨论的线性规划问题中，最优解可能是整数，也可能不是。在很多实际问题中，全部或部分变量的取值必须是整数，如所求解是上班的人数、开出多少台机器等。对于这些问题有时候不能简单地用四舍五入等取整法加以处理，而是要用整数规划法加以解决，以求得可行解和最优解。整数规划（integer programming），顾名思义，它所有变量的解都限制为整数。如果它的解只有 0 或 1 两种情况，那么它就是整数规划的一种特殊情形——0-1 规划。

5.2.2　指派问题

常遇到如下问题：有 n 项不同的任务，恰好团队有 n 个人承担。由于团队每个人工作能力不一，完成各项任务的效率不同。如果必须指派每个人去完成 1 项任务，或者每项任务要指派 1 个人去完成，如何把这 n 项不同的任务分给 n 个人，使团队总的效率最高？

在物流活动中经常遇到各种性质的指派问题。如有 n 项运输任务恰好有 n 辆车可承担，由于车型、载重以及司机对道路熟悉程度等方面不同，效率也不一样，于是产生了应指派哪辆车去完成哪项运输任务，使总效率最高（费用最小、时间最短）的问题，这类问题称为指派问题（assignment problem）。它的数学模型是由一个目标函数、一组约束条件组成，目标函数和约束条件是线性函数。目标函数中，Z 为目标值，c 为价值常量，x 为决策变量，$x=0 \text{ or } 1$。模型公式见式(5-5)。

$$\min Z = \sum_{i=1}^{m}\sum_{j=1}^{n} c_{ij}x_{ij} \tag{5-5}$$

s.t.

$$\sum_{j=1}^{n} x_{ij} = 1, \quad i=1,2,\cdots,m$$

$$\sum_{i=1}^{m} x_{ij} = 1, \quad j=1,2,\cdots,n$$

$$x_{ij} = 0 \text{ or } 1$$

前面所说的有 n 项不同的任务，恰好团队有 n 个人承担，即为 $m=n$ 情况下的 0-1 规划问题。指派问题也有 m 项不同的任务，团队有 n 个人承担的 $m \neq n$ 的情况。当 $m>n$ 时，说明任务多、人少，对某几项任务作归并，即有人要做不止一项任务，使 $m=n$；当 $m<n$ 时，

说明任务少、人多,这时对人员进行组合,即有的任务不止一个人承担,使 $m=n$。这样就可以用 0-1 规划模型求解。

头脑风暴5-3

运输配送人员/任务指派问题与运输资源配置问题有什么异同?

技能点

1. 能够建立 0-1 整数规划模型。
2. 会用 Excel 工具求解 0-1 整数规划模型。

实训示例5-4

顺丰商院配送中心任务分配问题

顺丰商院配送中心需要 5 个人去完成 5 项配送任务,各人完成任务所需时间如表 5-11 所示,该如何分配,使任务完成的总时间最少?

表 5-11 每人完成任务耗费时间表

任务 人员	B_1	B_2	B_3	B_4	B_5
A_1	3	12	3	11	9
A_2	5	7	15	10	3
A_3	7	3	2	5	5
A_4	4	8	5	7	7
A_5	8	4	7	4	9

一、实训任务分析

人员/任务指派问题是一种特殊的线性规划问题,可参照线性规划问题求解。分为两大步骤。

(1) 建立 0-1 整数规划模型,分析确定目标函数,确定决策变量,确定约束条件。

(2) Excel 工具求解规划模型,Excel 表中建立数据关系,运用规划求解工具进行求解。

配送人员任务指派问题建模

二、实训步骤

1. 建立 0-1 整数规划模型

(1) 确定决策变量。根据任务分析可知,顺丰商院配送中心指派 5 个人去完成 5 项配送任务。决策变量 x 即为第 i 个人是否去执行第 j 项任务,表示为

$$x_{ij} = \begin{cases} 0, & \text{第 } i \text{ 个人不执行第 } j \text{ 项任务} \\ 1, & \text{第 } i \text{ 个人执行第 } j \text{ 项任务} \end{cases}, \quad i=1,2,\cdots,5; j=1,2,\cdots,5$$

（2）分析问题目标，建立 0-1 指派模型。该问题的目标是如何安排人员执行任务，以取得最大时间效益，即所有任务完成的时间和最小。约束条件就是：每个人只能完成 1 项任务，每项任务只能由 1 个人完成。表 5-12 中，第 2～6 列、第 2～6 行，左上角为每人完成每项任务所需要的时间，右下角是决策变量：第 i 个人是否去执行第 j 项任务；第 7 列是每个人只能完成 1 项任务的约束，第 7 行表示每项任务只能 1 个人完成的约束。

表 5-12　人员/任务完成时间、数量和决策变量表

任务 人员	B_1	B_2	B_3	B_4	B_5	每人完成任务数
A_1	3　　x_{11}	12　　x_{12}	3　　x_{13}	11　　x_{14}	9　　x_{15}	1
A_2	5　　x_{21}	7　　x_{22}	15　　x_{23}	10　　x_{24}	3　　x_{25}	1
A_3	7　　x_{31}	3　　x_{32}	2　　x_{33}	5　　x_{34}	5　　x_{35}	1
A_4	4　　x_{41}	8　　x_{42}	5　　x_{43}	7　　x_{44}	7　　x_{45}	1
A_5	8　　x_{51}	4　　x_{52}	7　　x_{53}	4　　x_{54}	9　　x_{55}	1
每项任务执行人数	1	1	1	1	1	

根据分析建立目标函数：

$$\min Z = \sum_{i=1}^{m} \sum_{j=1}^{n} c_{ij} x_{ij}$$

$$= 3x_{11} + 12x_{12} + 3x_{13} + 11x_{14} + 9x_{15}$$
$$+ 5x_{21} + 7x_{22} + 15x_{23} + 10x_{24} + 3x_{25}$$
$$+ 7x_{31} + 3x_{32} + 2x_{33} + 5x_{34} + 5x_{35}$$
$$+ 4x_{41} + 8x_{42} + 5x_{43} + 7x_{44} + 7x_{45}$$
$$+ 8x_{51} + 4x_{52} + 7x_{53} + 4x_{54} + 9x_{55}$$

s.t.

$$x_{11} + x_{12} + x_{13} + x_{14} + x_{15} = 1$$
$$x_{21} + x_{22} + x_{23} + x_{24} + x_{25} = 1$$
$$x_{31} + x_{32} + x_{33} + x_{34} + x_{35} = 1$$
$$x_{41} + x_{42} + x_{43} + x_{44} + x_{45} = 1$$
$$x_{51} + x_{52} + x_{53} + x_{54} + x_{55} = 1$$
$$x_{11} + x_{21} + x_{31} + x_{41} + x_{51} = 1$$
$$x_{12} + x_{22} + x_{32} + x_{42} + x_{52} = 1$$
$$x_{13} + x_{23} + x_{33} + x_{43} + x_{53} = 1$$
$$x_{14} + x_{24} + x_{34} + x_{44} + x_{54} = 1$$
$$x_{15} + x_{25} + x_{35} + x_{45} + x_{55} = 1$$

配送人员任务
指派问题求解

$$x_{ij}=0 \text{ or } 1, \quad i=1,2,3,4,5; j=1,2,3,4,5$$

2. Excel 工具求解规划模型

(1) Excel 表中建立如图 5-14 所示的数据关系框架。设定 B47:F51 为决策变量区域（可变单元格区域）。

	A	B	C	D	E	F	G	H
37	数据部分							
38		B_1	B_2	B_3	B_4	B_5		
39	A_1	3	12	3	11	9		
40	A_2	5	7	15	10	3		
41	A_3	7	3	2	5	5		
42	A_4	4	8	5	7	7		
43	A_5	8	4	7	4	9		
44	模型部分							
45	目标函数	0						
46		B_1	B_2	B_3	B_4	B_5	行约束	
47	A_1						0	1
48	A_2						0	1
49	A_3						0	1
50	A_4						0	1
51	A_5						0	1
52	列约束	0	0	0	0	0		
53		1	1	1	1	1		

图 5-14　Excel 求解指派问题模型结构

(2) 设计目标函数和约束条件关系。

在目标函数单元格 B45 中输入"=SUMPRODUCT(B39:F43,B47:F51)"，表示决策变量"第 i 个人是否去执行第 j 项任务"数组和"第 i 个人完成第 j 项任务所需时间"数组的乘积和。G47:G51 和 B52:F53 为约束条件关系区域，如 G47 单元格中输入"=SUM(B47:F47)"。

需要说明的是，在行约束和列约束中，常量相同（都是"1"），可以不列出，在规划求解中构建约束条件关系时可以直接输入。

(3) 调用规划工具求解。调用规划工具，分别在"规划求解参数"的"设置目标""目标值""通过更改可变单元格""遵守约束"等任务项中一一设置，求出如图 5-15 所示的最优指派方案。即 A_1 执行 B_3 任务，A_2 执行 B_5 任务，A_3 执行 B_2 任务，A_4 执行 B_1 任务，A_5 执行 B_4 任务，此时，5 个人完成 5 项任务花费的总时间为 17 小时。

	A	B	C	D	E	F	G	H
45	目标函数	17						
46		B_1	B_2	B_3	B_4	B_5	行约束	
47	A_1	0	0	1	0	0	1	1
48	A_2	0	0	0	0	1	1	1
49	A_3	0	1	0	0	0	1	1
50	A_4	1	0	0	0	0	1	1
51	A_5	0	0	0	1	0	1	1
52	列约束	1	1	1	1	1		
53		1	1	1	1	1		

图 5-15　顺丰商院配送中心配送任务指派方案

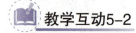

结合刚才的分析，在解决这个题目之前，先来回顾运输资源配置问题，看看有什么不同点？

实训演练5-4

红豆商院生产实训中心卸货任务分配问题

红豆商院生产实训中心急需将A、B、C、D四辆车卸货,现有甲、乙、丙、丁四个班组待命,四个班组完成卸货任务所需时间如表5-13所示。问应如何分配各班组任务,使每个班组都有卸货任务,且在每个待卸车都有班组负责的条件下,四辆车的总卸货时间加起来最少?

表5-13 装卸任务安排表

卸货 班组	待卸车A	待卸车B	待卸车C	待卸车D
甲	4	3	4	1
乙	2	3	6	5
丙	4	3	5	4
丁	3	2	6	5

实训提示:

这是典型的指派问题。求解分为两大步骤:一是建立0-1整数规划模型。分析确定目标函数,确定决策变量;确定约束条件。二是运用Excel工具求解规划模型,主要步骤是在Excel表中建立数据关系,然后调用规划求解参数求解。具体步骤可参考实训示例5-4。

任务5.3 配送人员排班问题

知识点

排班问题是整数规划问题。它同样是由一个目标函数、一组约束条件组成,目标函数和约束条件是线性函数,它的最优解必须是整数。

头脑风暴5-4

运输配送人员/任务指派问题之后,配送人员排班问题的建模与求解时,有什么新的注意点?

技能点

1. 能够运用整数规划法建立排班问题模型。
2. 能够运用Excel工具求解排班问题。

实训示例5-5

京东商院仓配客中心排班问题

京东商院仓配客中心需要24小时上班,分为A、B、C、D、E、F 6个时段,每个时段所需员工数、薪水不同,每位员工要连续工作2个时段共计8小时,具体数据见表5-14。请问:

(1)该中心应该如何安排,既能保证每个时段所需人数,又能使每天用工总数最少?

(2)该中心如何安排,既能保证每个时段所需人数,又能使企业的人工总成本最低?

表5-14 每天各时间段工作人员需求表

时间序号	A	B	C	D	E	F
时段	0—4	5—8	9—12	13—16	17—20	21—24
所需人数	6	4	8	12	10	8
薪水/[元/(小时·人)]	50	50	30	25	30	35

一、实训任务分析

人员排班问题是典型的整数规划问题,它由一个目标函数、一组约束条件组成。因此首先要找出该问题的决策变量,构建目标函数和约束条件,然后建立模型,最后求解。

二、实训步骤

(一)问题1

该中心应该如何安排,既能保证每个时段所需人数,又能使每天用工总数最少?

1. 建立整数规划模型

(1)分析问题,找出决策变量。由实训任务已知条件,每个时段的上班人数是上一时段开始上班的"老人"数量和本时段开始上班"新人"的数量和,每天6个时段所需的总人数就是每个时段开始上班的"新人"数量和。设每个时段新上班人数为决策变量 x_i,则第 i 时段的上班人数为 $x_i + x_{i-1}$,见表5-15。

表5-15 每天各时间段所需人员需求和决策变量设计

时间序号	A	B	C	D	E	F
时段	0—4	5—8	9—12	13—16	17—20	21—24
所需人数	6	4	8	12	10	8
薪水[元/(小时·人)]	50	50	30	25	30	35
新上班人数	x_1	x_2	x_3	x_4	x_5	x_6

教学互动5-3

每位员工要连续上班2个时段,即8小时。每个时段上班人员有2批人,那如何设置决策变量呢?

(2)分析求解目标和约束条件,建立数学模型。

该问题目标"每天用工总数最少",即要使每个时段开始上班的"新人"数量和最小。

约束条件是上一时段开始上班的"老人"数量和本时段开始上班"新人"的数量和,相加后大于或等于每个时段所需人数。根据分析建立数学模型:

$$\min Z = x_1 + x_2 + x_3 + x_4 + x_5 + x_6$$

s.t.

$$x_6 + x_1 \geqslant 6$$
$$x_1 + x_2 \geqslant 4$$
$$x_2 + x_3 \geqslant 8$$
$$x_3 + x_4 \geqslant 12$$
$$x_4 + x_5 \geqslant 10$$
$$x_5 + x_6 \geqslant 8$$
$$x_i \geqslant 0 \text{ 且为整数}, \quad i = 1, 2, 3, 4, 5, 6$$

2. Excel 工具求解规划模型

(1) Excel 表中建立如图 5-16 所示的数据关系框架。设定 B32:G32 为决策变量区域(可变单元格区域)。目标函数单元格 B30 输入"=SUM(B32:G32)"。因为模型中每个约束条件左侧均为求和运算,分别在 B33:G33 单元格中构建"和关系",如在单元格 B33 中输入"=G32+B32",单元格 C33 中输入"=B32+C32"等。

	A	B	C	D	E	F	G
22	数据部分						
23	时间序号	A	B	C	D	E	F
24	时段	0—4	5—8	9—12	13—16	17—20	21—24
25	所需人数	6	4	8	12	10	8
26	薪水/[元/(小时·人)]	50	50	30	25	30	35
27	配备人数	x_1	x_2	x_3	x_4	x_5	x_6
28							
29	(1)解决方案:						
30	目标函数	0					
31	决策变量	x_1	x_2	x_3	x_4	x_5	x_6
32							
33	约束条件	0	0	0	0	0	0

图 5-16 建立数据关系框架

(2) 调用"规划求解参数",进行如图 5-17 所示的设置。

求解得到如图 5-18 所示的最佳方案:安排 A 时段 4 人开始上班、C 时段 8 人开始上班、D 时段 4 人开始上班、E 时段 6 人开始上班、F 时段 2 人开始上班,用工总数为 24 人。

配送人员排班问题建模

配送人员排班问题求解

配送人员排班升级问题建模与求解

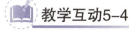

教学互动5-4

前面一个示例中,每位员工要连续上班 2 个时段,即 8 小时。设置每个时段新上班的人数为变量,在满足约束条件下,该问题的目标函数如何设置呢?

图5-17 规划求解参数设置

图5-18 排班问题解决方案

(二)问题2

该中心如何安排,既能保证每个时段所需人数,又能使企业的人工总成本最低?

1. 建立整数规划模型

由题意可知,问题2相比于问题1,目标函数发生变化,决策变量和约束条件没变。同样,每个时段的上班人数是上一时段开始上班的"老人"数量和本时段开始上班的"新人"的数量和,那么人工总成本也是由两部分组成。目标函数是"人工总成本最低",即求解"每个时段用工人数、小时单位薪水和时长的乘积和"最小。整数规划模型为

$$\min Z = 50 \times 4 \times (x_6 + x_1) + 50 \times 4 \times (x_1 + x_2) + 30 \times 4 \times (x_2 + x_3)$$
$$+ 25 \times 4 + (x_3 + x_4) + 30 \times 4 \times (x_4 + x_5) + 35 \times 4 \times (x_5 + x_6)$$

s.t.

$x_6 + x_1 \geqslant 6$

$x_1 + x_2 \geqslant 4$

$x_2 + x_3 \geqslant 8$

$x_3 + x_4 \geqslant 12$

$x_4 + x_5 \geqslant 10$

$x_5 + x_6 \geqslant 8$

$x_i \geqslant 0$ 且为整数, $i = 1, 2, 3, 4, 5, 6$

2. Excel工具求解规划模型

(1) Excel表中建立如图5-19所示的数据关系框架。设定B38:G38为决策变量区域(可变单元格区域)。目标函数单元格B36输入"=SUMPRODUCT(B26:G26,B39:G39)×4",即每个时段上每个约束条件的关系处理参考"问题1"公式。

	A	B	C	D	E	F	G
22	数据部分						
23	时间序号	A	B	C	D	E	F
24	时段	0—4	5—8	9—12	13—16	17—20	21—24
25	所需人数	6	4	8	12	10	8
26	薪水/[元/(小时·人)]	50	50	30	25	30	35
27	配备人数	x_1	x_2	x_3	x_4	x_5	x_6
34							
35	(2)解决方案:						
36	目标函数	0					
37	决策变量	x_1	x_2	x_3	x_4	x_5	x_6
38							
39	约束条件	0	0	0	0	0	0

图 5-19　数据关系框架

(2) 调用"规划求解参数",进行如图 5-20 所示的设置。

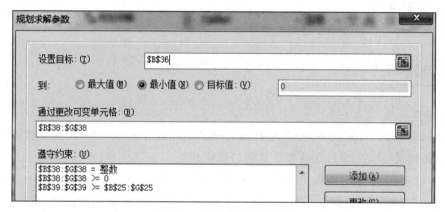

图 5-20　规划求解参数设置

求解得到如图 5-21 所示的最佳方案,每天安排的人数同"问题1"的求解结果,每个时段上班人数见 B39:G39,此时每天用工总成本为 6 480 元。

	A	B	C	D	E	F	G
35	(2)解决方案:						
36	目标函数	6 480					
37	决策变量	x_1	x_2	x_3	x_4	x_5	x_6
38		4	0	8	4	6	2
39	约束条件	6	4	8	12	10	8

图 5-21　用工总成本最低排班方案

实训演练5-5

顺丰商院配送中心排班问题

顺丰商院配送中心每周每天需要的配送人数如表 5-16 所示,为保证配送人员充分休息,实行五天工作制,连休两天,请问:如何安排配送人员的休息日,既能满足每天工作需要,又使用工人人数最少,此时每周用工总成本是多少?

表 5-16 顺丰商院配送中心每周每天配送人员需求

星期	星期日	星期一	星期二	星期三	星期四	星期五	星期六
所需配送人数	28	15	24	25	19	31	28
日薪/元	500	200	200	200	200	200	400

实训提示：

由实训任务已知条件可知，每天上班人数是当日开始上班的"新人"和前四天开始上班的"旧人"数量和，每天开始上班的"新人"数量，就是决策变量。"每周'新人'数量和"最少、"每周付出薪水总数"是两个问题的目标函数。而每天上班的"新人"加"旧人"人数要大于或等于每天"所需配送人数"，这是约束条件。具体做法参考实训示例 5-5。

课后思考5-3

整数规划适用于解决哪些问题？请举例。

单元习题

一、单选题

1. $\max Z = 3x_1 + 2x_2, 2x_1 + 3x_2 \leqslant 14, x_1 + 0.5x_2 \leqslant 4.5, x_1, x_2 \geqslant 0$ 且为整数，对应线性规划的最优解是 $(3.25, 2.5)$，它的整数规划的最优解是（　　）。

　　A. $(4,1)$　　　　B. $(4,3)$　　　　C. $(3,2)$　　　　D. $(2,4)$

2. $\max Z = 3x_1 + x_2, 4x_1 + 3x_2 \leqslant 7, x_1 + 2x_2 \leqslant 4, x_1, x_2 = 0$ 或 1，最优解是（　　）。

　　A. $(0,0)$　　　　B. $(0,1)$　　　　C. $(1,0)$　　　　D. $(1,1)$

3. SUMPRODUCT()函数中参数不超过（　　）个。

　　A. 2　　　　　　B. 3　　　　　　　C. 255　　　　　　D. 512

4. "规划求解"工具是 Excel（　　）版开始使用该功能的。

　　A. 2000　　　　　B. 2010　　　　　C. 2016　　　　　D. 2018

5. 下列（　　）不是本单元学习的问题。

　　A. EOQ　　　　　　　　　　　　　　　B. 人员排班问题
　　C. 人员任务分配问题　　　　　　　　　D. 选地问题

二、多选题

1. 整数规划问题适合于组合最优化问题。其典型的问题应用场景有（　　）。

　　A. 装载问题　　　　　　　　　　　　　B. 人员排班问题
　　C. 人员任务分配问题　　　　　　　　　D. 选地问题

2. 线性规划问题的数学模型有三个要素，分别是（　　）。

　　A. 决策变量　　B. 目标函数　　C. 约束条件　　D. 模型确定

3. 运输任务较重，交通网络较复杂时，为合理调度车辆的运行，可运用运筹学中线性规划的方法，如（　　）等。

　　A. 最短路径法　　B. 表上作业法　　C. 手工操作法　　D. 图上作业法

E. 制造资源计划

4. 运输资源配置工作的特点包括（　　）。

　　A. 环保性　　　　B. 计划性　　　　C. 预防性　　　　D. 机动性

5. Excel 规划求解过程中，约束条件有（　　）。

　　A. ≥、≤　　　　B. >、<　　　　　C. =　　　　　　D. bin

三、判断题

1. 整数问题是 0-1 问题的一种特例。　　　　　　　　　　　　　　　　　　（　　）
2. 整数规划是线性规划。　　　　　　　　　　　　　　　　　　　　　　　（　　）
3. 线性规划是所有约束条件和目标函数都是线性的，即未知数的次数均为一次。
　　　　　　　　　　　　　　　　　　　　　　　　　　　　　　　　　（　　）
4. 整数规划问题的可行解与其线性规划问题的可行域内的整数点相对应。　　（　　）
5. 整数规划解的目标函数值一般优于其相应的线性规划问题的目标函数值。　（　　）
6. 整数规划的最优解是先求相应的线性规划的最优解然后取整得到。　　　　（　　）
7. 变量取 0 或 1 的规划是整数规划。　　　　　　　　　　　　　　　　　　（　　）
8. 整数规划的可行解集合是离散型集合。　　　　　　　　　　　　　　　　（　　）

四、实训题

1. 已知天天配送中心安排三个产地 A_1、A_2、A_3 的白菜发往 B_1、B_2、B_3、B_4 四个销地，各地的产量和销量以及运价如表 5-17 所示，试求最优的调运方案。

表 5-17　产销运价表

销地 产地	B_1	B_2	B_3	B_4	产量
A_1	2	4	3	7	20
A_2	4	5	7	6	10
A_3	3	4	6	9	2
销量	9	3	2	4	

2. 已知青丰生产中心安排四个产地 A_1、A_2、A_3、A_4 的 M 商品发往 B_1、B_2、B_3、B_4 四个销地，各地的产量和销量以及运价如表 5-18 所示，请用线性规划法建模并求解该问题的最优调运方案。

表 5-18　产销运价表　　　　　　　　　　　　　　　　单位：百元/t

销地 产地	B_1	B_2	B_3	B_4	产量
A_1	2	9	3	4	7
A_2	10	3	5	7	6
A_3	7	8	1	2	7
A_4	7	7	5	4	3
销量	7	4	7	6	

3. 红豆商院生产实训中心现有 4 项配送任务 A,B,C,D,现有甲、乙、丙、丁四辆货车,驾驶员综合素质、车况等都不一样,他们完成任务所需时间如表 5-19 所示。问应指派何车去完成何工作,使所需总时间最少?

表 5-19 红豆商院生产实训中心配送任务

配送任务 货车	A	B	C	D
甲	5	3	4	2
乙	2	4	6	5
丙	4	3	5	4
丁	3	2	3	6

4. 顺丰商院物流配送中心每天需要的配送人数如表 5-20 所示,为配送人员充分休息,实行五天工作制,连休两天,请问如何安排配送人员的休息,既能满足工作需要,又使各岗位人员数量和最少?

表 5-20 顺丰商院物流配送中心配送人数需求表

日期	星期日	星期一	星期二	星期三	星期四	星期五	星期六
所需配送人数	28	15	16	20	19	31	35

5. 京东商院仓配客中心客服中心工作时段所需最低人数和每个时段的薪水见表 5-21,每位客服人员需连续工作 2 个时段。应如何安排才能既保证客服人数,又能使总成本最低?

表 5-21 工作时段所需最低人数和时段薪水

时间序号	A	B	C	D	E	F
时段	22—2	2—6	6—10	10—14	14—18	18—22
所需人数	4	7	20	12	18	15
薪水/元	60	60	28	20	25	40

单元案例

"胡焕庸线"与国家智能物流骨干网络

1935 年,著名人口地理学家胡焕庸先生依据中国县级单元的人口疏密状况,提出了从黑龙江瑷珲(现黑河)到云南腾冲的人口地理分界线,即著名的"胡焕庸线",揭示了中国人口分布的巨大空间差异。胡焕庸线以东的中国东南半壁,面积约占全国的 36%,而当时人口却占全国 96%;以西的西北半壁面积占全国 64%,而当时人口仅占全国 4%。这是学界首次关注中国人口分布呈现的东南地狭人稠、西北地广人稀这一显著空间差异,意义重大。胡焕庸线研究成果引起国内外学术界广泛关注。1990 年,胡焕庸先生利用第三次人口普查数据比较了胡焕庸线两侧人口分布状况,结果表明,尽管新中国成立后,西部经济得到快速发展,但是东南半壁和西北半壁的人口比重变化不大。不少学者陆续对胡焕庸线开展了深入的持续研究和探讨,结果表明"胡焕庸线"两侧人口比重基本保持稳定。

"胡焕庸线"作为人地关系的重要地理大发现之一,揭示了中国人口分布"东密西疏"的重要特征,是人文与经济地理学对社会的重要贡献之一。胡焕庸线两侧内部人口集聚模式发生着明显变化,东南半壁人口分布由改革开放之前和初期的相对均衡状态,转变为以长三角、珠三角等少数区域为中心的集聚模式;而西北半壁人口分布的集聚程度则趋于下降。经济发展类因素对于人口空间分布影响不断增强,但三大阶梯等自然地理条件依然对中国人口分布有着重要影响。

目前我国电商企业(京东、阿里、顺丰等企业)的物流仓配体系与此有关。

京东大陆市场分为七个大区——华北、华东、华南、东北、华中、西南和西北,并且在北京、上海、广州、成都、武汉、沈阳和西安这7个中心城市建立了物流中心并设立中心仓,这是物流的一级仓。其中北京物流中心覆盖北京、天津、河北、山西、内蒙古、山东地区;上海物流中心覆盖江苏、浙江、上海、安徽、钓鱼岛地区;广州物流中心覆盖广东、广西、福建、海南地区;成都物流中心覆盖四川、重庆、贵州、云南、西藏地区;武汉物流中心覆盖湖北、湖南、江西、河南地区;沈阳物流中心覆盖辽宁、吉林、黑龙江地区;西安物流中心覆盖陕西、甘肃、青海、宁夏、新疆地区。

阿里菜鸟已经形成全国七大区域枢纽+数百个区域仓、城市仓+城市配送网络+末端驿站布局,包括华北、华东、华南、华中、西南、西北、东北等。

顺丰开通分仓备货,服务覆盖7大区域。提供分仓备货服务,覆盖7大区域分发中心及上百个配送中心。这7大区域分发中心开设在北京、上海、广州、西安、成都、武汉、沈阳这几大城市,均为万级别平方米大仓库,上百配送中心覆盖全国,可实现省成本、省时效、提升网购体验的作用。

问题:

1. 案例中所述的"胡焕庸线"在哪?
2. 京东、阿里、顺丰等企业的物流仓配体系中仓配中心与"胡焕庸线"有什么关系?为什么是这样的关系?

单元 6

运输路网分析与运作优化

◆ 学习目标
◆ 单元结构
◆ 学习内容
  基础知识
  任务 6.1 运输网络最大流问题分析
  任务 6.2 运输最短路问题分析
  任务 6.3 运输路网数据分析
◆ 单元习题
◆ 单元案例

学习目标

通过本单元学习,你应该达到以下目标。

知识目标:

1. 了解图与网络的基本概念。
2. 理解网络流量、网络最大流问题。
3. 理解网络理论中的最短路问题含义。
4. 知晓常用地图工具及其功能、特点。

技能目标:

1. 掌握网络最大流问题模型构建,掌握 Excel 工具求解网络最大流问题。
2. 掌握运输最短路问题模型构建,掌握 Excel 工具求解运输最短路问题。
3. 能够根据出行需求,运用百度、高德等地图工具规划最优出行方案。
4. 能够撰写物流路网数据分析报告。

思政目标:

1. 树立严格遵守交通运输法律法规的自律性。
2. 了解运输对社会环境造成的负面影响,树立绿色运输意识,践行绿色运输。

单元 6　运输路网分析与运作优化

单元结构

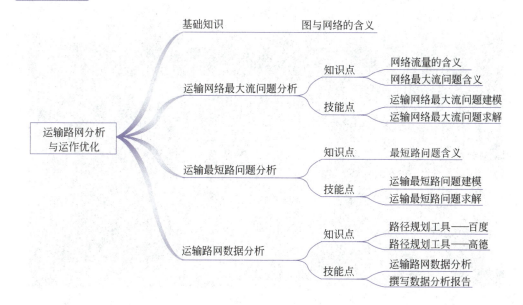

学习内容

导入案例

运输路网分析
与运作优化

这条堪称"世界上最宽"的公路，为何现在越来越拥堵

随着经济的发展，城市化的建设也越来越快，人们的出行交通工具也变得越来越多。现在每家每户都会有自己的汽车，不过随着汽车的增多，原本很宽的道路也就觉得越来越窄，非常容易出现堵车的现象。现在的车道一般都是双车道，但是在世界上有一个 18 条车道的公路，你知道这是哪条路吗？

这条 18 条车道的道路叫作"七月九日大道"（见图 6-1），修建在一个叫作布宜诺斯艾利斯的城市，我们提起布宜诺斯艾利斯这个城市可能大家觉得非常陌生，它是阿根廷的首都，作为阿根廷交通、政治、经济、商业和文化的中心，对阿根廷有着非常重要的作用，大家也经常称它为"南美洲巴黎"。这条道路从设计上模仿了香榭丽舍大街的风格，但是规模上又比香榭丽舍大街更加的气派和庞大。这条大道共有 18 条并行车道，大约有 148m 宽，是世界上目前最宽的道路。

这条公路本来是没有这么宽阔的，为了城市的更好发展以及解决交通拥堵的问题下才扩建到现在的规模，但是这里的交通问题仍然没有得到很好的缓解。这条道路上还增加了转向变道以及临时停车等操作的难度（见图 6-2），反而更进一步加剧了车辆与行人之间的矛盾。特别是在早晚高峰时期，这条堪称世界上最宽的道路变得十分的拥挤，而且是越来越挤。

图 6-1　七月九日大道

图 6-2　转向变道

（资料来源：全球最宽的街道：拥有 36 条车道 148m 宽，周边交通却越来越堵. http://mini.eastday.com/mobile/190814223813644.html#）

问题：这条堪称"世界上最宽"的公路，为何现在越来越拥堵？

头脑风暴6-1

听说过哥尼斯堡七桥问题吗？它有解吗？

 **基础知识**

图与网络是运筹学(operations research)中的一个经典和重要的分支,是近年最优化学领域发展最活跃的分支之一,其优化理论具有很强的建模能力,对实际问题的描述直观且易于计算机实现,因而成为经济管理、工业工程、交通运输、计算机科学与信息技术、通信与网络技术等诸多领域中的一种重要的数学方法和工具。本单元讨论的最短路问题、最大流问题等都是图与网络的基本问题。

一、图论起源

图论起源于18世纪。第一篇图论论文是瑞士数学家欧拉于1736年发表的"哥尼斯堡的七座桥",如图6-3所示。哈密尔顿于1859年提出"周游世界"游戏,用图论的术语,就是如何找出一个连通图中的生成圈。图论中所谓的"图"是指某类具体事物和这些事物之间的联系。如果我们用点表示这些具体事物,用连接两点的线段(直的或曲的)表示两个事物的特定联系,就得到了描述这个"图"的几何形象。

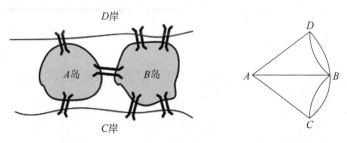

图6-3 哥尼斯堡七桥问题

图论为任何一个包含了一种二元关系的离散系统提供了一个数学模型,借助图论的概念、理论和方法,可以对该模型求解。哥尼斯堡七桥问题就是一个典型的例子。在哥尼斯堡有七座桥将普莱格尔河中的两个岛及岛与河岸联结起来,问题是要从这四块陆地中的任何一块开始通过每一座桥正好一次,再回到起点。

当然可以通过试验去尝试解决这个问题,但该城居民的任何尝试均未成功。欧拉为了解决这个问题,采用了建立数学模型的方法。他将每一块陆地用一个点来代替,将每一座桥用连接相应两点的一条线来代替,从而得到一个有4个"点"、7条"线"的"图"。问题成为从任一点出发一笔画出7条线再回到起点。欧拉考察了一般一笔画的结构特点,给出了一笔画的一个判定法则：这个图是连通的,且每个点都与偶数线相关联,将这个判定法则应用于七桥问题,得到了"不可能走通"的结果,不但彻底解决了这个问题,而且开创了图论研究的先河。

(资料来源：图与网络模型：经典问题、基本概念、表示方法、连通图. https://blog.csdn.net/qq_29831163/article/details/89785015)

二、图的概念

图是由若干给定的节点及连接两节点的边所构成的图形,如图 6-4 所示。一般用 G(graph)来表示图,用 V(vertex)表示顶点,用 E(edge)表示边。记为

$$G=(V,E)$$

式中　V——G 的点集,记为 $V=\{v_1,v_2,\cdots,v_p\}$;

　　　E——G 的边集,记为 $E=\{e_1,e_2,\cdots,e_q\}$。

几个常用概念介绍如下。

(1) 无向图、有向图。图有无向图、有向图之分。若点与点之间的连线没有方向,即边没有方向,由此构成的图称为无向图,如图 6-5 所示。如果图中每一条边都规定了方向,则称为有向图,如图 6-6 所示。

图 6-4　基础图

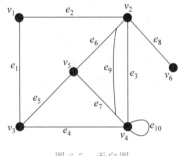

图 6-5　无向图

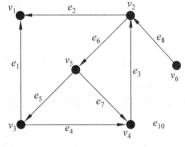

图 6-6　有向图

(2) 路径、链、通路。如果图中的某些点、边可以排成点和边的交错序列,则称此为一条路径、一条链或一条通路等。

三、网络的概念

如果在图的各边上标有数量指标(边的权)来表示距离、单价、通行能力等数量含义,通常把这种赋权图称为网络。网络也分有向网络、无向网络。如果网络中每条边都有方向,就称为有向网络(见图 6-7)。如果边没有方向,就称为无向网络(见图 6-8)。

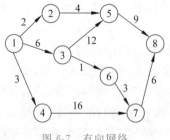

图 6-7　有向网络

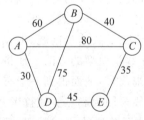

图 6-8　无向网络

图与网络

有向网络中边是双向的,为了使图看上去清晰,有时也会不标箭头。如最短路问题中,任两个顶点 v_i,v_j 都可以互通,v_2 可以到 v_4,v_4 也可以到 v_2,是双向的。

课程思政

盘点2018绿色物流事件

绿色物流(green logistics)目前为止没有形成一门学科,简单地讲,是以降低环境污染、减少资源消耗为目标的物流活动。

我国《快递业发展"十三五"规划》中明确表示要推进快递服务体系向高效、安全、绿色节能的方向发展。发改委也会同商务部和邮政等部门研究在电商、快递、外卖等领域推行绿色物流、绿色包装的实施方案,绿色物流已成为物流行业发展的主基调。国家邮政局局长马军胜表示:邮政业要来一次行业绿色生产方式"大革命",到2020年要在邮件、快件包装绿色化、减量化、可循环3方面取得明显成效。时间事件详情如下。

2018年1月23日,国务院办公厅发布《发展意见》。国务院办公厅发布《关于推进电子商务与快递物流协同发展的意见》,在该"意见"中就鼓励电子商务企业与快递物流企业开展供应链绿色再造,推广绿色运输与配送。

2018年2月27日,国家邮政局关注快递包装垃圾。2月,在国新办举行国务院政策例行吹风会上,国家邮政局局长马军胜就曾介绍称,快递包装物已形成了几类固体废物,包括包装箱40亿个,塑料封套70亿~80亿个,文件封套40亿个,此外还有包裹上的运单以及胶带。其中,在中国特大城市中,快递包装垃圾增量已经占到生活垃圾增量的93%,部分大型城市则为85%~90%。

2018年3月27日,《快递暂时条例》公布。中华人民共和国国务院令第697号《快递暂行条例》已经2018年2月7日国务院第198次常务会议通过,现予公布,自2018年5月1日起施行。条例中提到:要高度重视行业绿色发展,鼓励经营快递业务的企业和寄件人使用可降解、可重复利用的环保包装材料,鼓励经营快递业务的企业采取措施回收快件包装材料,实现包装材料的减量化利用和再利用。

2018年8月31日,《电子商务法》修订。2018年8月31日第十三届全国人民代表大会常务委员会第五次会议通过了《电子商务法》,该法律一共分为7章、89条款,已于2019年1月1日正式实施。该法也明确提出,快递物流服务提供者应当按照规定使用环保包装材料,实现包装材料的减量化和再利用,而且支持绿色包装、仓储、运输,促进电子商务绿色发展。

2018年9月1日,《快递封装用品》修订版开始实施。新修订的《快递封装用品》系列国家标准正式实施。新版国标根据减量化、绿色化、可循环的要求,对原有标准的相关方面进行了补充完善。最受关注的是其绿色环保的内容。

2018年10月20日,中国项目获奖。10月20日,在哥本哈根举行的首届P4G(Partnering for Green Growth and the Global Goals 2030)峰会宣布,中华环境保护基金会、菜鸟网络联合打造的"绿色物流城市合作项目"斩获大奖。菜鸟"绿色物流城市"于2017年10月启动建设,中国主要快递公司参与其中。首个"绿色物流城市"是与厦门市政府合作,已经打造出"厦门标杆",通过积极推广新能源车,与政府部门共同探讨研发搭建物流调度平台,未来将推出道路配送优化等方案,让城市配送更加高效环保。

国家在政策上大力倡导绿色物流的同时,领头物流企业纷纷跟进践行绿色使命。

顺丰：早在2013年就组建了自主包装研发团队，2016年升级为"顺丰科技包装实验室"。推出过"二次使用文件封""免胶纸易拉纸箱"以及冷链"大黑箱"EPP循环保温箱等。拥有50架货机的顺丰航空，通过飞行计划、电子飞行包、航路规划等优化项目和飞机刹车系统改进等手段，节省航油，降低排放。

菜鸟：阿里巴巴集团董事局主席马云多次在社交媒体上呼吁，希望物流行业所有参与者关注绿色包装，支持绿色包装，发展绿色物流。马云认为，未来快递业，"绿"才能赢。菜鸟网络、阿里巴巴公益基金会、中华环境保护基金会发起，圆通、中通、申通、韵达、百世、天天6家快递公司共同出资成立的中国首个物流环保公益基金——菜鸟绿色联盟公益基金2017年3月在北京成立，基金计划将投入3亿元用于"绿色消费、绿色物流、绿色供应链"等方面的倡导、推动、研究。

2017年5月，由菜鸟牵头，阿里巴巴各核心板块在北京聚首，启动阿里巴巴绿色物流2020计划。

京东：京东物流曾在2017年推出"青流计划"，旨在从减量包装、绿色物流技术创新和应用、节能减排等多个方面入手推动物流行业绿色化发展。2018年4月京东宣布在未来三年内投入数亿元研究电商物流包装领域的创新技术。2018年，京东物流联合新能源产业链的主机厂、充电运营商、车辆运营商等20家龙头企业共同启动"绿色'双11'"，在全国7个大区、40多个城市，总计投放新能源车近5 000辆。

苏宁：苏宁通过互联网转型、构建自有物流以及苏宁云仓、仓储机器人构建更柔性仓储模式，进而成立苏宁物流包装实验室，对于包装大数据、托盘循环共用、共享快递盒、冷链循环箱、零胶纸箱等一系列绿色包装产品进行研究推进，打造智慧物流下的绿色包装业态。目前，苏宁物流在全国拥有九大顶级"中国绿色仓库"；以"共享快递盒"为基础的超过100万个绿色包装产品累计使用达到1亿次；新能源物流车在苏宁全国城市配送网络中已经开始普及化推广。2018年11月1日，苏宁物流发布绿色物流共享行动"青城计划"，"椰城"海口成为第一站。根据计划，苏宁物流将携手海口市政府、小米集团、灰度环保，齐力协同，绿色共生，致力于将海口打造成为全链路绿色物流快递城市。

2018年12月，中华环境保护基金会、DT财经联合发布了《2018年中国绿色物流发展报告》，梳理了中国绿色物流在模式创新、技术成果等方面最新进展。报告指出，通过模式创新、技术助力、材料净化等多种方式，全链路的绿色物流加速落地。以菜鸟为代表的企业，正在通过技术手段为快递包装"瘦身"，并向社会开放整套绿色解决方案。报告称在过去的三年时间，物流行业在智慧化建设的道路上狂飙突进。以智能算法为核心的新技术，成为物流业绿色发展的重要推动力。

我国绿色物流发展相对滞后，相关政策法规、物流技术、消费者观念的大环境缺失决定了其还处于起步阶段。运输、仓储、装卸搬运、流通加工、配送、包装等众多物流环节中都存在标准、技术、人才的巨大缺口，要实现绿色物流的目标，中国面前还有一条漫漫长路。

（资料来源：盘点2018绿色物流事件. 物流之声. https://baijiahao.baidu.com/s?id=1623237119471122689&wfr=spider&for=pc）

行业观察

2020 运输新规,六大变革你都知道吗

物流业是融合运输、仓储、货代、信息等产业的复合型服务业,是支撑国民经济发展的基础性、战略性、先导性产业。随着每年国家相关政策的调整,公路货运结构加快优化,国家出台了 2020 年货物运输新政新规。

(1) 货车按车轴收费。从 2020 年 1 月 1 日起,取消计重收费,全国高速公路对货车实行统一按车(轴)型收费。以广东省方案举例:如果一辆 3 轴货车满载 27t 货物,在高速行驶 500km 要花多少元呢?如果计重收费,则需要花 27×0.09×500＝1 215(元),如果按轴收费,则仅需要 3.16×0.45×500＝711(元)。通过对比,按轴收费比计重收费少交了 40% 路费。可见满载拉货的前提下,无论选择哪种按轴收费方案,都会比计重收费便宜。按轴收费后,空车和载货一样收费,为了省路费,返程空车可以选择走国道。货运市场的空车率会减少,之前备受欢迎的车型可能会降温,一些大吨位的车型反而会升温。

(2) 不停车称重,超载车禁上高速。从 2020 年 1 月 1 日起,收费站入口将同步实施不停车称重检测。以后所有货运车辆进入高速公路前都要称重检测,只要有超限超载情况,无论此前是否有违法记录,都将无法驶入高速公路。

(3) 货车走 ETC 实现不停车收费。交通部发布的《收费公路车辆通行费车型分类》中表示,从 2020 年 1 月 1 日起,启用电子不停车收费功能,ETC 单卡用户(未安装车载装置的 ETC 用户)不再享受原则上不小于 5% 的车辆通行费基本优惠政策。ETC 通道是近两年的数字化交通管理的大趋势,与其观望不如尽早办理。

(4) 强制配备盘刹和气囊悬架。10 月 28 日,工业和信息化部装备工业发展中心下发《关于落实 GB 7258—2017 等标准整改工作的通知》。从 2020 年 1 月 1 日开始,三轴的栏板式和仓栅式挂车将强制配备盘式刹车和气囊悬架。普通挂车要升级盘刹与气囊桥,大约需要 5 万元以上。此外,盘式制动器还要配合液力缓速器使用,又要花几万元,这就意味着物流费可能要上涨。另外,盘式制动器还要配上辅助制动才能发挥出最大的效果。

(5) "网络货运"乱象终结。2019 年 9 月 9 日,交通运输部发布了《网络平台道路货物运输经营管理暂行办法》(以下简称《办法》),自 2020 年 1 月 1 日起实施,有效期 2 年。《办法》指出,指使、强令实际承运人超限超载运输货物,造成重大责任事故的,将依法查处,并将其纳入失信名单。同时网络货运经营者和实际承运人均应当依法履行纳税或扣缴税款义务。并且相关的涉税资料将会保存十年。终结乱象,才能更好步入物流智能时代,"网络货运"在业内还属于刚起步阶段,更需要逐步完善和细化此类行业规范。

(6) 危化品车辆统一时段限行。2019 年 11 月 28 日,交通运输部、工业和信息化部、公安部、生态环境部、应急管理部、市场监管管理总局联合发布了《危险货物道路运输安全管理办法》(以下简称《办法》),该法规自 2020 年 1 月 1 日起执行。《办法》从多方面要求危险货物安全、高效、便捷运输,指出危化品车辆通行高速公路的限行时间应在 0 时到 6 时之间。《办法》还提到,货主不得在托运的普通货物中违规夹带危险货物,或者将危险货物匿报、谎报为普通货物托运。并且,未经许可擅自通过道路运输危险货物的,要责令停止非法运输活动,并予以最高 20 万元的处罚。

国家2020年出台货物运输业新政新规,对未来物流业发展影响和意义深远。

(1) 提高宏观调控能力。进入2019年,由于受到经济增速放缓及货运需求减弱的影响,原来高速增长的货运需求持续放缓,再加上产业布局调整与运营模式优化影响,传统的大范围、大批量、规模化调拨改为区域性、小批量、多频次配送,公路货运需求增速在接下来发展中将增速放缓,市场竞争也会更加激烈,倒逼行业进行加快调整转型。转型期的加快暴露出行业市场的疏漏和弊端,因此要抓紧时间对有关的法律、法规政策进行修改和调整,研究和制定出适应社会主义市场经济体制和现代物流业发展的物流管理制度和有关政策,进一步提高宏观调控能力,避免市场混乱、竞争无序,更好地推动我国物流管理尽快走上规范化、制度化、法制化的轨道。

(2) 在竞争中寻找合作机遇。当今市场经济充满着竞争,但又不可避免地需要合作,因此许多企业都在建立联盟以获得竞争优势,降低运作成本,从而从总体上提高我国的物流发展水平。LoT、数字化、大数据、云计算、AI等信息技术在货运物流领域的应用日益广泛,传统货运企业加快拥抱互联网,"互联网+"货运物流模式再造新业态,产业数字化转型日益明显,这些都将深刻改变传统货运物流的运作方式和商业模式。

(3) 推行物流行业可持续发展。伴随着当前我国的物流贸易朝着不断上升的趋势发展,社会市场需求与物流资源之间的矛盾也在加大,怎样完成物流行业的可持续发展,是当前物流领域比较关心的问题之一。本次的新规改革中将环保和可持续发展问题放在重要的位置,运用综合运输体系的建设以及降低能耗、减少大气污染物排放加强地球环境保护,使资源运输车辆的发展与减少空载率显得十分重要。

(4) 加强管理,防范重大安全风险。此次新规办法中突出的各项强制性规定,是对道路安全问题加大管理力度,也是防范化解安全风险、保障人民群众生命财产安全的迫切要求。我国是危险化学品、爆炸物品、放射性物品等危险物品的生产和使用大国。由于产销分离、生产区域分布不均衡等原因,这些危险物品95%以上都需要异地运输。针对危险货物具有易燃易爆等特性,加上道路运输环境较为复杂,存在重大安全风险。此次新规通过建立危险货物道路运输全链条安全监管体系,着力提高危险货物道路运输安全治理能力、遏制重特大运输事故发生。

(5) 接轨国际危险货物运输规则。此次《危险货物道路运输安全管理办法》的总体框架、主体内容、主要制度,借鉴了《联合国关于危险货物运输的建议书规章范本》(TDG)和《危险货物国际道路运输欧洲公约》(ADR)的要求,参考了欧美等发达国家和地区的做法,保障《办法》的系统性及相关制度的科学化水平。另外,《办法》引用的一项最主要的标准——《危险货物道路运输规则》(JT/T 617),是交通运输部于2018年全面参照TDG和ADR制定的,可以实现危险货物的分类、品名、编号、包装、标签等要求与国际规则保持一致,为实现危险货物多式联运及国际运输奠定基础。

(资料来源:2020运输新规,6大变革你都知道吗? https://www.sohu.com/a/365959390_386921)

任务6.1 运输网络最大流问题分析

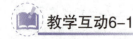

小长假出行,遇到过堵车吗?你认为堵车是车流量超出了公路最大容量造成的吗?

知识点

6.1.1 网络流量的含义

网络流量(network flow)是指在选定时间段内通过道路某一地点、某一断面或某一车道的实体数,也叫交通流量。

6.1.2 网络最大流的含义

网络最大流问题(maximum flow problem)是一种组合最优化问题,就是要讨论如何充分利用装置的能力,使运输的流量最大,以取得最好的效果。它是一类应用极为广泛的问题,在交通网络中有车流、客流、货物流,供水网络中有水流等。求最大流的标号算法最早由福特和福克逊于 1956 年提出,20 世纪 50 年代 Ford、Fulkerson 建立的"网络流理论"是网络应用的重要组成部分。

假设市某区域交通网络中有 n 个点,有 m 条有向边,有两个点很特殊,一个叫作源点,只出不进,通常定义为起点(v_s 点);另一个点叫作汇点,只进不出,通常规定为终点(v_t 点)。每条边有容量和流量两个量,从 i 到 j 的容量通常用 C_{ij} 表示,流量则通常是 f_{ij},如图 6-9 所示。

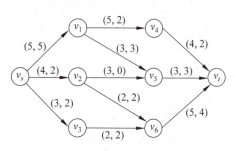

图 6-9 A 市某区域交通网络

交通网络中,这些边就是路段或道路,流量就是路段的车流量,容量就是路段可承受的最大车流量。很显然的,流量≤容量。而对于每个不是源点和汇点的点来说,可以类比地想象成没有存储功能的货物的中转站,所有"进入"它们的流量和,要等于所有从它们本身"出去"的流量和,这也遵循了流量守恒定律。

如果把源点比作超级配送中心,网络最大流问题就是求从配送中心可以发多少车辆,不至于超过任何一条车辆途经路段的容量限制,而且每个节点的进出流量守恒,也就是求网络最大流。

技能点

网络最大流问题

1. 理解线性规划法建立网络最大流问题模型的思路和方法。
2. 掌握 Excel 工具求解网络最大流问题模型的方法和步骤。

实训示例6-1

南洋东郊运输网络最大流

南洋市东郊交通网络如图 6-10 所示,括号里第一个数字代表该公路最大允许的车流量(路段容量),第二个数字表示当下的车流量。

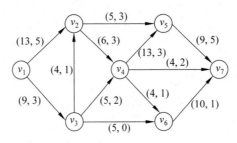

图 6-10　南洋东郊运输网络

问题：求解该地区网络最大流。

一、实训任务分析

该问题就是求从 v_1 入口流入或流出东郊运输网络的车流量。

首先，建立运输网络最大流问题模型。

然后，求解运输网络最大流问题模型，包括两个步骤：一是构建决策变量、约束条件和目标函数的数据关系；二是运用规划求解工具求解。

二、实训步骤

1. 建立线性规划模型

（1）分析确定目标函数，确定决策变量。

网络流入量和或流出量和最大，用 maxflow 表示。

各路段边的最大流量为决策变量，用 f_{ij} 表示。

则目标函数为

$$\mathrm{maxflow} = f_{12} + f_{13}$$

这里，选择流入量和的最大化为问题目标。

（2）确定约束条件。

第一类约束条件为：每个路段要求的最大流量不大于路段容量，12 个路段就得有 12 个约束条件。

$$f_{12} \leqslant 13 \quad f_{36} \leqslant 5$$
$$f_{13} \leqslant 9 \quad f_{45} \leqslant 13$$
$$f_{24} \leqslant 6 \quad f_{46} \leqslant 4$$
$$f_{25} \leqslant 5 \quad f_{47} \leqslant 4$$
$$f_{32} \leqslant 4 \quad f_{57} \leqslant 9$$
$$f_{34} \leqslant 5 \quad f_{67} \leqslant 10$$

第二类约束条件是流量守恒约束

$$f_{12} + f_{32} = f_{24} + f_{25}$$
$$f_{13} = f_{32} + f_{34} + f_{36}$$
$$f_{24} + f_{34} = f_{45} + f_{46} + f_{47}$$
$$f_{25} + f_{45} = f_{57}$$
$$f_{36} + f_{46} = f_{67}$$

整个网络流入量的和要与流出量的和相等,也是遵循流量守恒定律。

$$f_{57}+f_{47}+f_{67}=f_{12}+f_{13}$$

每个路段上的流量非负约束：

$$f_{ij} \geqslant 0, \quad i=1,2,3,4,5,6,7; j=1,2,3,4,5,6,7$$

则完整的运输网络最大流模型为

maxflow $= f_{12}+f_{13}$

s.t.

$f_{12}+f_{32}=f_{24}+f_{25}$　　　　$f_{25} \leqslant 5$

$f_{13}=f_{32}+f_{34}+f_{36}$　　　　$f_{32} \leqslant 4$

$f_{24}+f_{34}=f_{45}+f_{46}+f_{47}$　　$f_{34} \leqslant 5$

$f_{25}+f_{45}=f_{57}$　　　　　　　$f_{36} \leqslant 5$

$f_{36}+f_{46}=f_{67}$　　　　　　　$f_{45} \leqslant 13$

$f_{57}+f_{47}+f_{67}=f_{12}+f_{13}$　　$f_{46} \leqslant 4$

$f_{12} \leqslant 13$　　　　　　　　　$f_{47} \leqslant 4$

$f_{13} \leqslant 9$　　　　　　　　　　$f_{57} \leqslant 9$

$f_{24} \leqslant 6$　　　　　　　　　　$f_{67} \leqslant 10$

　　　　　　$f_{ij} \geqslant 0, \quad i=1,2,3,4,5,6,7; j=1,2,3,4,5,6,7$

2. Excel工具求解规划模型

(1) 向Excel表导入各边的容量数据。

(2) 构建模型框架。

图6-11中,A28:M29是原始数据区域。A32:M36是模型区域,单元格B34:M34定义为决策变量区域,B32定义为目标函数单元格,C35:M36是约束条件设置区域。

运输网络最大流问题建模

	A	B	C	D	E	F	G	H	I	J	K	L	M
25													
26	**Step2 问题求解**												
27	数据部分												
28	路段容量（允许流量）	f_{12}	f_{13}	f_{24}	f_{25}	f_{32}	f_{34}	f_{36}	f_{45}	f_{46}	f_{47}	f_{57}	f_{67}
29		13	9	6	5	4	5	5	13	4	4	9	10
30													
31	**模型部分**												
32	目标函数												
33	决策变量	f_{12}	f_{13}	f_{24}	f_{25}	f_{32}	f_{34}	f_{36}	f_{45}	f_{46}	f_{47}	f_{57}	f_{67}
34													
35	约束条件	左式											
36		右式											

图6-11　Excel工具求解模型框架

① 设置目标函数。目标函数单元格中输入：流入量和或者流出量和。这里选用流入量和。

设置B34:M34为决策变量区域,即以东郊运输网络最大流为目标,求出的每个路段的流量将在该区域显示。

在图6-12的单元格B32中输入目标函数"=B34+C34",即f_{12}、f_{13}的流入量和。这个引用计算关系确定后,当 f_{12}、f_{13} 的流量求出后,B32 单元格中会自动显示 f_{12}、f_{13} 的流量和。

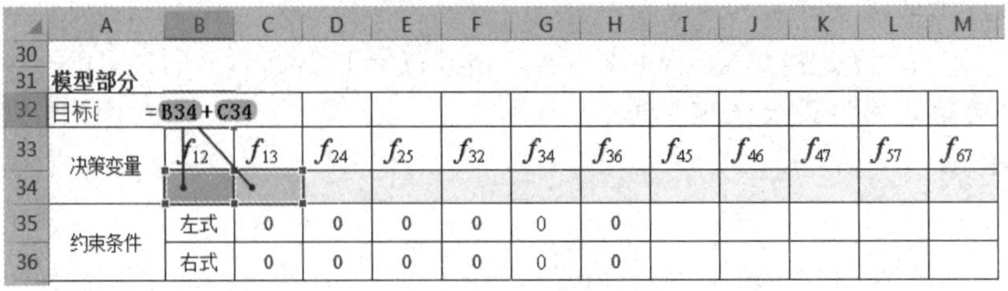

图 6-12 目标函数设计

② 设置约束条件。根据模型,流量守恒的 6 个约束条件有计算要求,即每个节点的流入量、流出量要求和。具体做法是把各节点流入量、流出量求和关系确定,放在指定单元格中,之后用规划求解工具就可调用该单元格。以 v_2 节点为例,流入量和 $= f_{12} + f_{32}$;流出量和 $= f_{24} + f_{25}$。

在单元格 C35 中输入流入量和"$=B34+F34$"的引用关系,在单元格 C36 中输入流出量和"$=D34+E34$"的引用关系,如图 6-13 所示。

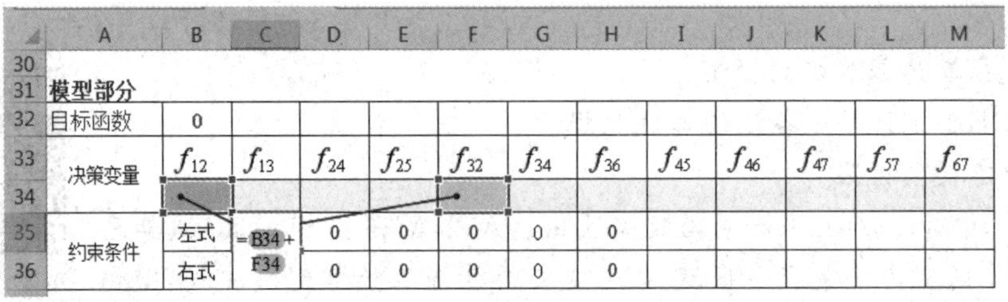

图 6-13 v_2 节点左式流入量和设计

同理,可将其他 5 个流量守恒约束条件关系设置好(见图 6-14)。这样模型部分的前期准备就做好了。当决策变量的解求出后,目标函数、约束条件值都能显示在相应单元格中。

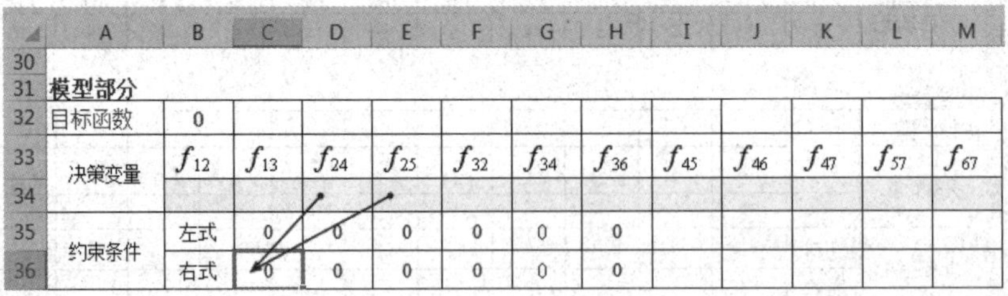

图 6-14 v_2 节点右式流出量设计

③ 设计流量约束条件。添加路段容量约束条件,即要求的 12 条路段流量不能超出各自路段容量模型中所列的 12 个约束条件。这个部分没有运算,因此,可以在规划求解工具中直接引用相应单元格。

(3) 运用规划求解工具求解。

① 工具-加载宏。选择规划求解。单击"数据"工具栏,选择"规划求解"选项,如图 6-15

图 6-15　调用规划求解

所示。

② 输入目标函数单元格。打开"规划求解参数"对话框,在"设置目标"单元格中选择或输入"$B$32",如图 6-16 所示。

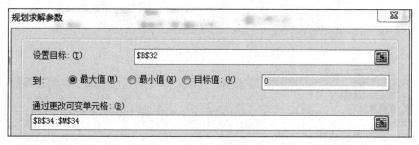

图 6-16　目标值和变量设置

③ 选择最大值/最小值。在"目标值"中选择"最大值"。

④ 输入可变(决策)单元格区域。在"通过更改可变单元格"中输入"$B$34:$M$34",如图 6-17 所示。

	A	B	C	D	E	F	G	H	I	J	K	L	M
26	Step2 问题求解												
27	数据部分												
28	路段容量	f_{12}	f_{13}	f_{24}	f_{25}	f_{32}	f_{34}	f_{36}	f_{45}	f_{46}	f_{47}	f_{57}	f_{67}
29	(允许流量)	13	9	6	5	4	5	5	13	4	4	9	10
30													
31	模型部分												
32	目标函数	0											
33	决策变量	f_{12}	f_{13}	f_{24}	f_{25}	f_{32}	f_{34}	f_{36}	f_{45}	f_{46}	f_{47}	f_{57}	f_{67}
34													
35	约束条件	左式	0	0	0	0	0	0					
36		右式	0	0	0	0	0	0					

图 6-17　设置规划求解参数时选择或输入可变单元格

⑤ 增加基础约束条件。单击"遵守约束"中的"添加"按钮,弹出"添加约束"对话框。

首先,添加路段容量约束条件,即要求的 12 条路段流量不能超出各自路段容量模型中所列的 12 个约束条件。规划求解中,可以用"$B$34:$M$34"<="$B$29:$M$29"来成组表示 12 个约束条件,如图 6-18 所示的设置。

其次,添加流量守恒 6 个约束条件,直接引用前面设置好的单元格,也可成组表示,如图 6-19 和图 6-20 所示。

第三类约束条件,就是每个路段所求的流量≥0,如图 6-21 和图 6-22 所示。

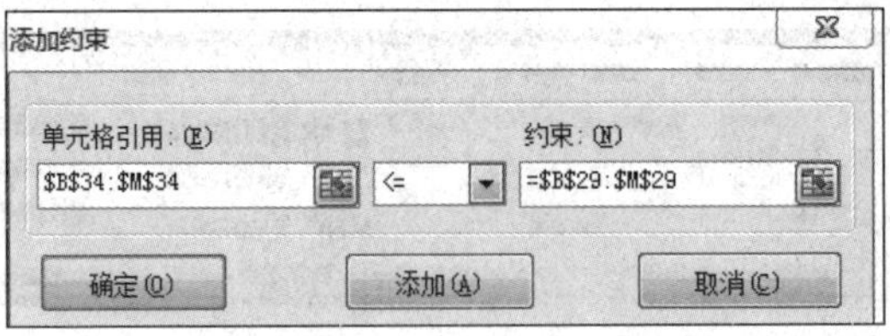

图 6-18 路段流量的容量约束设置

图 6-19 流量守恒约束设置

图 6-20 设置规划求解参数时选择或输入流量守恒约束条件区域

图 6-21 路段流量非负约束设置

图 6-22 设置规划求解参数时选择或输入可变单元格区域

另外,如果希望求出的解是整数,还可自行添加取整约束,如图6-23所示。

图 6-23　变量取整约束

⑥ 设置"选择求解方法"为"单纯线性规划",单击"求解"按钮,如图6-24所示。

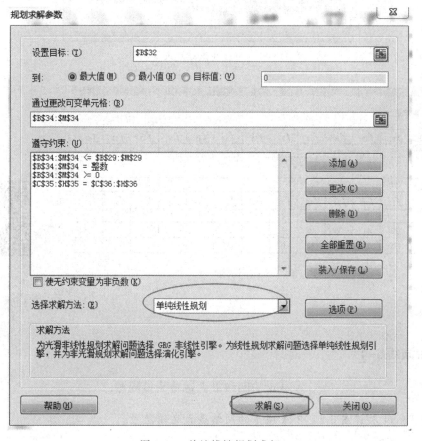

图 6-24　单纯线性规划求解

⑦ 保存规划求解结果。出现"规划求解结果"对话框,默认选项,单击"确定"按钮,如图6-25所示。

求解完成。在Excel表中可以看到:决策区域求出的解和目标值都已产生,约束条件都成立。南洋市东郊交通网络12个路段的最大流如B34:M34区域中所示,该网络最大流为20,也就是说,如果该区域流入量大于20,网络可能发生拥堵。由于整体网络中的流量守恒和相互制衡等因素,各路段求出的流量已经是最大流量,尽管都小于或等于路段容量,如图6-26所示。

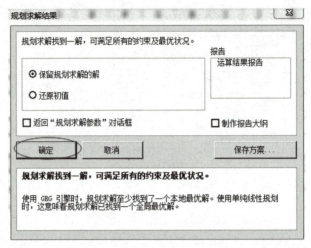

图 6-25　单纯线性规划求解选择

	A	B	C	D	E	F	G	H	I	J	K	L	M
25													
26	Step2 问题求解												
27	数据部分												
28	路段容量		f_{12}	f_{13}	f_{24}	f_{25}	f_{32}	f_{34}	f_{36}	f_{45}	f_{46}	f_{47}	f_{57}	f_{67}
29	（允许流量）		13	9	6	5	4	5	5	13	4	4	8	10
30													
31	模型部分												
32	目标函数		20											
33	决策变量		f_{12}	f_{13}	f_{24}	f_{25}	f_{32}	f_{34}	f_{36}	f_{45}	f_{46}	f_{47}	f_{57}	f_{67}
34			11	9	6	5	0	4	5	4	2	4	9	7
35	约束条件	左式	11	9	10	9	7	20						
36		右式	11	9	10	9	7	20						

图 6-26　求解完成

Excel 工具求解运输
网络最大流问题

实训演练6-1

A 城市的网络最大运输流量问题

请用 Excel 求解图 6-27 中 A 城市的网络最大运输流量。

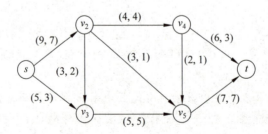

图 6-27　A 城市网络

实训提示：

解决该问题，需要两个步骤：建模、求解。

首先，要建立运输网络最大流问题模型。弄清该问题的目标函数、决策变量、约束条件。

其次，用 Excel 工具求解。一是在 Excel 工作表中建立模型结构，构建决策变量、约束条件和目标函数的数据关系；二是运用规划求解工具求解。

课后思考6-1

网络最大流的约束条件有哪几类？

任务 6.2　运输最短路问题分析

头脑风暴6-2

如果开车从学校或工作单位到你家，思考过出行最短路径吗？

知识点

6.2.1　最短路问题的含义

最短路问题是图论理论的一个经典问题。寻找最短路径就是在指定网络中两节点间找一条距离最小的路。最短路问题是网络分析中的一类优化问题，它不仅仅指一般地理意义上的距离最短，还可以引申到其他的度量，如时间、费用、线路容量等，可直接应用于解决生产实际的许多问题，如管道铺设、线路安排、厂区布局等优化问题。

教学互动6-2

假如你有一张地图，地图上给出了每一对相邻城市的距离数据，从一个地点（起点）到另外一个地点（终点）有多条路径，如何找到一条最短的路？

6.2.2　最短路问题求解算法

最短路算法要解决的就是这类问题。具体来说，如果将地图中任意两节点的连接线定义为路段，从起点到终点称为路径，路径就是由多个节点和路段组成。求解最短路径，就是找出连接起点和终点的多条路径中最短的那一条。

解决最短路问题最经典的算法有以下两种。

(1) Dijkstra(DIJ)算法。荷兰计算机科学家 Dijkstra 发现了 DIJ 算法，其核心思想是贪心算法(greedy algorithm)。DIJ 算法是求解单源最短路，即从某一个源点到达其他所有节点的最短路的一个经典算法。算法实现思路：把节点分成两个集合，一个是已经扫描过的节点集合，另一个是没有扫描的节点集合；即已经确定最短路和没确定最短路的两个集合，用 v 数组标记。然后从没有扫描的集合中挑出一个距离最小的点放入已经扫描的集合中，然后从这个点开始搜索它的所有出边，进行松弛操作即可。DIJ 算法稳定性好又通俗，到现在应用依然强健。

（2）Floyd 算法。Floyd 算法是一种简单、易于理解的算法。它可以求解任意两点之间的最短路，这是 Dijkstra(DIJ)算法（单源最短路）无法比拟的。算法实现思路：用三重循环枚举断点、起始点和终点。如果起始点到断点、断点到终点的距离和小于起始点到终点当前状态下的最短路，也就是说找到了一个比它还短的，那么就更新最短路。它允许存在负权边的情况下，解决单源最短路径问题。

技能点

1. 理解线性规划法建立运输最短路问题模型的思路和方法。
2. 掌握 Excel 工具求解建立运输最短路问题模型的方法和步骤。

最短路问题

**实训示例6-2**

服装运输最短路问题

无锡职教园区 s 地的红豆商院公司要运输一批服装给 t 地的客户（见图 6-28）。每个路段上的数字表示两节点间的距离。请帮他们选择一条最短路，并计算其长度。

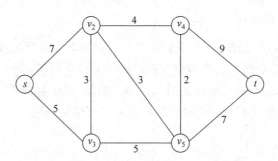

图 6-28　无锡职教园区路网结构

一、实训任务分析

整体解决方案的框架思路如下。

（1）建立最短路问题模型，包括：①确定目标函数和决策变量；②确定约束条件。

（2）求解最短路问题模型，包括：①在 Excel 工作表中构建模型结构，即构建决策变量、约束条件和目标函数的数据关系；②运用规划求解工具求解。

二、实训步骤

1. 建立线性规划模型

（1）分析确定目标函数，确定决策变量（整数规划）。

分析：根据题意，开车从无锡职教园区 s 地到 t 地，可选择不同的线路到达，如可以选择 $s—v_2—v_4—t$，$s—v_3—v_5—t$，$s—v_2—v_3—v_5—v_4—t$，此外，还有很多种选择。该问题求解实质是：选择走哪些相连路段，使整个路径的里程最短？

则目标函数为路径里程最短；而决策变量选择走哪些路段，即表达某路段走或不走。

$$\min Z = \sum_{i=1}^{m}\sum_{j=1}^{n} d_{ij} x_{ij}$$

式中　Z——路径里程；

d_{ij}——$v_i v_j$ 的里程；

x_{ij}——决策变量，$x_{ij}=\begin{cases}1, & \text{走 } v_i v_j \text{ 路段}\\ 0, & \text{不走 } v_i v_j \text{ 路段}\end{cases}$

（2）确定约束条件。

① 遵守流量守恒定律设置约束条件。

起点：流出量和＝1

$$x_{12} + x_{13} = 1$$

终点：流入量和＝1

$$1 = x_{46} + x_{56}$$

其他节点的总流入量＝总流出量

$$x_{23} + x_{24} + x_{25} = x_{12} + x_{32} + x_{42} + x_{52}$$
$$x_{32} + x_{35} = x_{13} + x_{23} + x_{53}$$
$$x_{42} + x_{45} + x_{46} = x_{24} + x_{54}$$
$$x_{52} + x_{53} + x_{54} + x_{56} = x_{25} + x_{35} + x_{45}$$

② 决策变量有且仅有两种答案：走或不走，则约束条件为：

$$x_{ij} = 0 \text{ or } 1, \quad i=1,2,\cdots,6; j=1,2,\cdots,6$$

此时完整的运输最短路问题模型构建完成：

$$\begin{aligned}\min Z &= \sum_{i=1}^{6}\sum_{j=1}^{6} d_{ij} x_{ij}\\ &= d_{12}x_{12} + d_{13}x_{13} + d_{23}x_{23} + d_{24}x_{24} + d_{25}x_{25} + d_{32}x_{32} + d_{35}x_{35} + d_{42}x_{42}\\ &\quad + d_{45}x_{45} + d_{46}x_{46} + d_{52}x_{52} + d_{53}x_{53} + d_{54}x_{54} + d_{56}x_{56}\end{aligned}$$

s.t.

$$x_{12} + x_{13} = 1$$
$$x_{23} + x_{24} + x_{25} = x_{12} + x_{32} + x_{42} + x_{52}$$
$$x_{32} + x_{35} = x_{13} + x_{23} + x_{53}$$
$$x_{42} + x_{45} + x_{46} = x_{24} + x_{54}$$
$$x_{52} + x_{53} + x_{54} + x_{56} = x_{25} + x_{35} + x_{45}$$
$$1 = x_{46} + x_{56}$$
$$x_{ij} = 0 \text{ or } 1, \quad i=1,2,\cdots,6; j=1,2,\cdots,6$$

2. Excel 工具求解规划模型

求解分为两大步骤：一是在 Excel 工作表中建立模型结构，构建决策变量、约束条件和目标函数的数据关系；二是运用规划求解工具求解。规划求解工具中没有计算功能，只能直接调用单元格，因此相关中间计算工作或数据之间的关系就要先在 Excel 表中完成。也就是说，运用它求解之前，需要在 Excel 中架构出与其功能相匹配的模型结构，然后再调用规划

运输最短路
问题建模

求解功能求解。

(1) 向 Excel 表导入数据部分。

(2) 构建模型框架(见图 6-29)。

	A	B	C	D	E	F	G	H
33	Step2 模型求解							
34	目标函数							
35	数据区域/弧数据区			决策变量	约束条件/节点数据区			
36	从	到	距离	是否走	节点	流出量	=	流入量
37	s	v_2	7		s		=	
38	s	v_3	5		v_2		=	
39	v_2	v_3	3		v_3		=	
40	v_2	v_4	4		v_4		=	
41	v_2	v_5	3		v_5		=	
42	v_3	v_2	3		t		=	
43	v_3	v_5	5					
44	v_4	v_2	4					
45	v_4	v_5	2					
46	v_4	t	9					
47	v_5	v_3	5					
48	v_5	v_2	3					
49	v_5	v_4	2					
50	v_5	t	7					

图 6-29 Excel 中构建模型框架

该模型框架中,数据和模型区域一体。单元格 D37:D50 定义为是决策变量区域,就是要求解的决策变量,即决策这些路段走哪些,不走哪些? 根据模型可以看出,只有 2 种结果: 1 表示走,0 表示不走。B34 定义为目标函数单元格,E36:H42 是约束条件设置区域。C37:C50 为数据区域,列示了每条路段的距离,设所有路段都是双向通车的。

① 设置目标函数,如图 6-30 所示。

B34			f_x	=SUMPRODUCT(C37:C50,D37:D50)				
	A	B	C	D	E	F	G	H
33	Step2 模型求解							
34	目标函数	0						
35	数据区域/弧数据区			决策变量	约束条件/节点数据区			
36	从	到	距离	是否走	节点	流出量	=	流入量
37	s	v_2	7		s		=	
38	s	v_3	5		v_2		=	
39	v_2	v_3	3		v_3		=	
40	v_2	v_4	4		v_4		=	
41	v_2	v_5	3		v_5		=	
42	v_3	v_2	3		t		=	
43	v_3	v_5	5					
44	v_4	v_2	4					
45	v_4	v_5	2					
46	v_4	t	9					
47	v_5	v_3	5					
48	v_5	v_2	3					
49	v_5	v_4	2					
50	v_5	t	7					

图 6-30 构建目标函数

本问题的目标是求所有路段的"距离"与"是否走"(0 or 1)的乘积和最小。

② 设置约束条件。

约束条件有三类,其中,第一类约束条件就是流量守恒约束。

首先是起点与终点,起点只能选一条路段出来,终点只能从一条路段到达。

从起点 s 出来有 $s—v_2$ 和 $s—v_3$ 两条路段,但只能选 1 条,所以在 s 节点的约束条件就是 D37+D38=1,如图 6-31 所示。

图 6-31 设置约束条件

同理,终点 t 也有 $v_4—t$,$v_5—t$ 两条路段,此时也只会选 1 条到 t,其他中间节点也是这样,至多 1 条路进,1 条路出。

同理,可设定其他节点的约束条件,如模型所示。此时,模型部分的各类数据关系就设置好了(见图 6-32)。就可以调用、运用规划求解工具求解。

图 6-32 设置完成各类数据关系

(3) 运用规划求解工具求解。

这部分的操作步骤可参见微课"Excel 工具求解运输网络最大流问题",里面有详细介绍。调用"规划求解参数"对话框,设置目标、目标方向、决策变量和约束条件,即可求解(见图 6-33)。

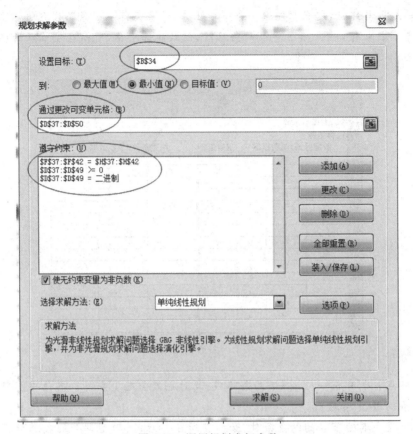

图 6-33　调用规划求解参数

求解完成。在 Excel 表中可以看到决策区域求出的解和目标值都已经产生，此时约束条件都成立。则求出的最短路径为 $s—v_3—v_5—t$，里程为 17（见图 6-34）。

	A	B	C	D	E	F	G	H
33	Step2 模型求解							
34	目标函数	17						
35	数据区域/弧数据区			决策变量	约束条件/节点数据区			
36	从	到	距离	是否走	节点	流出量	=	流入量
37	s	v_2	7	0	s	1	=	1
38	s	v_3	5	1	v_2	0	=	0
39	v_2	v_3	3	0	v_3	1	=	1
40	v_2	v_4	4	0	v_4	0	=	0
41	v_2	v_5	3	0	v_5	1	=	1
42	v_3	v_2	3	0	t	1	=	1
43	v_3	v_5	5	1				
44	v_4	v_2	4	0				
45	v_4	v_5	2	0				
46	v_4	t	9	0				
47	v_5	v_3	5	0				
48	v_5	v_2	3	0				
49	v_5	v_4	2	0				
50	v_5	t	7	1				
51								
52	结论：最短路径为 $s-v_3-v_5-t$，此时里程为17							

图 6-34　求解完成

Excel 工具求解运输最短路问题

实训演练6-2

小张送货最短路问题建模求解

小张是顺丰商院物流配送中心（位于 s 地）的快递员，现收到王二顾客（位于同城 t 地）的一笔10箱水的订单和送货单。小张要驾车前往送货，从 s 地到 t 地的网络结构如图6-35所示，求解小张从配送中心 s 地到 t 地的最短路径及其长度。

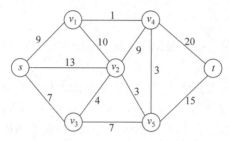

图6-35　s 地—t 地路网结构

实训提示：

（1）构建最短路问题模型。关键是要弄清该问题的目标函数、决策变量、约束条件。

（2）求解最短路问题模型。关键是将目标函数、决策变量、约束条件等数据结构和数据关系理清，并在Excel工作表中表现，并会调用规划求解工具求解。

具体步骤参见实训示例6-2。

课后思考6-2

相比于经典算法，"线性（整数）规划法＋Excel工具"求解最短路问题有何优点？它有何局限性？

任务6.3　运输路网数据分析

头脑风暴6-3

外出到一个陌生城市，你是不是经常借助百度或高德等电子地图导航？

知识点

电子地图（electronic map）又称数字地图，是利用计算机技术，以数字方式存储和查阅的地图。电子地图一般使用向量式图像储存资讯，地图可按比例放大、缩小或旋转而不影响显示效果。早期使用位图式储存，地图比例不能放大或缩小。现代电子地图软件一般利用地理信息系统来储存和传送地图数据，也有使用其他信息系统的产品。百度地图、高德地图、谷歌地图、腾讯地图

运输路网
数据分析

等都是常见的电子地图。

(资料来源：电子地图百度百科. https://baike.baidu.com/item/%E7%94%B5%E5%AD%90%E5%9C%B0%E5%9B%BE/1287271?fr=aladdin)

教学互动6-3

你喜欢用百度地图还是高德地图？理由是什么？

6.3.1 百度地图工具

百度地图是为用户提供包括智能路线规划、智能精准导航（驾车、步行、骑行）、实时路况等出行相关服务的平台。

百度地图作为新一代人工智能地图，秉持"科技让出行更简单"的品牌使命，以"科技"为手段不断探索创新。伴随着AI时代的到来，百度地图不仅实现了语音交互覆盖用户产品使用全流程，还上线了AR步导、AR导游等实用功能，且地点信息丰富，更加方便用户的出行。2019年9月，百度地图全新发布"百雀灵计划"，上线全球首个地图语音定制功能，让用户出行更具个性化。最新版的百度地图呈现出以下更准确、更丰富、更易用的显著特点。

路径规划工具——百度地图

（1）AI化数据生产，加速产业升级。百度地图80%数据采集环节实现AI化，是业内AI化水平最高，搭载的AI技术最强、最丰富的地图厂商。

（2）路况及时更新时间准确预估。与各地交警等合作，提供数据，交通信息及时更新；预测实时路况与耗时，准确预估到达时间；预测未来任一时刻的路况与耗时，提前规划行程；拥堵趋势精准预测，拥堵消散时间明确。

（3）精准导航提升出行效率。秒级路况更新，实时推荐更优路线，实现智能避堵；业界初个智能定位，GPS弱信号场景下持续导航；根据未来的预测路况，推荐更优通行路线，避堵效果全面升级；目的地详细位置引导，精准服务覆盖全程。

（4）地图服务覆盖出行全场景。一键全网呼叫打车，打车速度更快、优惠更多；支持全国跨城方案查询，提供多样化交通方式组合；实时公交数据，实时准确，更多城市陆续上线；为搭乘火车的用户提供异站换乘方案等多种出行选择。

（5）覆盖多领域民生服务，提供丰富生活信息。上线充电桩地图，专为新能源车主提供便利；上线医疗领域专题地图，建设政务便民地图、司机实用地图、室内地图，覆盖全国4 000多个购物中心、机场等场馆；行业首家上线足迹地图，见证你的每次出发。

（6）国内首家覆盖全球的国际化地图。为用户提供全球热门旅游目的地及攻略信息；特型旅游底图，热门景点和购物中心一览无余；为驾车用户提供导航，并提示当地交通规则；热门旅游城市公共交通方式全面覆盖，同时支持实时打车和预约打车等服务；国际地铁、热门旅游城市地铁路线信息覆盖。

（7）智能语音助手累计用户数超3亿。智能语音全面覆盖，支持多途径点路线查询、发起导航、查询精准POI地点、限号、天气等；"小度小度"全端唤醒，语音全方位操控，导航中同步支持目的地变更、路线变更、路况查询等操作。

百度地图提供了公交、地铁、打车、驾车、骑行、步行等多种出行方式。

6.3.2 高德地图工具

高德地图优质的电子地图数据库是其核心竞争力。覆盖全国 364 个城市、全国道路里程 352 万公里。高德地图提供了公交、驾车两种乘车方式。

公交方式：推荐方案,步行少,换乘少,无地铁,现在出发。

驾车方案：推荐方案,躲避拥堵,避免收费。

高德地图很好用,功能基本上能够满足大家的出行需求。它会给我们每次的出行提供详细、实时的解决方案,只要按照提示就可以轻松到达目的地。

路径规划工具——高德地图

此外,高德地图也提供不少特色功能。

(1) 动态导航。交通路况实时播报,智能计算到达目的地所需的时间,避堵路线方案规划,摄像头提醒。

(2) 离线下载。2D、3D 离线地图,分地区下载地图包、全国地图包、全国概要图。

(3) 地图搜索。热门地点、线路搜索,公交、自驾出行线路规划,公交、火车、天气查询服务。

(4) 全新引擎。最新 3D 版本,360°旋转视角,矢量数据传送,观看更流畅、更清晰。

(5) 兴趣点。餐饮、住宿、优惠、演出、团购全覆盖,海量兴趣点随意搜。

日常生活中,不少人需要出远门,如企业营销等业务人员,经常全国跑、全球飞,配送人员每天把货物送给不同地点的客户等,他们需要熟悉出行路线、行程信息,提前谋划线路、确定节点时间,努力将行程纳入可控预期。百度、高德是常见的地图工具,人们可以运用它们进行路网分析,进而优化出行线路。

6.3.3 数据分析报告

1. 数据分析报告的框架内容

一般来说,一个完整的数据分析报告至少包括以下几个内容：①标题；②目录；③背景与意义；④数据来源、数据量等基本情况；⑤问题分析与小结；⑥最终结论；⑦优化建议或策略；⑧附录。

③~⑦为正文部分。背景和意义决定了报告逻辑,即解决什么问题。数据基本情况说明采用了什么样的数据,可信度如何,数据量的规模等。问题分析与小结是分析问题、查找问题、总结问题。策略、建议或趋势预测等是加分项。

2. 数据分析报告撰写要领

(1) 搭框架。好的数据分析报告一定是有基础、有层次、有逻辑,架构清晰、主次分明的报告,让读者易读懂、有兴趣。

撰写数据分析报告

(2) 数据分析要具体、翔实,重点突出、表现力好。分析就是要发现问题,从不同维度去发现问题。而且尽可能用图、表等可视化方式呈现数据,形象直观,运用对比方式分析数据,有重点地对确定的优化事项进行重点分析、详尽展示。

(3) 结论要明确。如果没有结论或没有明确的结论,分析就不是分析了,因为原本就是要寻找或者印证一个明确结论而进行分析的,否则,就失去了数据分析的意义。因此,结论一定是明确、准确,甚至精确,不要有猜测性结论,一定是基于严谨的数据分析推导过程而形成。

另外,数据分析是"以数据说话",所使用的数据单位、术语一定要标准统一、前后一致、量化规范。如果能够将一些新的分析方法和模型引入数据分析,就能够体现报告的方法创新性。

 教学互动6-4

一个完整的数据分析报告包括哪些内容?

 技能点

1. 能够根据出行需求,运用百度、高德等地图工具规划路径。
2. 能进行运输路网数据分析,制订出行方案,根据不同出行需求选择最优方案。
3. 能理解一份数据分析报告的结构与内容。

 **实训示例6-3**

王总监出行路线建议

王总监要从京东商院仓配客中心(位于无锡商院第一实训楼)出发到无锡东站购买一张中午12:00从无锡东站出发的车票。

问题:请借助百度或高德地图工具给他一个出行路线建议。

一、实训任务分析

王总监从京东商院仓配客中心到无锡东站有哪些出行方式?如出租、公交、地铁等。每种出行方式大概需要多长时间、费用多少?

整体解决方案的框架思路如下。

(1) 选择一种地图工具,初步了解有哪几种出行方式,每种方式所需要的时间、费用等。

(2) 根据出行需求,如时间最短、费用最少等,推算各种需求下的出发时间,估算中转、等待时间。

(3) 根据选择依据,选出最优方案。

二、实训步骤

(1) 分析起点(O)到终点(D)的较优路径(线路)方案。

① 打开百度或高德地图(网页版或APP等,下面以网页版为例进行介绍)。

② 输入:起点为无锡商院第一实训楼;终点为无锡东站。

③ 选择相应的选项,列出路径OD较优方案。

(2) 根据出行需求和各备选方案优势,推算出发时间,全局选出最优方案。假设路段畅流、OD路径畅通,仅考虑公交和驾车两种出行方式。出行需求一般有三类:最短时间、最短里程、最少费用。不同出行需求下,百度、高德给出的最优方案略有不同,但给出的方案指导是一致的,见表6-1。

表 6-1　路径 OD 方案

备选方案			百度方案	高德方案
方案 1	公交	最短时间	票价¥8　26路 → 地铁2号线 1小时47分钟 | 37.6公里 | 步行1.5公里	115路 > 地铁3号线 > 地铁2号线 1小时37分钟（32.3公里）| 步行1.8公里 | 8元 时间短 | 上车站 江南影视学院
方案 2	公交	最短里程	票价¥4 最佳 126路 → 6路 2小时30分钟 | 36.0公里 | 步行1.4公里	115路 > 地铁3号线 > 地铁2号线 1小时37分钟（32.3公里）| 步行1.8公里 | 8元 上车站 江南影视学院
方案 3	公交	最少费用	票价¥4 最佳 126路 → 6路 2小时30分钟 | 36.0公里 | 步行1.4公里	126路 > 6路 2小时26分钟（35.9公里）| 步行1.4公里 | 4元 步行少 | 上车站 西环线
方案 4	公交	最少步行	票价¥6　161路 → 112路 → 706路 2小时45分钟 | 38.1公里 | 步行940米	115路 > 地铁3号线 > 地铁2号线 1小时37分钟（32.3公里）| 步行1.8公里 | 8元 时间短 | 上车站 江南影视学院
方案 5	驾车	最短时间（躲避拥堵）	推荐 50分钟　37.8公里　13个红绿灯 打车约103元　途经：快速内环南、金城快速路	方案1 约41分钟　38.9公里　红绿灯13个 途径：钱胡路 > 快速内环(东) > 金城路高架
方案 6	驾车	最短里程	推荐 1小时11分钟　32.6公里　56个红绿灯 打车约87元　途经：梁清路、学前东路	方案2 约47分钟　35.7公里　红绿灯14个 途径：太湖西大道 > 金城路高架 > 新华路高架
方案 7	驾车	最少费用（不走高速/避免收费）	推荐 51分钟　37.7公里　15个红绿灯 打车约103元　途经：快速内环南、金城快速路	方案1 约43分钟　38.9公里　红绿灯13个 途径：钱胡路 > 快速内环(东) > 金城路高架

① 如果出行需求为最短时间,选方案 5。百度地图工具显示需要 50 分钟,高德地图工具显示仅需 41 分钟。建议保守取法,选用百度地图给出的结果 50 分钟。加上机动 30 分钟,建议出发时间为 10:40 左右。

② 如果出行需求为最短里程,百度地图工具显示选方案 6,高德地图工具显示选方案 2 (方案 1、方案 4 同方案 2,方案 2 代表)。百度地图工具给出的方案 6,里程 32.6km,驾车出行,需要 1 小时 11 分,加上机动 30 分钟,建议出发时间为 10:20 左右。高德地图工具给出的方案 2,里程 32.3km,地铁出行,需要 1 小时 37 分,加上机动 30 分钟,建议出发时间为 9:50 左右。

③ 如果出行需求为最少费用,选方案 3,仅需 4 元。百度地图工具给出的方案 3 (方案 2 同方案 3,方案 3 代表),里程 36km,公交出行,需要 2 小时 30 分,加上机动 30 分钟,建议出发时间为 9:00 左右。高德地图工具给出的方案 3,里程 35.9km,需要 2 小时 26 分,加上机动 30 分钟,建议出发时间为 9:04 左右。

实训演练6-3

顺丰商院物流配送中心配送线路规划

顺丰商院物流配送中心要将一批100kg以上的商品送到苏州观前街1号购物中心,需要在上午10:00前送到,负责该任务的张司机未曾去过1号购物中心,请运用百度地图和高德地图工具帮他规划一下线路。

实训提示:

题中明确是100kg以上的商品送货问题,也注明是张司机,说明是张司机驾车送货,可选择驾车出行。已知起点是顺丰商院物流配送中心,终点是苏州观前街1号购物中心。又知送货时间要求是上午10:00前,虽题中并未说明当时时间,但可见送货对时间有要求。建议用出行需求为时间最短来求解。具体步骤参照实训示例6-3。

课后思考6-3

你知道哪些地图工具提供了货车路线规划功能?

单元习题

一、单选题

1. 交通网络中,流量就是路段中的车流量,容量就是路段可承受的最大车流量,则( )。

   A. 流量=容量　　B. 流量<容量　　C. 流量>容量　　D. 流量≤容量

2. Dijkstra算法是由( )提出的。

   A. 福特(Ford)　　　　　　　　B. 福克逊(Fulkerson)
   C. 狄克斯特拉(Dijkstra)　　　D. 欧拉(Euler)

3. 下列方法中,( )是求解最短路问题的解法。

   A. 表上作业法　　B. Dijkstra法　　C. 单纯形法　　D. 破圈法

4. 下列错误的结论是( )。

   A. 容量不超过流量
   B. 流量非负
   C. 容量非负
   D. 发点流出的合流等于流入收点的合流

5. 下列正确的结论是( )。

   A. 容量不超过流量
   B. 流量可负
   C. 容量可负
   D. 发点流出的合流等于流入收点的合流

二、多选题

1. 图6-36所示的是( )。

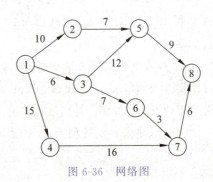

图6-36 网络图

A. 有向网络 B. 无向网络
C. 图论中所说的图 D. 赋权图

2. 1956年提出求最大流标号算法的是( )。

A. 福特(Ford) B. 福克逊(Fulkerson)
C. 狄克斯特拉(Dijkstra) D. 欧拉(Euler)

3. 解决最短路问题最经典的算法有( )。

A. EK算法 B. Dijkstra算法 C. Floyd算法 D. HLPP算法

4. 最短路问题不仅仅指一般地理意义上的距离最短,还可以引申到求( )。

A. 时间最短 B. 重量最小 C. 费用最少 D. 流量最小

5. ( )都是常见的电子地图。

A. 谷歌电子地图 B. 百度电子地图
C. 高德电子地图 D. 腾讯电子地图

三、判断题

1. 哥尼斯堡七桥问题被证明无解。 ( )
2. 如果图的顶点和边赋予数量含义,我们通常把这种赋权图称为有向网络。 ( )
3. 交通网络中,边就是路段或道路,流量就是路段的车流量,容量就是路段可承受的最大车流量。 ( )
4. 最短路径就是求在连接起点和终点间的多条路径中最短的一条。 ( )
5. 高德、百度等地图,都能进行交通路况实时播报,智能计算到达目的地所需的时间,避堵路线方案规划,但还没有摄像头提醒功能。 ( )
6. 数据分析是"以数据说话",所使用的数据单位、术语一定要标准统一、前后一致、量化规范。 ( )
7. 最短路问题也可以用线性规划问题来求解,此时变量数与网络的路段数相同。
 ( )

四、实训题

1. 顺丰商院物流配送中心要把一批救灾物资从无锡(v_s)运到武汉(v_t)。把这个输送过程绘制成网络图,见图6-37,请安排一个运输方案,使在单位时间内从无锡(v_s)运到武汉(v_t)的物资最多,即求解网络最大流。括号内数字是容量和当前实际流量。

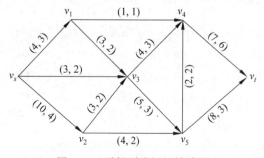

图6-37 无锡到武汉运输路网

2. 图6-38是华夏城中山区交通路网图,现要从v_1地运送一批玉米到v_6地,试问从v_1

到 v_6 应该怎么走？图中路段上的数字是指两地距离。

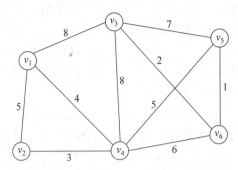

图 6-38 华夏城中山区交通路网图

3. 北京大像公司无锡分公司(位于无锡滨湖区万达广场)李二强今天上午 8:30 收到北京总部(位于北京大学东南门)紧急会议通知，会议时间是明天下午 15:00。时间紧急，李二强得抓紧安排行程，请帮他规划线路。

▶ 单元案例

2019 城市交通拥堵情况分析报告

——摘自《2019 年度中国城市交通报告》

1. 2019 年度全国百城交通拥堵排名 TOP 10(城市不分类)

2019 年，重庆、北京、贵阳三个城市位列全国城市交通拥堵榜单前三位，如图 6-39 所示。

2019年度排名	环比排名升降	城市	2019年度通勤高峰拥堵指数	2019年度通勤高峰实际速度（km/h）
1	↑2	重庆	2.165	23.64
2	↓1	北京	2.040	25.12
3	↑3	贵阳	1.979	25.79
4	↓2	哈尔滨	1.905	23.08
5	↓1	长春	1.777	26.69
6	↑21	广州	1.744	29.89
7	↓2	上海	1.739	25.56
8	↑30	西安	1.730	28.13
9	↓2	呼和浩特	1.725	28.83
10	↑6	武汉	1.716	27.08

图 6-39 2019 年度全国城市交通拥堵榜

数据说明：采用"通勤高峰拥堵指数"作为表征城市交通拥堵状况的指标，即工作日早晚高峰时段实际行程时间与畅通行程时间的比值。其中，早高峰为 7:00—9:00，晚高峰为

17:00—19:00,乌鲁木齐和拉萨的早晚高峰时间因时区原因有所调整。报告中各分析指标所反映的评价范围是各城市的主城区,各城市主城区范围是根据政府公开数据、百度地图地理数据、人口热力数据等综合分析确定。如需查看各城市实时交通拥堵状况,可登录网址 http://jiaotong.baidu.com/top。

2. 2019 年度拥堵加剧城市 TOP 5 及拥堵缓解城市 TOP 5(城市不分类)

2019 年,拥堵同比 2018 年加剧的 TOP 5 城市为唐山、重庆、沧州、西安和贵阳;拥堵同比 2018 年缓解的 TOP 5 城市为宜宾、阳泉、肇庆、上海和连云港,如图 6-40 所示。

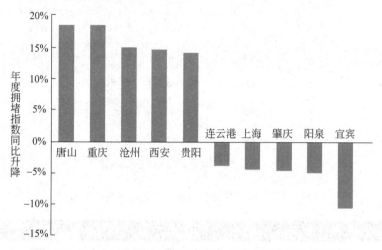

图 6-40　2019 年度拥堵加剧城市 TOP 5 及拥堵缓解城市 TOP 5

3. 2019 年度全国百城交通拥堵排名(城市分类)(见图 6-41 和图 6-42)

排名	城市	2019年度通勤高峰拥堵指数	2019年度通勤高峰实际速度 / (km/h)
1	重庆	2.165	23.64
2	北京	2.040	25.12
3	上海	1.739	25.56
4	西安	1.730	28.13
5	武汉	1.716	27.08
6	天津	1.612	32.07
7	成都	1.610	32.70
8	深圳	1.600	32.96
9	东莞	1.588	32.93
10	郑州	1.580	31.82

图 6-41　2019 年度全国百城交通拥堵排名(1)

排名	城市	2019年度通勤高峰拥堵指数	2019年度通勤高峰实际速度 / (km/h)
1	贵阳	1.979	25.79
2	哈尔滨	1.905	23.08
3	长春	1.777	26.69
4	呼和浩特	1.725	28.83
5	沧州	1.705	30.12
6	厦门	1.666	29.80
7	大连	1.659	26.32
8	廊坊	1.655	31.68
9	福州	1.613	30.79
10	济宁	1.605	26.08

图 6-42　2019 年度全国百城交通拥堵排名(2)

4. 2019年度全国百城交通拥堵指数排名（城市分类）（见图6-43和图6-44）

城市分类	排名	城市	2019年度通勤高峰拥堵指数	拥堵指数同比2018年度	2019年度通勤高峰实际速度/(km/h)
汽车保有量>300万辆	1	重庆	2.165	↑ 18.70%	23.64
	2	北京	2.040	↑ 6.44%	25.12
	3	上海	1.739	↓ 4.34%	25.56
	4	西安	1.730	↑ 14.86%	28.13
	5	武汉	1.716	↑ 6.97%	27.08
	6	天津	1.612	↑ 1.54%	32.07
	7	成都	1.610	↑ 7.14%	32.70
	8	深圳	1.600	↑ 9.05%	32.96
	9	东莞	1.588	↑ 5.28%	32.93
	10	郑州	1.580	↑ 5.11%	31.82

图6-43　2019年度全国百城交通拥堵指数排名（1）

城市分类	排名	城市	2019年度通勤高峰拥堵指数	拥堵指数同比2018年度	2019年度通勤高峰实际速度/(km/h)
汽车保有量200万~300万辆	1	广州	1.744	↑ 11.16%	29.89
	2	合肥	1.712	↑ 5.43%	27.18
	3	南京	1.705	↑ 3.38%	27.51
	4	唐山	1.702	↑ 18.77%	30.42
	5	佛山	1.696	↑ 7.97%	29.65
	6	长沙	1.687	↑ 4.49%	28.89
	7	济南	1.684	↑ 1.24%	29.09
	8	沈阳	1.677	↓ 0.36%	26.10
	9	昆明	1.676	↑ 1.51%	28.99
	10	杭州	1.627	↑ 3.11%	28.16
	11	石家庄	1.593	↑ 10.38%	35.23
	12	青岛	1.574	↑ 5.72%	30.13
	13	保定	1.561	↑ 11.95%	35.54
	14	临沂	1.527	↑ 9.43%	29.67
	15	无锡	1.443	↑ 11.20%	37.20
	16	温州	1.427	↑ 3.73%	32.27
	17	宁波	1.380	↑ 3.98%	34.20
	18	潍坊	1.361	↑ 2.17%	35.65

图6-44　2019年度全国百城交通拥堵指数排名（2）

（资料来源：2019年度中国城市交通报告.百度智能交通实验室. http://jiaotong.baidu.com/top）

问题：

1. 我国城市拥堵问题是道路不够宽、道路少、容量小等原因中的哪个原因？
2. 案例中所述城市拥堵问题的真正原因在哪？谈谈如何解决城市拥堵问题。

单元 7

供应链节点定位分析与决策

◆ 学习目标
◆ 单元结构
◆ 学习内容
  基础知识
  任务 7.1 重心法选址问题
  任务 7.2 0-1 规划选址问题
◆ 单元习题
◆ 单元案例

学习目标

通过本单元学习,你应该达到以下目标。

知识目标:

1. 了解供应链节点选址的原理及选址应考虑的因素。

2. 了解供应链节点选址的程序。

3. 掌握供应链节点选址的方法。

4. 理解单设施节点选址模型以及多设施节点选址模型。

技能目标:

1. 能用 Excel 工具求解针对单设施节点选址的重心法选址问题。

2. 能用 Excel 工具求解针对多设施选址问题的 0-1 规划选址问题。

思政目标:

1. 树立严格遵守供应链节点选址流程的自律性。

2. 树立精益供应链、绿色供应链管理观念。

3. 养成供应链生态观。

单元结构

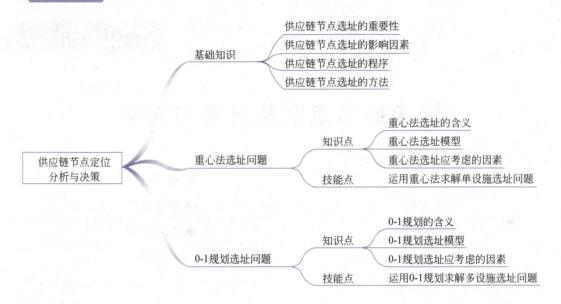

学习内容

导入案例

供应链节点定位分析与决策

发力供应链　再造实体店

在全渠道融合的趋势之下，互联网巨头纷纷布局实体店，传统的产品制造商也竞相开设直营店，门店在全渠道布局中的受重视程度与日俱增。那么，现在的门店和以前的有何不同？如何才能更好提升客户体验？

所谓全渠道，即企业为满足消费者在任何时间、任何地点及任何方式下的购买需求，采取多渠道整合的方式销售产品或服务，为消费者提供无差别的购物体验。

"全渠道能提升客户体验，但也给企业的供应链网络带来了新的挑战。"埃森哲大中华区管理咨询董事总经理黄雪明表示，挑战主要体现在两个方面：客户对门店的新期待，以及电商渠道加速增长使传统内部供应链资源收紧。

根据埃森哲对全球包括中国在内的13个国家的消费者调研显示，消费者对零售商提供服务能力的期望呈明显上升趋势。三年前，只有17%的中国消费者希望能在前往实体店前通过线上查询了解产品在实体店内的库存情况，一年后，这个比例增长了一倍。同样，希望能在门店购买到其他渠道内缺货产品的消费者比例，也增长了一倍多。

在黄雪明看来，消费者对零售商服务能力期待值的提高，促使实体店成为消费者全渠道体验中至关重要的一环。只有更好地利用实体店，才能促进销售增长，增加客户黏性，减少多渠道下的渠道重复交叉，减少不必要的运营开支。

全渠道的发展需求,对企业传统供应链线上线下的资源调配、全渠道库存管理以及最后一公里配送都提出了挑战。2017年国内服装快消官网的功能调研发现:有90%左右的零售商具有门店定位功能,但其中只有约22%的零售商能够提供网上预约门店提货服务;而提供网上订货、门店发货服务的仅有10%。这与当前零售商想要借用现有实体店作为网络节点进行最后一公里配送的策略有所背离。

"没能善用原有实体门店,即在最初供应网络设计中未将门店作为网络节点中的一个节点纳入考虑,门店配套能力及各渠道未很好整合,导致信息无法支撑现有全渠道供应需要,是症结所在。"黄雪明说。

应对上述挑战,门店可发挥更积极的作用。黄雪明认为,在全渠道供应网络中,企业需要建立线上线下无缝连接的供应链渠道、更加下沉的供应节点、更加标准的仓店一体配置,以及更加灵活的配送网络。实体门店将发挥关键作用,因为门店不仅能提供连接消费者的购物触点,还能充分发挥品牌效应,连接线上线下,有效助力全渠道转型。做好门店角色转变,需要有更合理的选址以及提升全渠道配套供应能力。

展望未来,在新零售环境下,零售商应紧随全渠道发展的大方向,结合自身战略意图及发展目标,利用门店数字化转型的契机,实现更透明的线上线下资源可视,建立更高效、更柔性的配送网络,适应全渠道中新的应用场景,为消费者提供更优秀的购物体验,才能在竞争中立于不败之地。

(资料来源:姚进,胡达闻. 发力供应链再造实体店. https://baijiahao.baidu.com/s?id=1610855665186188681&wfr=spider&for=pc)

问题:供应链节点选址对"新零售"产生哪些影响?

头脑风暴7-1

你了解哪些供应链节点选址方法?

基础知识

在经济全球化快速推进、市场竞争日益加剧和客户对供货时间越来越敏感的背景下,企业之间的竞争转向供应链与供应链之间的竞争。供应链系统的网络拓扑结构是供应链整体运作的实体支撑,对供应链整体的响应速度、服务质量、运作成本、运作效率和一体化运作的流畅性等有重要影响作用。优良的网络结构是供应链系统合理化和科学性运作的前提和保证。供应链节点选址是供应链系统规划的重要环节,也是供应链网络规划的重要内容。供应链节点选址决定了企业物流与商流网络的构成,它不仅影响供应链的运作能力,还影响供应链实际营运效率与成本,对供应链及供应链上的企业来说是非常重要的战略规划问题。特别是进入21世纪以来,生产全球化、资本全球化和市场全球化,跨国公司跨越国界的经济活动使供应链节点的选址已经超越了国界,在全球范围内的供应链节点选址决策就显得更为重要。供应链节点选址对供应链系统构建来说具有非常深远的意义。

一、供应链节点选址目标

供应链节点选址就是确定所要分配的设施的数量、位置以及分配方案。就供应链而言,供应链节点的选址决定了整个供应链系统及其他层次的结构;反过来,供应链系统的其他层次的规划又会影响供应链节点选址。合理的供应链节点选址可以降低供应链运营成本、提高业务量、提高服务水平和增强发展潜力。

(一) 成本最小化

成本最小化是供应链节点选址决策最直接的目标,与供应链节点选址相关的成本主要有以下三个:运输成本、土地成本和库存成本,合理的节点选址可以有效降低这些成本。

(二) 业务量最大化

业务量最大化是反映供应链节点作业能力的指标,主要指标包含货物吞吐量、客流量、销售量、货物周转量等。在供应链节点选址决策时,物流量可作为重要参考目标。

(三) 服务最优化

服务最优化是供应链节点选址决策的最终目标,供应链相关的服务指标主要有速度和准时率,供应链节点与顾客距离近,则送货速度快,订货周期短,而订货期越短,准时率越高。

(四) 发展潜力最大化

选址决策时,不仅要考虑在现有市场条件下的成本、服务目标,还要考虑供应链发展潜力,供应链发展潜力包括供应链节点生产、经营扩展的可行性及顾客需求增长的潜力等。

教学互动7-1

供应链节点选址不合理会导致哪些后果?

二、供应链节点选址的步骤和流程

供应链节点选址工作分为准备工作、调查研究及制订方案三个阶段。

(一) 准备工作

准备工作主要包括确定选址基本思路、总体目标,围绕选址目标,对涉及的相关政策、环境、流程、交通运输、工作要求等各种资料进行分析,成立专门组织等。

(二) 调查研究

开展选址调查研究需要多方实地勘察,如调研现场及周围环境、市场、资源状况,走访相关部门了解、咨询有关政策、规定和相关要求,深入调研,提出初步意见。

(三) 制订方案

在掌握内外情况基础上,制订选址方案。制订选址方案要结合选址现场实际情况,考虑可能的多种方案及其利弊,请专家及相关人员进行可行性评议,经过反复调研论证,制订出一个多方满意的方案,报上级主管部门审批。供应链节点选址具体流程如图 7-1 所示。

三、供应链节点选址影响因素

选址问题很重要,也很困难。首先,影响选址因素很多,且各因素相互矛盾。例如:市中心设配送点会有较大业务量,但常常地价贵、租金高;其次,不同因素的相对重要性很难确定和度量;最后,判断的标准会随着时间的变化而变化,现在认为好的选址,过几年就不一定

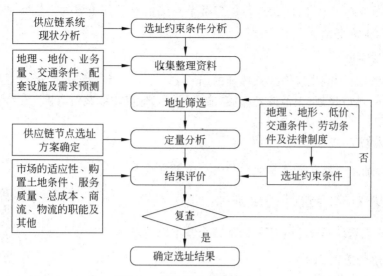

图 7-1 供应链节点选址流程

是好的选址。影响供应链节点选址的因素包括以下几方面。

（一）客户的分布

供应链节点选址时,首先要考虑的就是客户的分布情况。对于零售商型供应链节点,其主要客户是超市和零售店,这些客户大部分是分布在人口密集的地方或大城市。为了提高服务水准及降低配送成本,供应链节点多建在城市边缘接近客户分布的地区。

（二）供应商的分布

供应链节点选址应该考虑的另一个因素是供应商的分布地区。供应链节点的商品全部是由供应商供应,供应节点越接近供应商,商品的安全库存就越可以控制在较低水平。

（三）交通条件

交通条件是影响供应链物流成本及效率的重要因素。交通运输条件的好坏将直接影响配送服务效率和水平。因此供应链节点选址时,必须考虑对外运输通路,以及未来交通规划与邻近地区的发展情况等因素。选址宜紧邻重要的运输线路,以方便配送运输作业。

（四）土地条件

对于供应链节点用地,必须符合相关法规及城市规划的限制,尽量选在用地成本较低的物流园区或经济开发区等。此外,还应考虑到建设用地的形状、长宽、面积与未来扩充的可能性。

（五）自然条件

自然条件也是影响供应链节点选址的重要因素。掌握当地自然环境有助于降低建设风险。在自然环境中有湿度、盐分、降雨量、台风、地震、河川等几种自然现象,有的地方靠近山边湿度比较高,有的地方湿度比较低,有的地方靠近海边盐分比较高,这些都会影响商品的储存品质。自然灾害,对于供应链节点的影响也非常大,因此选址时必须特别留意。

（六）人力资源条件

人力资源是供应链运营管理的重要资源。为保障供应链正常运作,供应链节点内部必须要有足够的作业人力,因此在进行供应链节点选址时必须考虑人力资源的来源、技术水平、工作习惯、工资水平等因素。

(七) 政策环境

政策环境也是影响供应链节点选址的因素之一。政策环境条件包括企业优惠措施(土地提供、减税)、城市规划(土地开发、道路建设计划)、地区产业政策等。

 头脑风暴7-2

不同行业的供应链节点选址的影响因素是否有差异?

四、供应链节点选址的原则

供应链节点选址总体上应遵循以下四个基本原则。

(一) 经济性原则

供应链管理是以供应链企业利润最大化为目标。在供应链节点选址决策过程中,要通过分析比较几个备选地点成本与收益的关系,以确保最终选址科学合理,企业投入成本最低而获益最大。

配送中心选址的影响因素

(二) 适应性原则

供应链节点建设是一个大项目,供应链节点选址不能仅仅看到选址点对企业自身的利弊,还应该将企业、国家、社会作为一个统一体来考虑。在选址时,积极主动适应政府对该地区的城市规划,同时还要考虑与地方经济发展、消费者消费需求相匹配。

(三) 协调性原则

国家、社会、企业处于同一个整体之中,三者相互交融、相互制约,供应链运营离不开国家、社会的支持。在分析供应链节点选址的过程中要与政府政策、社会资源相协调,宏观与微观实际情况要做到统筹兼顾、综合考虑。

(四) 战略性原则

建设供应链节点是一项十分耗资的项目,在供应链节点选址决策时,要具有前瞻性,一切从长远出发,既要看到当前所面临问题与实际需要,更要考虑将来可能出现的情况,既要考虑全局,又要考虑长远,局部要服从全局,当前利益服从长远利益。

配送中心选址原则

 行业观察

物流园区选址原则

物流园区作为物流企业聚集的空间,是物流系统的一个重要的节点,其选址布局合理与否直接影响到物流空间的分布和系统最优化功能的实现。

物流园区对物流过程的优化具有重大作用,建设物流园区,不仅可以大大降低企业库存,减少流动资金占用,而且还可以提高运输效率,降低物流费用,从而保证物流系统有序运转,推动地区经济发展。

物流园区的选址对于日后物流园区的发展影响巨大,如何准确选择好的适合物流园区发展的区域呢?专家建议应注意以下五大原则。

(1) 交通导向原则。交通是制约物流发展的最为关键的因素,选择在交通条件好、位于货运主要发生方向、距高速公路出入口较近的地方建设物流园区,既可以避免重复建设,也可大大减少资金投入,同时也防止了出现大量的货物倒流和迂回运输,交通运输便捷,各种运输方式相互补充,多式联运,出入自由,提高运输效率,减低资本投入。

(2) 经济适应性原则。在物流园区选址时,必须以物流现状分析和预测为依据,按照空间范围的大小,综合考虑影响物流企业布局的各种因素,选择最佳地点,确定最佳规模等,同时要与当地及其周边经济发展和产业规划紧密联系,满足当地货运量的需求,实现"人便于行,货畅其流"。

(3) 基础设施配套原则。物流园区的发展离不开完善的配套设施,是否具备充足的能源、水源以及良好的生活条件成为物流园区选址的一个重要因素,这样可以大大减少一次性建设投资,缩短建设工期。同时应将国家的物流网络作为一个大系统来考虑,使物流园区的设施、设备在地域分布、物流作业生产能力、技术水平等方面相互协调。

(4) 城规导向原则。物流园区本身就是城市基础设施的重要组成部分,其建设必然要纳入城市规划予以总体布局。由于现代物流产业涉及办公、交易、仓储、运输等诸多服务环节,占地面积较大,所产生的大量货物运输对周边有一定的影响,因此在选址时,一般应选择在城市边界。选择城市边界点的好处有:一方面交通便捷、资金投入较少;另一方面也符合城市发展需要,为市民提供良好的生活环境。

(5) 地形导向原则。物流园区占地规模较大,地势开阔平坦,地域具有可扩展性,也为未来的拓展预留了空间。随着城市的发展,产品物流量将增大,可能对物流园区的规模和功能提出更高的要求,因此,项目地域必须具有足够的可开拓空间,以满足进一步发展的需要。

对于物流园区的选址,除遵守上述五个原则之外,要特别注意以下三点。

① 物流园区的建设需要遵从循序渐进的原则。物流园区的建设具有一定的超前性,前期的建设投入往往会存在一定的盲目和不切实际的想法,这也可能带来不必要的资金投入和资源浪费,因此必须坚持循序渐进的原则,结合地区实际,在客观分析物流业发展现状和未来趋势的基础上,合理布局物流园区。

② 物流园区的选址应该在规划先行的基础上。物流园区的选址应该考虑好地价是否低廉、面积是否充足、劳动力的素质高低,是否靠近消费市场及时完成商品的分拨与高效运转,是否靠近物流企业与生产企业等因素,这些都是影响物流园区发展的关键,物流园区的建设离不开前期的规划,做好相关的前期规划调研是确定物流园区选址的第一步。

③ 园区的选址需要注意绿色健康的发展原则。国家对于各行各业绿色环保、走可持续发展道路的要求越来越高,因此在物流园区的选址上应该综合考虑气候、绿化、对城市生活的干扰、为工业企业发展留有空间、资源利用等因素。

(资料来源:孔庆广.物流园区招商规划咨询服务.https://zhuanlan.zhihu.com/p/92709743)

五、供应链节点选址的方法

供应链节点选址方法总的来说包含两大类。

（一）定性分析法

定性分析法主要是根据选址影响因素和选址原则，依靠专家或管理人员丰富的经验、知识及其综合分析能力，确定供应链节点的具体位置。定性分析法主要有专家打分法、头脑风暴法、德尔菲法等。定性方法的优点是注重历史经验，简单易行；缺点是容易犯经验主义和主观主义的错误，并且当可选地点较多时，不易做出理想的决策，导致决策的可靠性不高。

（二）定量分析法

定量分析法主要包括重心法、运输规划法、混合 0-1 整数规划法、双层规划法、鲍莫尔-沃尔夫法、Cluster 法、CFLP 法、遗传算法等。定量方法选址的优点是可以求出比较准确可信的解；缺点是过分依赖各种假设条件，对现实情况考虑不足。

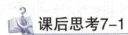

配送中心选址的方法

课后思考7-1

什么是精益供应链？供应链节点选址对精益供应链管理有哪些影响？

任务 7.1　重心法选址问题

课程思政

京东"无界零售"线下首店选址浦东

2018 年 1 月 30 日，外高桥集团股份与京东物流集团签署战略合作，宣告京东"无界零售"线下首店选址外高桥集团股份打造的"无国界生活空间"——森兰商都。

京东首个"无界零售"线下体验店——京东汇项目，确定位于森兰商都二楼，将依托上海自贸区"店仓一体"的独特优势，汇集京东全球购的优势跨境商品和大数据甄选特需商品，整合文化、旅游、金融等跨界服务。

京东筹备这个旗舰项目，目标十分明确，就是想创造一个"摸得到的京东"，或者说是"场景式体验交易中心"。

据京东集团副总裁、京东物流华东分公司总经理透露，依托森兰，凭借店仓一体的独特优势，所打造的无界零售，将涵盖京东在场景消费体验、商品互动体验、交易服务体验、无人科技体验、线上线下融合体验等。

在无人科技方面，京东正通过无人机、无人车、无人仓、无人超市等具体形式，打造创新设备和工艺，搭建智慧物流无界平台，已引发业界关注。据悉，京东的无人机、无人车、无人店、无人仓也都有可能在京东汇项目中。

此次，外高桥集团股份与京东物流集团，将分别在物流、仓储、商贸、功能平台等多个领域达成战略合作。京东在布局"京东汇"的同时，已将该项目的跨境电商保税仓设在了上海自贸区外高桥保税物流园区，实用面积 1 万平方米。

该保税仓的落地，将把消费者拿到跨境商品的时间再次缩短：用户下单后，保税仓的京东机器人将进行拣货、分拣，完成订单、支付单、物流单匹配申报手续后，通过京东物流送达店内。

"这次我们和京东合作,就是想尝试贸易与零售的结合,有了线下实体,有了保税仓,消费者逛商场,下单,到家就能收货,我们最终希望能达成这样的目标。"上海外高桥集团股份有限公司副总经理说,"同时,也希望借助京东这个平台,把国内好的产品也推向全球。"

森兰引进"京东汇",是一次"无界零售"+新贸易跨界交集的尝试:电商通过大数据分析可形成精准的"引导消费",外高桥的新贸易模式作为"无界零售"的前沿,将把海外的新品牌、新业态带进来可以"引领消费"。两者融合,将把外高桥已有的贸易优势再度"激活",形成全新的业态,使外高桥新贸易领域变得更加"无国界"。

随着京东等创新商业配套的入驻、上海哈罗国际学校的落地、诸多国际性赛事的引进,森兰如今已完全展现出一个新国际社区的姿态。

慢跑花园、骑行道、国际时尚运动场、休闲沙滩、皮划艇俱乐部等,在占地面积约387公顷,相当于3个共青森林公园的森兰绿地内,这些都将可能成为现实。

森兰绿地作为上海市城市总体规划确定的中心城八块楔形绿地之一,已成为上海市区稀缺的绿肺与氧吧。

2017年,彩色跑、斯巴达勇士赛、中欧AMP 24小时精英挑战赛、OFO小黄车时尚骑行、混凝草音乐节等均在此举行。

2018年彩色跑、斯巴达勇士赛、混凝草音乐节将继续举办,更多的重量级赛事在策划筹备中。围绕着森兰绿地一圈100万平方米的森兰国际社区,则成了上海新一代生态国际宜居之所。其中,仁恒森兰雅苑、绿城上海御园小区已交付入住。2018年年初,上海第三座星河湾也已经开工。

对于森兰规划,外高桥方面已确定三大"标签":第一个标签是生态:要在浦东北部打造一个3.87km^2的绿化、湖泊,3年内将建成;第二个标签是健康和运动:已引进了橄榄球、足球、网球、板球等十多项运动,在新的建设中将继续融合全民健康元素;第三个标签是无国界的生活方式:正在依托自由贸易区和自由贸易港的建设,利用强大的国际贸易产业基础,集聚融合跨境消费生活方式的创新商业。

作为上海自贸区的特定区域和外高桥产城融合的核心载体,森兰·外高桥将努力成为改革创新融入城市更新的又一样本。你期待吗?

(资料来源:浦东发布.中国共产党上海市浦东新区委员会宣传部(政府). https://baijiahao.baidu.com/s?id=1591016358181555262&wfr=spider&for=pc)

7.1.1 重心法选址的内涵

重心法(the centre-of-gravity method)是一种确定单一供应节点的方法,其目的是降低供应链运营成本。它把运营成本看成运输距离和运输数量的线形函数。

重心法是一种模拟方法,它将物流系统中的需求点和资源点看成

重心法选址问题

是分布在某一平面范围内的物体,各点的需求量和资源量分别看成是物体的重量,将物体系统的重心作为物流网点的最佳设置点,即利用求物体系统重心的方法来确定物流网点的位置。

7.1.2 重心法选址模型

假设平面坐标内有 n 个用户,$C_1,C_2,\cdots,C_n$,客户所在位置的坐标为 (x_i,y_i) 已知,每个客户的需求货物运输量为 w_i,且运输成本只与运输距离和运输量有关。客户分布如图 7-2 所示。

重心法选址模拟实验

图 7-2 客户分布

重心法选址就是要在该平面内设置一个供应节点(B_0),使从 B_0 节点配送货物到各客户的总运输成本最低。因此,使总运输成本最低,就是目标函数,记为 F。假设运输成本只与运输量和运输距离有关,则从 B_0 节点到顾客 C_i 运输成本 F_i 可由式(7-1)得到。

$$F_i = c_i w_i d_{i0} \tag{7-1}$$

式中 c_i——供应链节点到客户 C_i 的运输费用率;

w_i——运输量(客户 C_i 货物需求量);

d_{i0}——供应链节点 B_0 到客户 C_i 的距离,B_0 坐标为 (x_0,y_0),C_i 坐标为 (x_i,y_i),$i=1,2,\cdots,n$。

d_{i0} 计算式如下。

$$d_{i0} = [(x_i-x_0)^2+(y_i-y_0)^2]^{1/2} \tag{7-2}$$

供应节点到各客户的物流总费用见式(7-3)。

$$F = \sum_{i=1}^{n} c_i w_i d_{i0} = \sum_{i=1}^{n} c_i w_i [(x_i-x_0)^2+(y_i-y_0)^2]^{1/2} \tag{7-3}$$

客户 C_i 的坐标 (x_i,y_i)、运输费用率 c_i、运输量 w_i 均可知,该问题即为求解 B_0 的坐标 (x_0,y_0),使送货里程最短,物流总费用 F 最小。目标函数为

$$\min F = \sum_{i=1}^{n} c_i w_i d_{i0} = \sum_{i=1}^{n} c_i w_i [(x_i-x_0)^2+(y_i-y_0)^2]^{1/2} \tag{7-4}$$

如何求解 x_0,y_0 呢?这是一个元变量函数,x_0,y_0 是两个自变量。因此只需对 x_0,y_0 求偏导,并令其等于零,即可求出。以下是求解步骤。

分别在等式两边对 x_0 和 y_0 求导,并令一阶导数等于 0,可得式(7-5)、式(7-6)。

$$\frac{\partial F}{\partial x_0} = \frac{\sum_{i=1}^{n} c_i w_i (x_i - x_0)}{d_{i0}} = 0 \qquad (7\text{-}5)$$

$$\frac{\partial F}{\partial y_0} = \frac{\sum_{i=1}^{n} c_i w_i (y_i - y_0)}{d_{i0}} = 0 \qquad (7\text{-}6)$$

求解式(7-5)、式(7-6)得到式(7-7)、式(7-8)如下结果。

$$x_0 = \frac{\sum_{i=1}^{n} \dfrac{c_i w_i x_i}{d_{i0}}}{\sum_{i=1}^{n} \dfrac{c_i w_i}{d_{i0}}} \qquad (7\text{-}7)$$

$$y_0 = \frac{\sum_{i=1}^{n} \dfrac{c_i w_i y_i}{d_{i0}}}{\sum_{i=1}^{n} \dfrac{c_i w_i}{d_{i0}}} \qquad (7\text{-}8)$$

至此可以求出重心坐标 (x_0, y_0)。

由于上式右边也有 x_0, y_0,因此无法直接求出结果,可以用迭代法求解。迭代法求解过程见视频资料。

头脑风暴7-3

重心法选址有何前提条件？

技能点

能够运用 Excel 工具求解重心法选址的问题。

实训示例7-1

迭代法求解
重心法选址问题

京东商院生产中心供应链节点决策

京东商院生产中心产品 A 有两个工厂向供应链节点供货,由供应链节点向三个需求中心供货,工厂和需求中心的空间分布如表7-1所示。产品 A 由 P_1 负责供应,产品 B 由 P_2 供应。这些产品随后再被运到 M_1、M_2、M_3 三个需求中心。各节点坐标、货物运输量和运输费率均已知。

问题：如何确定该生产中心仓库的位置,使总运输成本最小？

表 7-1　京东商院生产中心供需情况表

地点	总运输量/kg	运输费率/[元/(kg/km)]	坐标值	
	w_i	c_i	x_i	y_i
P_1	2 000	0.050	3	8
P_2	3 000	0.050	8	2
M_1	2 500	0.075	2	5
M_2	1 000	0.075	6	4
M_3	1 500	0.075	8	8

一、实训任务分析

Excel 求解重心法选址只需四步。

(1) 构建 Excel 求解框架。

(2) 构建距离求解关系。

(3) 根据公式建立目标函数。

(4) 调用规划求解工具求解。

二、实训步骤

(1) 根据任务要求，在 Excel 表格中建立选址求解结构，如图 7-3 所示。

	A	B	C	D	E	F
10	目标函数					
11	仓库位置	X	Y			
12						
13	地点 i	总运输量/kg	运输费率 c_i /[元/(kg/km)]	x_i	y_i	距离 d_i /km
14	P_1	2 000	0.050	3	8	
15	P_2	3 000	0.050	8	2	
16	M_1	2 500	0.075	2	5	
17	M_2	1 000	0.075	6	4	
18	M_3	1 500	0.075	8	8	

图 7-3　选址求解结构

(2) 求解供应链节点与各个物流节点的距离及单位运费(基于重量)。

以计算 P_1 到仓库(x_0,y_0)距离为例，根据距离公式 $d_{i0}=[(x_i-x_0)^2+(y_i-y_0)^2]^{1/2}$，首先在图 7-4 中的单元格 F14 输入求两点间距离函数“=SQRT((B$12-D14)^2+(C$12-E14)^2)”，然后向下填充至单元格 F18，即可求出供应节点到各物流需求节点的距离，如图 7-4 中的 F 列所示。

进而求解单位运费。这里，我们定义单位运费=运输费率×里程。其中，运输费率为基于重量和里程的单位运价。在图 7-5 中的单元格 G14 输入“=F14 * C14”，然后向下填充至单元格 G18，可以求出供应节点到物流需求节点的运费，如图 7-5 中的 G 列所示。

值得注意的是，F14:F18 区域单元格中虽然已经有数据，但不是最终距离。当(x_0,y_0)求解完成，距离才会因已经构建的关系自动计算，此时的数据才是真实的距离数据。

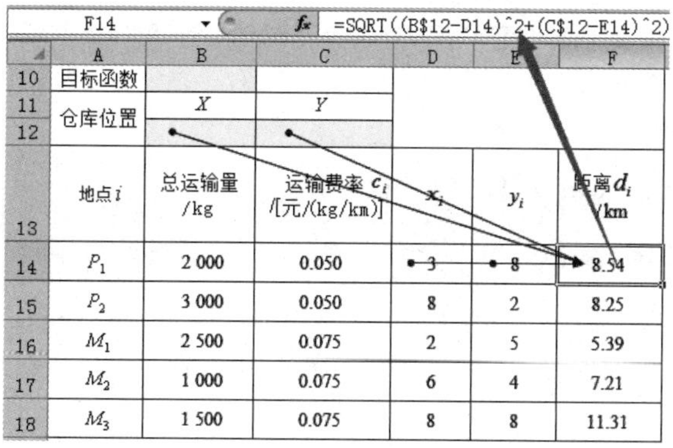

图 7-4 构建距离求解关系

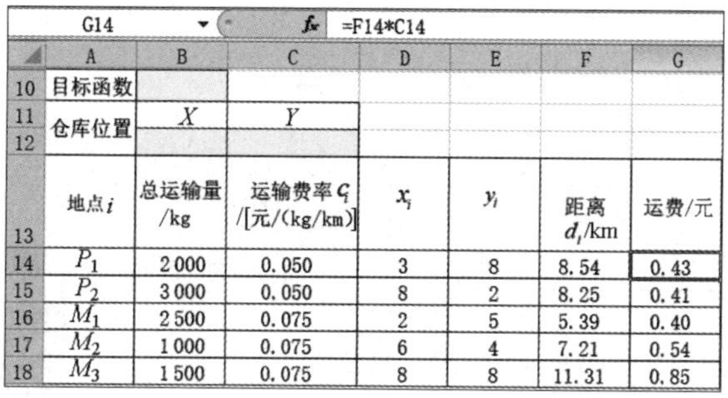

图 7-5 求解单位运费

（3）构建目标函数求解关系。

根据公式 $F=\sum_{i=1}^{n}c_{i}w_{i}d_{i0}=\sum_{i=1}^{n}c_{i}w_{i}[(x_{i}-x_{0})^{2}+(y_{i}-y_{0})^{2}]^{1/2}$ 建立目标函数，这里用到"=SUMPRODUCT()"函数。在图 7-6 所示的单元格 B10 中输入"=SUMPRODUCT(B14:B18,C14:C18,F14:F18)"。得到 4 914.68，而这仅是中间数据。

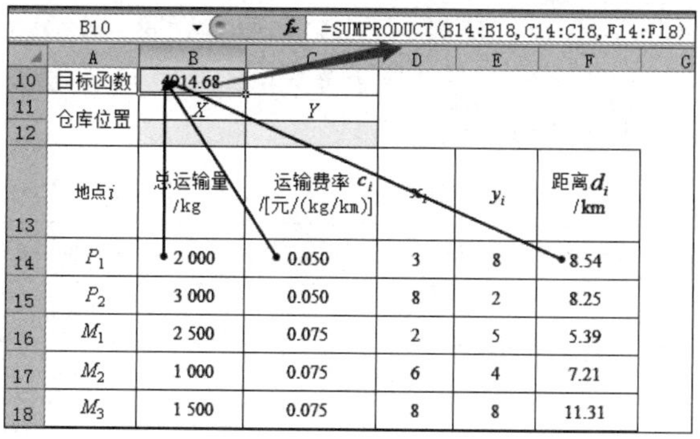

图 7-6 设计目标函数

（4）调用"规划求解参数"对话框求解。

在"设置目标"中填入已设置目标函数求解关系的 B10 单元格（见图 7-7）。由于求解运输成本最小，所以取最小值。将变量所在的 B12、C12 两个单元格，设定为"通过更改可变单元格"。"选择求解方法"即为非线性 GRG。求解，转到另一页面保存求解结果。

供应链数据分析

图 7-7 调用"规划求解参数"对话框

此时可求出供应链节点坐标$(x_0, y_0) = (4.91, 5.06)$,即横坐标$x$为4.91,纵坐标$y$为5.06。得到最低运输成本2 142.51。$(x_i, y_i)$到$(x_0, y_0)$的距离也因为$(x_0, y_0)$的求出,发生了相应的变化,此时的这组距离就是产生最低运输成本的距离(见图7-8)。

地点i	总运输量/kg	运输费率c_i/[元/(kg·km)]	x_i	y_i	距离d_i/km
目标函数	2 142.51				
仓库位置	X 4.91	Y 5.06			
P_1	2 000	0.050	3	8	3.51
P_2	3 000	0.050	8	2	4.35
M_1	2 500	0.075	2	5	2.91
M_2	1 000	0.075	6	4	1.52
M_3	1 500	0.075	8	8	4.27

图 7-8 供应链节点坐标和最小运输成本

Excel求解重心法选址问题

实训演练7-1

红豆树集团生产中心供应链节点选址决策

红豆树集团的两个工厂P_1、P_2分别生产A、B两种产品,供应三个市场M_1、M_2、M_3。已知条件如表7-2所示。现需设置一个中转仓库,A、B两种产品通过该仓库间接向三个市场供货。请使用重心法求出仓库的最优选址。

表 7-2 红豆树集团生产中心供需情况表

节点	运输总量/kg	运输费率/[元/(kg·km)]	坐标x_i	坐标y_i
P_1	3 000	0.05	40	50
P_2	4 000	0.05	60	30
M_1	3 500	0.075	30	40
M_2	1 500	0.075	70	50
M_3	2 500	0.075	50	60

实训提示:

本任务需要运用Excel工具求解,再按实训示例7-1所示步骤操作。

课后思考7-2

在选址实践中重心法选址有哪些局限性?

任务 7.2 0-1 规划选址问题

顺丰机场选址鄂州

虽然顺丰目前是国内快递业"领头羊",但对比国外联邦快递公司就显得相形见绌。据悉,联邦快递飞机数量是顺丰几倍,而且还有孟菲斯中转机场,顺丰想要坐稳国内龙头并迈向国际化,就急需建设"物流机场"来与之相抗衡。另外,顺丰机场的成立不仅是对顺丰更是对国内快递企业有着里程碑式的意义。

最主要的原因是因为国家有规定:"新建机场不得重复建设,不得对城市交通、居民造成重大影响。"很明显就这条规则而言顺丰机场就不适合在武汉落户。退而求其次,鄂州处于武汉1小时生活圈,教育、医疗完全可以跟武汉实现共享,不需要重复建设,这也为顺丰节省大量资金。顺丰机场落户鄂州的主要原因就是:"鄂州可以与武汉实现交通共享",不管是铁路还是空运又或者是港口,顺丰只是借到鄂州通过武汉运到全球。

实际上顺丰是落户到鄂州,但很明显顺丰看上的还是武汉的发展潜力,目前鄂州已经有在建武汉地铁延长线与城铁,各个方面都已经与武汉实现共享。还有,就是顺丰机场的落户省内也是相当重视。根据规划:顺丰机场落户用于弥补武汉航空发展潜力不足的情况,实现武汉天河机场与鄂州顺丰机场战略互补,打造中部国际门户城市,更快迈向国际化大都市。

鄂州地理位置虽不算优越,但毗邻武汉,位处中国地图接近中线位置,从此地出发或者从此地中转,到北上广可以说飞行时间相差不大,而离中西部的大城市等地飞行距离也不远,且飞行时间都在1.5~2小时,可以说既满足了我国货运由南往北、由东向西的走向需求,也满足快递的时效要求。

同时,当货物从西或北发出,如果货量较少,顺丰机场也可以成为中转站,集中货物后一起配送,还可通过航线规划和运输调度减少空载率,降低空运成本。

再考虑到国际货运,顺丰机场既可以作为国内转国际货运的集中点,也可以成为国际货物运往国内的货运专用机场。而之所以选择湖北鄂州,是因为这样不仅可以避开客运飞机,而且可以错开省会城市和人口密集城市。更重要的是,在湖北鄂州周边2小时的航程里覆盖了占据中国80%GDP的城市,铁路和公路等交通方式也相当便利,机场具备完整的口岸功能。

预计到2025年、2045年,年货运吞吐量分别达到245万吨、765.2万吨。顺丰落户鄂州意义已经很明显,这是战略性棋局,想必"一根杠杆撬动地球"这句话大家都不陌生,顺丰正是借着中部崛起战略的顺风车来进一步提高市场竞争力。

(资料来源:https://new.qq.com/omn/20180317/20180317A0IPKG.html)

知识点

7.2.1　0-1规划选址的内涵

在单元5的运输排班问题的学习中,我们知道0-1规划是一种特殊形式的整数规划。这种规划的决策变量仅取值0或1,因为一个非负整数都可以用二进制记数法由若干个0-1变量表示。0-1变量可以数量化地描述诸如开与关、取与弃、有与无等现象所反映的离散变量间的逻辑关系、顺序关系以及互斥的约束条件,因此0-1规划不仅适用于生产计划安排、旅行购物、背包问题、人员安排、代码选取、可靠性等人们所关心的多种问题,也适用于供应节点选址决策问题。

 行业观察

选址盘点:这些公司的"心脏"都去哪儿了

数据中心是所有企业信息化的基础设备,海量数据存储、分析和处理能力,是互联网企业的立根之本,数据中心如同心脏一样重要。对于"心脏"的安放,选址需格外小心。既要风朗气清,冷暖皆宜;又要地质稳定,不会发生"意外"。具备以上几条仍不够,数据中心所在地还得满足几个必备条件。

(1) 所在地电力资源丰富。

(2) 气温相对较低,最好有自然冷源,风或者深水、活水等,可自然散热,利于降低能耗。

保证电力和散热条件后,数据中心面临的另一问题,即是设备日常维护,要小心空气中的悬浮粒子,更要谨防意外的发生。

所以,数据中心还要满足以下两点。

(1) 气候干燥,空气质量优良,以尽量减少悬浮粒子对设备的损害。

(2) 地质结构稳定,不易发生地震、泥石流等自然灾害。

中国数据中心产业发展联盟曾评选出3个最适合投资数据中心的城市和新区:贵州贵安新区、内蒙古乌兰察布和宁夏中卫。

1. 热门之选贵州

贵州地处北纬24°~29°,平均海拔1 100m,全年平均气温为14~16℃,夏季平均气温为22.5℃。贵州气温较为凉爽,利于自然散热,全年温差相对较小。

从地理位置上看,贵州地质条件稳定,20世纪以来我国共发生800余次6级以上的地震,贵州并未在名单之内。

贵安新区位于西电东送的主通道,电力资源供给充足,工业综合用电价格平均0.44元/(kW·h),其中大数据中心用电价格降至0.35元/(kW·h),是全国低电价的省份之一。

贵安新区曾出台支持大数据应用与创新十条政策措施,对大数据类相关企业从场地、设备、用电、用网、上市、租房、购房等方面进行补贴。

贵州成为诸多互联网企业大数据中心首选地。

这里有苹果亚洲最大的数据中心,占地2 500亩(1亩=666.67m²),计划投资10亿美元；这里有占地653亩华为云数据中心,将是一个集数据中心机房与配套设施,以及华为大学为一体的工业园区；这里还有全国第一个特高级民用数据中心——腾讯贵安七星数据中心,用地面积776亩,投资约100亿元。

2. 第二之选乌兰察布

乌兰察布有"草原云谷"之称,地处国际公认的"黄金纬度"——北纬42°。全年平均气温4.3℃,大数据平台利用自然冷却的时间长达10个月。乌兰察布地下玄武岩覆盖面积大、岩层深厚,处于地震少发地带,是建设大型数据中心特别是灾备中心的理想区域。

最独特的优势是乌兰察布电价全国最低,低至0.26元/(kW·h),近一半电力供应来自风电和光伏等清洁能源。乌兰察布与北京之间的双回路光缆铺设将网络延时缩短至20ms以内。

数据中心选址,在全国呈现出"南贵北乌"的发展格局。预计到2020年,乌兰察布服务器规模达到100万台,主营收入超过100亿元。

苹果在中国共有两大数据中心,南方选址贵安新区,北方布局在乌兰察布；华云服务全国主要的一级节点城市,南方设在贵安新区,北方选择乌兰察布。优刻得、阿里巴巴、中联利信、中科同舟等北方数据中心相继落子。

3. 绿色之选中卫

中卫是宁夏西电东输的重要传输通道,供电可靠,云计算数据中心执行大工业用电价格,暂时0.36元/(kW·h),同样处于全国低电价水平。

中卫全年平均气温8.8℃,空气质量优良天数达280天以上,未发生过7级以上地震。亚马逊AWS、奇虎360数据中心采用全自然风冷技术,PUE值降至1.1,是新一代绿色云数据中心。

PUE=数据中心总设备能耗/IT设备能耗,它是一种评价数据中心能源效率的指标。PUE值越接近于1,表示一个数据中心的绿色化程度越高。即使在北京,PUE值低于1.4的数据中心也是被允许建设的。

政策方面,宁夏云计算产业发展十条意见,汇集贵州和内蒙古的优惠政策,在全国中政策优势同样明显。

亚马逊AWS与宁夏签署合作备忘录,亚马逊数据中心率先落子中卫,成功奠定了中卫数据中心城市地位。随后,德国世图兹、奇虎360、美团、阿里巴巴、京东、中国移动、中国联通、中国电信等一批云制造、云服务、云应用140多家企业纷纷扎根中卫。

(资料来源：选址中国. https://baijiahao.baidu.com/s?id=1651620411632933193&wfr=spider&for=pc)

7.2.2　0-1整数规划求解选址问题

求解0-1型整数线性规划最容易想到的方法,和一般整数线性规划的情形一样,就是穷举法,即检查变量取值为0或1的每一种组合,比较目标函数值以求得最优解,这就需要检查变量取值的2^n个组合。但当变量个数n较大(例如$n>10$)时,这几乎是不可能实现的。因此常设计一些方法,只检查变量取值组合的一部分,就能求到问题的最优解。这样的方法称为隐枚举法,分支定界法也是一种隐枚举法。采用隐枚举法解0-1规划问题时,要根据目标函数的性质增加一个相应的不等式作为附加约束条件,称为过滤条件,以减少运算次数。一般还要按目标函数中x_i的系数递增的顺序,重新排列目标函数和约束条件中x_i的次序。

隐枚举法计算过程比较复杂，在供应节点选址决策实践中，我们常用 Excel 工具进行求解 0-1 规划选址问题。

能够运用 Excel 工具求解 0-1 规划选址问题。

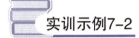

京东商院物流公司选址问题

京东商院物流公司拟在某省东、西、南三区建立配送中心，拟议中有 7 个配送中心 $A_i(i=1,2,\cdots,7)$ 可供选择。规定：在东区，由 A_1、A_2、A_3 三个点中至多选两个；在西区，由 A_4、A_5 两个点中至少选一个；在南区，由 A_6、A_7 两个点中至少选一个。每个仓储基地设施设备投资额和每年预计可获利如表 7-3 所示，且要求投资总额不能超过 250 万元。

表 7-3 仓储基地设施设备投资金额获利情况

区域 费用	东区			西区		南区	
	A_1	A_2	A_3	A_4	A_5	A_6	A_7
投资额/万元	29	32	18	44	56	72	68
获利/(万元/年)	12	17	8	22	30	32	32

问题：应该选址哪几个点可使年利润最大？

一、实训任务分析

这是典型的 0-1 规划问题，首先引入 0-1 变量 $x_i(i=1,2,\cdots,7)$，当 A_i 点被选用的时候，$x_i=1$；当 A_i 点没有被选用的时候，$x_i=0$。

根据题意：目标函数为年利润最大。

$$\max Z = \sum_{i=1}^{7} c_i x_i$$

总投资额不超过 250 万，约束条件为 $\sum_{i=1}^{7} b_i x_i \leqslant 250$。

A_1、A_2、A_3 三个点中至多选两个，约束条件为 $x_1+x_2+x_3 \leqslant 2$。

A_4、A_5 两个点中至少选一个，约束条件为 $x_4+x_5 \geqslant 1$。

由 A_6、A_7 两个点中至少选一个，约束条件为 $x_6+x_7 \geqslant 1$。

于是建立如下模型：

$$\max Z = \sum_{i=1}^{7} c_i x_i$$
$$x_1+x_2+x_3 \leqslant 2$$
$$x_4+x_5 \geqslant 1$$
$$x_6+x_7 \geqslant 1$$
$$x_i = 0 \text{ or } 1$$

二、实训步骤

1. 建立已知数据模型

根据上述实训任务的规定,在 Excel 表格内建立数据模型,如图 7-9 所示。

图 7-9 建立数据模型

2. 设置变量

在单元格 B9 中输入"变量 x_i",设置 C9:I9 为变量区域,如图 7-10 所示。

图 7-10 设置变量

3. 计算投资总额

在单元格 C10 中输入"=C6＊C9",向右填充至 I10;在单元格 J10 中输入"=SUM(C10:I10)",如图 7-11 所示。

图 7-11 计算投资总额

4. 设置约束条件

在单元格 K10 中输入"<=",在单元格 L10 中输入"=C2";在单元格 B11 中输入"$x_1+x_2+x_3$",在单元格 C11 中输入"=C9+D9+E9",在单元格 D11 中输入"<=",在单元格 E11 中输入"2";在单元格 B12 中输入"x_4+x_5",在单元格 C12 中输入"=F9+G9",在单元格 D12 中输入">=",在单元格 E12 中输入"1";在单元格 B13 中输入"x_6+x_7",在单元格 C13 中输入"=H9+I9",在单元格 D13 中输入">=",在单元格 E13 中输入"1",如图 7-12 所示。

	A	B	C	D	E	F	G	H	I	J	K	L
2		总投资/万元	250									
3												
4		费用＼区域		东区			西区		南区			
5			A_1	A_2	A_3	A_4	A_5	A_6	A_7			
6		投资额 b_i/万元	29	32	18	44	56	72	68			
7		获利 c_i/(万元/年)	12	17	8	22	30	32	32			
8												
9		变量 x_i	0	1	1	0	1	1	1			
10		总投资额	0	32	18	0	56	72	68	246	<=	250
11		$x_1+x_2+x_3$	2	<=	2							
12	约束条件:	x_4+x_5	1	>=	1							
13		x_6+x_7	2	>=	1							

图 7-12 设置约束条件

5. 设置目标函数

在单元格 B14 中输入"maxZ="，在单元格 C14 中输入"=SUMPRODUCT(C7:I7, C9:I9)"，如图 7-13 所示。

	A	B	C	D	E	F	G	H	I	J	K	L
4		费用＼区域		东区			西区		南区			
5			A_1	A_2	A_3	A_4	A_5	A_6	A_7			
6		投资额 b_i/万元	29	32	18	44	56	72	68			
7		获利 c_i/(万元/年)	12	17	8	22	30	32	32			
8												
9		变量 x_i										
10		总投资额	0	0	0	0	0	0	0		<=	250
11		$x_1+x_2+x_3$	0	<=	2							
12	约束条件:	x_4+x_5	0	>=	1							
13		x_6+x_7	0	>=	1							
14		目标函数	maxZ=	0								

图 7-13 设置目标函数

6. 规划求解设置

在"工具"菜单下选择"规划求解"选项，在弹出的"规划求解参数"对话框中的"设置目标单元格"中输入"＄C＄14"，并且选择"最大值"单选项，在"可变单元格"中输入"＄C＄9:＄I＄9"，如图 7-14 所示。

图 7-14 设置规划求解参数

单击"添加"按钮，打开"添加约束"对话框，在单元格引入位置输入"＄C＄9:＄I＄9"，选择"bin"，单击"添加"按钮，重复上述操作，完成所有约束条件参数的添加。

7. 规划求解

在"规划求解参数"对话框中单击"求解"按钮,结果如图 7-15 所示。

	A	B	C	D	E	F	G	H	I	J	K	L
2		总投资/万元	250									
3												
4		费用 区域		东区			西区		南区			
5				A_1	A_2	A_3	A_4	A_5	A_6	A_7		
6		投资额 b_i/万元		29	32	18	44	56	72	68		
7		获利 c_i/(万元/年)		12	17	8	22	30	32	32		
8												
9		变量 x_i		0	1	1	0	1	1	1			
10		总投资额		0	32	18	0	56	72	68	246	<=	250
11	约束条件	$x_1+x_2+x_3$		2	<=	2						
12		x_4+x_5		1	>=	1						
13		x_6+x_7		2	>=	1						
14	目标函数:	max$Z=$		119								

图 7-15 求解结果

至此,得到了配送中心最佳选址区域,选择 A_2、A_3、A_5、A_6 和 A_7 五个区域设置配送中心,可获得利润最高 119 万元。

教学互动 7-2

Excel 求解 0-1 规划问题分为哪几步?

行业观察

便利店选址哲学:降低集中采购需求,缓解城市拥堵

在刚刚过去的"双 11"大促期间,各大电商平台都秀出了耀眼的增长肌肉,显示中国居民在消费升级大势下仍有旺盛的消费欲望。

然而"双 11"早已不是电商独享盛会,越来越多的线下商户、卖场、便利店都自觉卷入大促狂欢,加之物流频传爆仓,很容易引发全城大拥堵,交通压力倍增。

如果能将"双 11"为代表的重要节假日购物需求,甚至日常生活所需分解至遍布街角的便利店,无疑能降低不少人的开车出行意愿,进而有效缓解交通压力,但也十足考验便利店的选址技巧、消费品类及服务水平,以便利蜂、每日优鲜、苏宁小店、京东便利店为代表的新零售便利店也闯出一条黑科技特色的经营之路。

选址背后的黑科技:"双 11"大促引发的全城拥堵现象,背后折射出沃尔玛、家乐福、Costco、万达商场等为代表的大型商超至今仍然成为主要流量入口,虹吸周遭海量人流、物流、车流,很容易加剧城市拥堵。

解决拥堵成为北京在内的全球城市共同面临的难题,除了坚持公共交通优先,以及通过交通诱导或优化信号控制,平衡职住分离、发展便利店等小业态零售等都有助于降低通勤、集中采购等带来的交通压力。研究还发现小汽车是城市空气污染物质的重要来源,如何降低用户开车意愿,也是治堵降污的重要解决方案之一。

(资料来源:科技边角料. https://baijiahao.baidu.com/s?id=1650171201986722429&wfr=spider&for=pc)

实训演练7-2

顺丰商院物流配送中心选址

顺丰商院物流配送中心打算在昆明或贵阳设立配送中心(也许在两个地方都设立配送中心),以增加市场份额,决策层同时也计划在新设配送中心的城市最多下设一个中转站(当然也可以不设)。每种选择配送中心净收益、投入资金如表7-4所示,总的预算费用不得超过25万元。如何决策既能满足约束条件又使总净收益最大?

表7-4　顺丰商院物流配送中心净收益数据表　　　　　　　　单位:万元

决策编号	选　　址	净收益	投入资金
1	昆明设配送中心	18	12
2	贵阳设配送中心	10	6
3	昆明建中转站	12	10
4	贵阳建中转站	8	4

实训提示:

本任务需要运用 Excel 工具求解,再按实训示例7-2所示步骤操作。

课后思考7-3

重心法选址与0-1规划选址的适用范围有何不同?

单元习题

一、单选题

1. 供应链节点选址的定量分析法不包括( )。
   A. 重心法　　　　　　　　　　B. 专家打分法
   C. 双层规划法　　　　　　　　D. 混合 0-1 整数规划法
2. 供应链节点选址的定性分析法不包括( )。
   A. 专家打分法　　B. 德尔菲法　　C. 经验判断法　　D. 遗传算法
3. 下列( )不属于供应节点选址原则。
   A. 适应性原则　　B. 协调性原则　　C. 经济性原则　　D. 战术性原则
4. 关于供应节点选址决策的程序正确的是( )。
   A. 选定备选地址—收集、整理历史资料—优化结果复查—优化备选地址—确定最终方案
   B. 收集、整理历史资料—选定备选地址—优化备选地址—优化结果复查—确定最终方案
   C. 收集、整理历史资料—优化备选地址—选定备选地址—优化复查结果—确定最终方案
   D. 收集、整理历史资料—选定备选地址—优化结果复查—优化备选地址—确定最终方案

5. 利用求平面物体重心的原理求物流系统中配送中心的方法称为(　　)。
   A. 层次分析法　　　B. 物体模拟法　　　C. 重心法　　　D. 0-1 整数规划法

二、多选题

1. 供应节点选址的目标包括(　　)。
   A. 成本最小化　　　B. 业务量最大化　　　C. 服务最优化　　　D. 发展潜力最大化
2. 供应节点选址，应具有战略眼光，选址时应考虑(　　)。
   A. 既要考虑全局，又要考虑长远
   B. 局部要服从全局
   C. 目前利益要服从长远利益
   D. 既要考虑目前的实际需要，又要考虑日后发展的可能
3. 供应节点选址准备工作主要有(　　)。
   A. 确定选址基本思路、总体目标
   B. 围绕选址目的收集相关政策、环境、流程、交通运输、工作要求等各种资料
   C. 成立专门组织
   D. 确定选址方案
4. 关于重心法的表述正确的有(　　)。
   A. 重心法是一种模拟方法
   B. 重心法将物流系统中的需求点和资源点看成是分布在某一平面范围内的物流系统
   C. 重心法将平面内各点的需求量和资源量分别看成是物体的重量
   D. 重心法将物体系统的重心作为物流网点的最佳设置点
5. 0-1 变量可以数量化地描述诸如开与关、取与弃、有与无等现象所反映的(　　)。
   A. 逻辑关系　　　　　　　　　　　B. 顺序关系
   C. 包含与被包含关系　　　　　　　D. 互斥的约束条件

三、判断题

1. 供应节点选址时不必考虑供应商的分布情况。　　　　　　　　　　　　(　　)
2. 合理位置的供应节点选址可以提高供应链竞争力。　　　　　　　　　　(　　)
3. 合理位置的配送中心可以使门店实现绝对零库存。　　　　　　　　　　(　　)
4. 交通条件是影响配送成本及效率的重要因素。　　　　　　　　　　　　(　　)
5. 物流中心的合理选址是物流系统中具有战略意义的投资决策问题。　　　(　　)
6. 重心法是一种定性选址方法。　　　　　　　　　　　　　　　　　　　(　　)
7. 配送中心多建在城市边缘接近客户分布的地区。　　　　　　　　　　　(　　)
8. 自然条件也是影响配送中心选址的重要因素。　　　　　　　　　　　　(　　)

四、简答题

1. 影响供应节点选址的因素包括哪些方面？
2. 简述供应节点选址应遵循的原则。
3. 简述供应节点选址的意义。
4. 在选址决策实践中应考虑哪些具体问题？

五、实训题

1. 天晴物流园区每年需要从 P_1 地运来水果，从 P_2 地运来蔬菜，从 P_3 地运来乳制品，从 P_4 地运来日用百货。现天晴物流园区要在市中心设立一个分厂，以加工转运各地商品。四地与市中心的距离和每年的商品运输量如表 7-5 所示。请根据表中数据，使用重心法确定分厂厂址。

表 7-5　天晴物流园区供需情况表

产品供应地	P_1		P_2		P_3		P_4	
坐标	X_1	Y_1	X_2	Y_2	X_3	Y_3	X_4	Y_4
距离市中心坐标距离/km	30	80	70	70	30	30	60	30
年运输量/t	2 200		1 800		1 500		2 500	

2. 京东商院仓配客中心为实现最低物流成本、最好物流服务的"双赢"目标，欲将其配送业务覆盖（服务）整个市区，为实现这一目标，先要在市内增建几个配送点。公司进行了调研，得到尚未覆盖到的居民区信息（编号为 1,2,…,12），可以新建配送点的候选地址（编号为 $A,B,…,H$）和每个配送点可以覆盖的居民区的数据资料，并对各候选地址的建设成本作了评估，相关数据如表 7-6 所示。请问在哪些候选地址增建配送点才能既覆盖每个居民区，又能使总建设成本最低？

表 7-6　候选地址与居民区数据

候选地址编号	候选地址可以覆盖的居民区	建设成本/百万元
A	1,2,3,7,8	8.2
B	1,5,7,9	6
C	2,8,9,12	6.5
D	1,3,6	7.1
E	3,4,10,11	4
F	4,5,9,12	9
G	5,6,11	7.3
H	7,10,12	6.2

3. 京东快递公司计划在它所在的大城市周边地区建立门店，为此要进行选址，选址工作的目标是使得门店送货到各地区开车时间不超过 10min。表 7-7 中列出了周边地区开车到各备选地点花费的时间。请问该公司最少需要几个门店，各位于什么地方？

表 7-7　周边地区开车到各备选地点花费的时间　　　　　　　　单位：min

门店地区	a	b	c	d	e	f
A	0	5	15	25	25	15
B	5	0	20	30	15	5
C	15	20	0	10	25	15
D	25	30	10	0	10	20
E	25	15	25	10	0	9
F	15	5	15	20	9	0

> **单元案例**

盒马鲜生选址秘籍

2017年6月,已在上海打响品牌的盒马鲜生北京首家店落户十里堡新城市广场。紧接着盒马鲜生又在北京东坝金隅嘉品Mall、亦庄城乡世纪广场、百荣世贸商城、翠微百货相继开店,从这些门店的位置来看,不难发现盒马鲜生的选址完全不按套路出牌,选址均不是热门核心商圈或活力购物中心,而是社区型生活购物中心,如北京十里堡店,该地段属于CBD辐射地带,办公楼、写字楼、公寓都有较大规模分布,3km内人口密度极高,也就是说盒马鲜生线上线下互相转化的概率大大提高了。

不管是传统百货商场,还是在四环外的十里堡、五环外的亦庄,商业物业的现有客流和入驻品牌的知名度,似乎都没有太多优势,对主营生鲜的商超来说极具挑战。然而,这些场所在引入盒马鲜生后,其客流均得到了大大地提升。如盒马鲜生2017年7月入驻北京翠微百货大成路店,该店总经理黄振旺称,盒马鲜生开业后翠微百货大成路店的客流量翻了一番,对整个大成路店其他零售业态的销售也间接带来了约10%的增长。

2018年3月,知名地产集团新城控股也与盒马鲜生签订了战略合作协议,新城控股将为盒马鲜生提供旗下优质的门店资源及个性化服务,助力盒马鲜生在全国市场的扩张。目前,新城控股旗下的昆山吾悦广场已与盒马鲜生完成签约,预计今年下半年正式营业。此外,双方还在接洽江苏、四川、福建、陕西等地多个项目。

盒马鲜生对门店选址有自己的考量标准。综合来说,会事前对周边3km范围的人群数量、质量,地产方的配合能力、物业特点等做整体考量,而不是单纯看重位置和流量。盒马鲜生对门店的要求很灵活,并不关心门店的地理位置,关心的是3km生态圈,只要有成熟的社区,有消费者就可以。

盒马鲜生将用自营加合资这两种模式进行扩张。宁波店就是与三江联营,未来整个浙江的门店都由三江代理,三江负责管理,盒马鲜生输出品牌、系统、技术、大数据等。未来盒马鲜生将向更多具备实体经营能力的企业开放。

在全国9个城市已拥有35家门店的盒马鲜生,是生鲜超市也是新零售的第一块试验田,目前盒马鲜生的模式已经跑通,将很快进入全国复制阶段,而盒马鲜生不仅要在线下实现覆盖,在线上部分也要实现同步复制,已提前全国布局的盒马鲜生野心不止如此,业内人士认为,由于盒马鲜生门店经营体量较大,以及生鲜商品标准化供应、运营难度较大,除一线城市,或部分一线城市直营外,凭借盒马鲜生背后强大的资源和品牌影响力,盒马鲜生将与全国各区域零售商合作的形式进行门店运营。

(资料来源:商业地产观察. https://baijiahao.baidu.com/s?id=15963302903868318340&wfr=spider&for=pc)

问题:

1. 盒马鲜生选址考虑到哪些因素?
2. 选址决策对盒马鲜生业务量有何影响?

参考文献

[1] 大数据隐私问题的伦理反思与应对[EB/OL].人民智库.[2019-09-27].http://www.sohu.com/a/226394287_118778.

[2] 从26万爆仓到一天10亿平稳发生,中国物流做对了什么?[EB/OL].手机中国.[2018-11-12].https://baijiahao.baidu.com/s?id=1616912738724993216&wfr=spider&for=pc.

[3] 陈立,黄立君.物流运筹学[M].北京:北京理工大学出版社,2019.

[4] 2019年12月中国采购经理指数运行情况[EB/OL].国家统计局网站.[2019-12-31].http://www.stats.gov.cn/tjsj/zxfb/201912/t20191231_1720657.html.

[5] 顺丰速运集团物流行业使用电子采购管理系统的案例分析[EB/OL].搜狐网.[2019-01-09].https://www.sohu.com/a/287989657_635976.

[6] 政府绿色采购[EB/OL].腾讯网.[2018-07-28].https://v.qq.com/x/page/b0737l4uc05.html.

[7] 2019上半年中国企业采购行业研究报告[EB/OL].[2019-09-29].https://www.iimedia.cn/c400.

[8] 企业绿色供应链管理典型案例[EB/OL].工业和信息化部.[2018-11-07].http://www.miit.gov.cn/newweb/n1146285/n1146352/n3054355/n3057542/n5920352/c6472072/content.html.

[9] 刘刚桥,周友良.采购管理实务[M].北京:清华大学出版社,2018.

[10] 吕宜宏,孙卫国.通用航空生产作业数据分析[EB/OL].数据分析师CPDA.[2019-07-09].http://www.c http://hinacpda.com/jishu/19606.html.

[11] 薛孚,陈红兵.大数据隐私伦理问题探究[EB/OL].《自然辩证法研究》(京)2015 2期.[2015-07-21].http://www.cssn.cn/zhx/201507/t20150721_2086858_4.shtml.

[12] 企业管理工厂管理.如何让"计划"赶上"变化"?[EB/OL].简书.[2018-07-27].https://www.jianshu.com/p/b4d200c02a0d.

[13] 心怡科技公司简介[EB/OL].心怡科技官网.[2020-01-03].http://www.alog.com/about.html.

[14] 李亦亮.现代物流管理基础[M].合肥:安徽大学出版社,2015.

[15] 物流企业联手拓宽绿色通道快速运送救援物资[EB/OL].新浪网站.[2020-02-17].http://news.sina.com.cn/c/2020-02-17/doc-iimxyqvz3452288.shtml.

[16] 打通农产品运输梗阻确保"绿色通道"便捷通畅[EB/OL].人民网.[2020-02-21].http://sn.people.com.cn/GB/n2/2020/0221/c378296-33816496.html.

[17] 快乐小阿琢.全球最宽的街道:拥有36条车道148m宽,周边交通却越来越堵[EB/OL].旅游风览.[2019-08-14].http://mini.eastday.com/mobile/190814223813644.html.

[18] 盘点2018绿色物流事件[EB/OL].物流之声.[2019-01-23].https://baijiahao.baidu.com/s?id=1623237119471122689&wfr=spider&for=pc.

[19] 2020运输新规,6大变革你都知道吗?[EB/OL].沃尔沃卡国中国.[2020-01-09].https://www.sohu.com/a/365959390_386921.

[20] 电子地图[EB/OL].百度百科.[2018-06-28].https://baike.baidu.com/item/%E7%94%B5%E5%AD%90%E5%9C%B0%E5%9B%BE/1287271?fr=Aladdin.

[21] 2019年度中国城市交通报告[EB/OL].百度智能交通实验室.[2020-01-10].http://jiaotong.baidu.com/top.

[22] 姚进,胡达闻.发力供应链再造实体店[EB/OL].经济日报.https://baijiahao.baidu.com/s?id=1610855665186188681&wfr=spider&for=pc.

[23] 中国共产党上海市浦东新区委员会宣传部.京东"无界零售"线下首店选址浦东[EB/OL].百度,浦东发布.https://baijiahao.baidu.com/s?id=1591016358181555262&wfr=spider&for=pc.

[24] 选址盘点:这些公司的"心脏"都去哪儿了[EB/OL].百度,选址中国.https://baijiahao.baidu.com/s?id=1651620411632933193&wfr=spider&for=pc.